LES ÉDITIONS
DU CRAM

MONTRÉAL

Inspirer le respect et le transmettre

LE DÉFI ÉDUCATIONNEL DU SIÈCLE

MARIE
PORTELANCE

Inspirer le respect et le transmettre

LE DÉFI ÉDUCATIONNEL DU SIÈCLE

Les Éditions du CRAM

1030 Cherrier, bureau 205,
Montréal, Qc. H2L 1H9
514 598-8547

www.editionscram.com

Révision et correction
Roseline Desforges

Conception graphique
Alain Cournoyer

Photo de l'auteur
Laforest et Sabourin

Photo de la couverture
Msderrick / iStockPhoto

Dépôt légal — 2e trimestre 2010
Bibliothèque et Archives nationales du Québec
Bibliothèque nationale du Canada
Copyright 2010 © Les Éditions du CRAM

Les Éditions du CRAM reconnaissent l'aide financière
du gouvernement du Canada par l'entremise de son Programme d'aide
au développement de l'industrie de l'édition (PADIÉ) pour ses activités
d'édition, et remercient également le Conseil des Arts du Canada pour son
soutien financier dans le cadre de son programme de subvention globale.
Gouvernement du Québec – Programme de crédit d'impôt
pour l'édition de livres – Gestion SODEC.

Conseil des Arts du Canada **Canada Council for the Arts**

Société
de développement
des entreprises
culturelles

Québec

Patrimoine canadien Canadian Heritage

Distribution au Canada : Diffusion Prologue
Distribution en Europe : DG Diffusion (France) ;
Caravelle S.A. (Belgique) ; Servidis (Suisse)

Catalogage avant publication de Bibliothèque et
Archives nationales du Québec et Bibliothèque et Archives Canada

Portelance, Marie, 1969-

Inspirer le respect et le transmettre : le défi éducationnel du siècle
(Collection Psychologie)
Comprend des réf. bibliogr.

ISBN 978-2-923705-14-9

1. Parents et enfants. 2. Relations maîtres-élèves. 3. Respect. I. Titre. II.
Collection: Collection Psychologie (Éditions du CRAM).

HQ755.85.P67 2010   306.874   C2010-940374-6

Imprimé au Canada

Table des matières

Dédicace

À *mes cinq fils,*
Léonard, Isaac, Auguste, Salomon et Ulysse

À *leur père, mon amoureux,*
Sylvain

À *mes parents,*
Colette et François

Vous m'avez tous appris, à votre manière,
à harmoniser le respect de moi
et le respect des autres.

Note de l'auteure

Par souci de confidentialité, de respect et par éthique personnelle et professionnelle, je tiens à vous mentionner que tous les exemples tirés de mon expérience professionnelle contenus dans cet ouvrage ont été transformés, de manière à en préserver l'essence tout en masquant l'identité des personnes concernées.

Toujours pour les mêmes raisons, pour les exemples de ma vie personnelle et familiale, j'ai reçu l'approbation de mes proches pour la publication des textes qui les concernent.

Préface

Ce qui fonde la pensée de Marie Portelance dans cet ouvrage, c'est le fait que le respect de l'autre, en l'occurrence celui de l'enfant, repose essentiellement et obligatoirement sur le respect de nous-mêmes.

Combien de fois dans notre vie avons-nous manqué de respect envers nous-mêmes face à nos limites, à notre vécu, à nos blessures? Combien de fois avons-nous été irrespectueux envers notre corps? Combien de fois avons-nous négligé nos besoins pour nous centrer exclusivement sur ceux de nos enfants? Combien de fois, par peur de perdre l'amour de nos jeunes, avons-nous sacrifié des exigences que nous savions justes et cédé à leur manipulation et à leur culpabilisation?

Chaque fois que nous nous sommes manqué de respect, le message non verbal que nous avons communiqué à nos enfants est que, pour respecter les autres, il faut se nier soi-même. Pas étonnant qu'ils réagissent, qu'ils ne nous écoutent pas, qu'ils ne nous respectent pas et qu'ils se rebellent. Si, dans notre attitude et nos comportements, ils perçoivent que le respect des autres implique la négation de soi, ils ont raison de réagir.

Comme éducateurs, il est essentiel de toujours se souvenir d'une réalité fondamentale : nos enfants, nos élèves veulent exister. Ils refusent catégoriquement d'étouffer la vie en eux. Ils contestent le nivellement de leur différence, le refoulement de leurs besoins et de leurs émotions. Par leur insolence, leur rébellion, leur fermeture, leur manipulation, leur manque de respect, ils nous chantent un hymne à la vie. Pour être entendus par eux dans notre désir de leur transmettre le respect, il est important que nous entendions ce cri et que nous devenions attentifs à leur respect profond de la vie qui les habite. Il est essentiel que nous sachions que nos enfants nous ont été prêtés pour nous servir de maîtres et pour nous faire découvrir ce que nous avons à apprendre pour évoluer et nous réaliser. Par conséquent, ce qu'ils nous crient très fort quand ils réagissent pourrait se traduire en ces mots : « Papa, maman, si vous voulez m'apprendre le respect, commencez d'abord par vous respecter vous-mêmes. »

Consciente de cette réalité, Marie Portelance nous présente, dans ce livre, non seulement des moyens de nous faire respecter des jeunes, mais aussi des façons de nous respecter nous-mêmes. Elle a compris, par son expérience vécue, que, sans cette démarche d'amour et de respect de soi, le respect des autres restera une valeur non intégrée, une valeur que nous ne réussirons jamais à communiquer comme nous le souhaitons.

C'est là précisément que se trouve le défi éducationnel du siècle, c'est-à-dire dans le fait de comprendre enfin que, tant dans les familles que dans les milieux scolaires, une relation éducative centrée uniquement sur l'enfant ne deviendra jamais une relation satisfaisante et que les plus beaux objectifs éducatifs ne seront atteints que lorsque, en éducation, nous aurons donné autant d'importance à la personne de l'éducateur – parent ou enseignant – qu'à celle de l'éduqué. Autrement dit, l'éducation réussie repose d'abord et avant tout sur la relation, c'est-à-dire sur le lien qui implique globalement deux personnes et non une seule.

Ce qui m'a le plus touchée quand j'ai lu cet ouvrage, c'est justement la sensibilité de Marie Portelance quant aux besoins des parents et à ceux des enfants ainsi que son souci constant du respect réciproque en ce qui les concerne. À l'aube du xxie siècle où nous sommes, il est impossible de lire cet ouvrage et de ne pas prendre au sérieux le message qu'il contient, parce que le parcours de l'auteure le rend particulièrement percutant et crédible. Ce qui donne également de la crédibilité à Marie Portelance, ce ne sont pas seulement ses nombreuses connaissances théoriques en matière de psychologie et d'éducation, mais surtout son expérience de mère de 5 enfants de 8 à 18 ans et l'incessant travail qu'elle a fait sur elle-même pour s'améliorer et devenir une meilleure mère. Ce travail, ce savoir, cette expérience qu'elle communique depuis des années par le biais des conférences et des ateliers qu'elle anime auprès des parents et des enseignants, elle nous les livre avec une authenticité hors du commun dans ces pages.

Pour bénéficier de son contenu, je vous encourage à ouvrir votre cœur, parce que c'est surtout par cette porte que l'auteure vous rejoindra et qu'elle vous guidera vers le chemin le plus court pour connaître avec vos enfants une relation bâtie sur le respect réciproque et l'amour véritable, une relation qui servira de fondement à la création du monde de demain.

Colette Portelance

Introduction

J'ai commencé très tôt dans ma vie de maman à m'intéresser à la question du respect. Confrontée rapidement à la
vraie vie avec mon premier enfant, j'ai vite compris que les
belles intentions dont j'étais animée pendant ma grossesse
ne s'appliquaient pas facilement dans mon quotidien. J'ai
constaté que plusieurs de mes interventions ne donnaient
pas les résultats imaginés. J'avais pourtant à cœur, comme la
grande majorité des parents, de ne pas brimer mon enfant,
de lui permettre de s'épanouir dans la confiance et l'amour,
de l'écouter tout en lui transmettant de belles valeurs et
de bonnes habitudes. Cependant je ne savais pas vraiment
comment conjuguer l'amour et le respect de mes limites
quand il réclamait ma présence à 10 reprises une fois qu'il
était couché pour la nuit. Je me sentais impuissante lorsqu'il
se mettait en colère et me repoussait pour me manifester
son désaccord. J'ignorais comment réagir sans étouffer sa
spontanéité quand il sortait de table malgré mes avertisse-
ments. Je m'inquiétais de ce qu'il adviendrait de notre relation quand viendrait l'adolescence. Somme toute, je me
demandais comment être respectée de lui, comment lui

apprendre le respect et pourquoi certains parents, certains enseignants et certains éducateurs savaient inspirer le respect alors que d'autres n'y arrivaient pas.

Certains diront que le problème vient des jeunes d'aujourd'hui, de leurs fréquentations, de l'influence défavorable du monde technologique. Quelques parents mettront la faute sur l'école alors que des enseignants la rejetteront sur les parents. Je savais que le fait de responsabiliser les autres ne règlerait pas mon problème avec mon fils. J'étais consciente qu'il s'agissait là d'une attitude stérile, parce que blâmer les autres nous enlève tout pouvoir sur nos vies. Pour récupérer ce pouvoir, je me suis posée une question : « *Pourquoi* MOI, *Marie, est-ce que je n'attire pas le respect de* MON *enfant* ? »

J'ai d'abord cherché la réponse en me demandant quels éducateurs m'avaient inspiré du respect dans ma vie d'enfant, d'adolescente et d'adulte. J'ai exclu ceux qui m'avaient lancé des menaces ou s'étaient livrés au chantage ; qui avaient agi par la domination ou la coercition : bref, ceux dont j'ai respecté les consignes par peur. Mon objectif en procédant à cette recherche était d'intégrer mes découvertes dans mon propre foyer et dans ma propre vie professionnelle. Je voulais incarner l'art de la relation authentique et la capacité à assumer mon leadership parental avec humanité dans ma relation avec mes cinq enfants et avec mes étudiants. J'ai vite compris, en mettant mes découvertes en pratique, que le respect ne s'impose pas. Il s'attire. Il ne résulte ni d'une prise de pouvoir sur l'autre ni d'un laisser-faire total au nom de la liberté de l'enfant, mais d'une capacité, pour le parent-éducateur, à s'assumer dans son rôle de leader dans le respect de l'enfant et dans le respect de lui-même.

Ce respect découle également de compétences qui ne s'acquièrent pas en quelques jours. Autrement dit, il n'existe pas de recette magique. C'est par l'expérience, à la suite d'une série d'essais-erreurs, de travail sur moi et de remise en question, que je peux affirmer aujourd'hui que j'ai réussi à me faire respecter.

J'ai écrit ce livre pour répondre à la demande de nombreux parents qui ont suivi mes ateliers ou assisté à mes conférences. D'abord et avant tout, il est fondé sur mon expérience de mère de cinq enfants; d'enseignante; d'animatrice de groupes de parents; de conférencière dans plusieurs milieux de l'éducation; de thérapeute en relation d'aide auprès d'enfants, d'adolescents, de parents et d'enseignants. Ma plus importante influence vient de la pensée de Colette Portelance. M'ont influencée aussi mes nombreuses formations à l'Approche non directive créatrice au Centre de Relation d'Aide de Montréal; mes études en psychologie à l'UQAM; ma pratique de formatrice de thérapeutes d'enfants, d'adolescents; mes découvertes au sujet des caractéristiques des éducateurs qui m'ont inspiré le respect.

En tant que parent et enseignante, malgré mon cheminement, j'ai rencontré de multiples obstacles dans ma tâche d'éducatrice, comme la plupart de ceux qui liront cet ouvrage, mais j'ai persévéré. J'ai aidé les éducateurs qui sont venus me consulter à persévérer aussi dans leurs relations avec leurs jeunes. Les résultats d'une relation fondée sur le respect mutuel s'acquièrent par la persévérance et la constance. Je rencontre régulièrement des parents qui me disent : « J'ai tout essayé ce que vous dites et ça ne fonctionne pas. » En allant voir plus loin, je découvre avec eux qu'ils ont essayé une ou deux fois, quelques jours ou une fois sur deux, en changeant continuellement leurs méthodes par manque de résultat immédiat. Je leur rappelle que, lorsqu'on sème une graine, on passe plusieurs jours par la suite à arroser et à nourrir la terre, à s'assurer de la quantité suffisante de lumière et de chaleur, à protéger la graine des oiseaux ou des petits rongeurs : tout cela, sans voir de résultats à court terme. Si notre relation à nos enfants a été construite avec, à sa base, du non-respect, il nous faudra de la patience, de la persévérance et beaucoup de constance si nous voulons que notre changement d'attitude ou de comportement envers eux donne des résultats durables. Cependant, si vous persévérez, vous serez étonnés de voir la rapidité des transformations. De plus, je peux vous assurer qu'il n'est jamais trop tard pour mettre le respect au cœur de votre relation avec vos jeunes, et ce, quel que soit leur âge. Un jour, ma mère m'a dit : « *Ce qui est merveilleux quand on est parent, c'est qu'on l'est pour la vie. Les erreurs qu'on a faites quand nos enfants étaient plus jeunes, on peut toujours les reconnaître et les corriger, même quand ils sont partis de la maison.* »

Ce livre s'adresse donc aux parents d'enfants de tous les âges, autant à ceux qui commencent cette fabuleuse aventure d'éducateur et qui ont de tout jeunes enfants qu'à ceux qui sont en plein cœur de leur histoire de parent et dont les enfants sont devenus adolescents ; il s'adresse même à ceux dont les enfants ont quitté le nid familial. Tous trouveront dans ces pages des réponses à leurs questions, des pistes pour résoudre leurs problèmes et des moyens de rapprochement avec leurs enfants. Les enseignants, les éducateurs, les tantes, les oncles et les grands-parents y trouveront aussi leur compte, car c'est non seulement l'ensemble des caractéristiques des personnes qui inspirent le respect que je vous présente dans ce livre, à travers la perspective de l'ANDC (Approche non directive créatrice), mais ce sont aussi et surtout des moyens concrets pour les intégrer dans vos vies.

Je constate que, à l'aube de ce nouveau siècle, après avoir rejeté avec légitimité certaines valeurs de l'autoritarisme puis avoir testé celles qui ont mené au règne des enfants-rois, beaucoup de parents, d'enseignants et d'éducateurs se retrouvent démunis dans leur quête d'une relation empreinte de respect avec leurs enfants, leurs adolescents ou leurs élèves. Ce livre apporte une vision nouvelle, réaliste et applicable de la relation parent-enfant, une vision qui mise sur l'authenticité des liens, sur la prise de responsabilité du rôle de leader et d'autorité humaine qui incombe aux parents-éducateurs et sur la capacité de ceux-ci à être véritablement en relation avec leurs enfants et leurs adolescents.

Je vous souhaite à tous d'y trouver d'abord des confirmations de votre compétence parentale et également des moyens concrets pour vivre une relation de plaisir, d'amour, de paix et de respect réciproque avec ceux que vous aimez tant : vos enfants, vos petits-enfants, vos élèves.

Chapitre 1

Inspirer le respect par l'acceptation de leur unicité

« Il y a peu de différence entre un homme et un autre,
mais c'est cette différence qui est tout. »

<small>WILLIAM JAMES</small>

Laissez-moi devenir qui je suis !

Être une bonne mère a toujours représenté un objectif central dans ma vie. Au cœur de ce but précieux se trouve mon désir profond que, à travers mes yeux, mes enfants se sentent des êtres uniques et extraordinaires afin qu'ils sachent vivre dans le respect d'eux-mêmes. De plus, je sais pertinemment que pour inspirer le respect de mes enfants comme mère et comme femme, je dois moi-même leur porter un respect sincère et me montrer acceptante de leur nature profonde comme de leur personnalité propre. Honnêtement plus j'avance dans cette mission et plus j'acquiers de l'expérience, plus je réalise que le défi d'accepter mes enfants tels qu'ils sont est beaucoup plus grand que je ne le pensais.

La difficile mission d'accepter l'inacceptable

Pour évoluer et s'épanouir pleinement, un enfant a besoin de sentir la liberté d'être ce qu'il est. Certains parents confondent la liberté d' « être » avec la liberté de « faire ». Notre enfant ne doit pas FAIRE tout ce qu'il veut quand il veut. L'encadrement s'avère fondamental dans son éducation. Il a toutefois un besoin viscéral de sentir que ce qu'il EST est véritablement légitime à nos yeux. Qu'il soit sensible aux autres ou centré sur lui, qu'il soit agressif et affirmatif ou pacifique et soumis, qu'il soit rêveur ou cartésien, qu'il soit nonchalant ou travaillant, qu'il soit timide ou sociable, etc., il doit se sentir accepté tel qu'il est sans jugement de valeur sur sa personnalité pour pouvoir s'épanouir.

Voici une illustration de mes propos par un exemple personnel qui met en scène un de mes enfants. Ce dernier a tendance à attirer le regard sur lui par ses pitreries et parfois sa vantardise. Tant qu'il agit avec discernement, cet enfant est très drôle. Son côté clown, ses talents d'imitateur le rendent intéressant à écouter et amusant à regarder. Il sème la joie, anime nos soupers de famille, me donne envie de rire et arrive comme une bouffée de fraîcheur dans mes moments trop sérieux. Toutefois il lui arrive de dépasser les bornes et de manquer de convenance, particulièrement quand il y a des invités. Je l'ai vu par exemple aller jusqu'à s'élancer presque sur les invités assis sur le divan pour s'y asseoir avec «style» ou encore couper la parole impunément pour ramener l'attention sur lui. Quand une chose comme celle-là se produit, je voudrais disparaître sous le plancher en attendant de pouvoir l'«étriper». J'ai honte et mon réflexe initial est de le juger sévèrement. Je voudrais qu'il soit autrement, qu'il change carrément.

Quand je vois que je suis en train de juger un de mes enfants, je sais que je ne suis pas dans le bon état d'esprit pour intervenir. En effet, si je laissais sortir les mots qui se bousculent à la sortie de ma bouche, mes interventions seraient castratrices et dévalorisantes, et je porterais atteinte à sa dignité personnelle. Dans ce cas précis, derrière mon jugement sur cette caractéristique de mon fils se cache ma peur d'être jugée mauvaise mère ainsi que mon jugement sur l'aspect de moi-même qui, je me l'avoue, aime attirer l'attention et être remarquée. Quand j'arrête de juger, j'arrive à devenir sensible aux besoins de mon fils d'être vu, d'attirer l'attention et de se sentir important; besoins affectifs qui, par ailleurs, sont tout à fait légitimes.

Cela dit, le respecter dans sa personnalité, dans ses besoins et dans sa façon de les combler ne signifie pas accepter n'importe quel comportement de sa part. Mon rôle de mère implique que je pose des limites aux bonds sur le sofa devant les invités, que je mette un stop aux interruptions de conversations et que j'intervienne chaque fois qu'une attitude inappropriée surgit. Sans juger son besoin d'attention, je dois lui apprendre à s'en occuper d'une manière convenable et respectueuse des autres. Je peux le guider en lui montrant que, lorsqu'il fait le pitre, l'attention qu'il reçoit est plutôt négative et qu'en fait il s'attire le contraire de ce dont il a besoin (jugement, soupirs d'impatience, rejet). Au contraire, quand il choisit son moment pour faire une blague ou une cabriole ou bien quand il écoute avant de prendre la parole à son tour, il comble ses besoins d'être vu et de se sentir important (rire, écoute, attention). Par ce respect de sa nature profonde et par la canalisation de son comportement, je peux contribuer à l'épanouissement de sa personnalité. Cependant cette acceptation est loin de se faire en criant « ciseaux » !

L'acceptation crée, le jugement tue

Puisqu'il est relativement facile d'accepter ce que nous aimons spontanément chez nos enfants, comment arriver à accepter ce que nous jugeons inacceptable ? En fait, ce que nous acceptons spontanément sont les traits de caractère que nous valorisons pour l'une ou l'autre des raisons suivantes :

- ils ressemblent à ce que nous considérons bon en nous-mêmes ;
- ils correspondent aux valeurs que nous avons reçues et/ou choisies ;
- ces traits de personnalité nous semblent idéaux.

Sans toujours nous en rendre compte, nous portons en nous un juge qui détermine ce qui est bon et ce qui est mauvais chez l'être humain. Le problème réside dans le fait que ce juge est certain de posséder la vérité. Si nous ne sommes pas conscients de sa présence, nos interventions parentales auront comme but de modeler le caractère de notre fils ou de notre fille pour qu'il devienne acceptable à nos yeux. Afin que notre enfant ne nous confronte pas au deuil de l'être idéal que nous aurions aimé avoir, nous cherchons, souvent inconsciemment, à le changer pour qu'il corresponde à l'image souhaitée. Rassurons-nous, tout cela s'accompagne des meilleures intentions du monde. Nous voulons, avec raison, qu'il réussisse, qu'il jouisse d'une excellente santé et qu'il acquière de bonnes valeurs. Tout cela, nous le faisons par amour. Toutefois le message transmis, même subtilement, est sans équivoque : « *Tu dois changer ce trait de personnalité si tu veux être acceptable et aimable ; bref, si tu veux être une bonne personne.* »

Certains enfants, pour être aimés, entrent dans cette métamorphose obligée sans même sembler éprouver un malaise. D'autres, à l'opposé, se cabrent, se révoltent et nous expriment, à leur façon, leur besoin de liberté d'être. D'autres, enfin, oscillent entre la rébellion et la soumission. La raison de ces comportements apparaît évidente : aucun être humain ne peut s'épanouir quand il est jugé incorrect dans ce qu'il est.

Juger rend aveugle et être jugé rend confus

Le jugement que nous portons sur les autres, et particulièrement sur nos enfants, possède le néfaste pouvoir de nous embrouiller la vue et le cœur. En effet, quand nous les jugeons, notre regard se fixe sur les aspects qui nous empêchent de vivre avec eux tels qu'ils sont. Notre vision se déforme peu à peu et cela nous prive de les voir globalement et de découvrir les aspects positifs des traits de personnalité que nous condamnons. Ainsi, un enfant qui est parfois agressif peut être vu comme méchant. Cela devient tellement facile de mettre l'accent sur les comportements à « corriger » que nous oublions que l'enfant agressif est aussi fougueux et affirmatif. C'est souvent un enfant qui ressent ses propres limites et qui refuse de se laisser faire par les autres. Tous ces qualificatifs d'apparence contraires viennent du même élan à l'intérieur de l'enfant.

Arriver à guider notre fils ou notre fille vers des comportements souhaitables tout en acceptant vraiment sa différence, c'est un tour de force dont les résultats valent la peine, croyez-moi. **À force d'être jugé par les êtres les plus significatifs pour lui sur des traits de sa personnalité, notre enfant devient confus en dedans.** Il sent qu'il a une nature unique mais qu'il ne peut pas la manifester librement. Il apprend que, pour plaire à maman et à papa, il doit se « dénaturer ». **Ce qu'il comprend du jugement de ses parents, c'est que ce qu'il est comme personne n'est pas bon. La confusion sur son identité personnelle se crée et s'accentue au point de le priver de la liberté d' « être » dont il a besoin pour se connaître et créer sa vie.**

C'est ce qui était arrivé à Francine, qui m'a consultée en thérapie. Elle avait 60 ans quand je l'ai rencontrée la première fois. Divorcée, elle était mère de trois garçons adultes et grand-mère de quatre petits-enfants. Quand elle était enfant, Francine avait un fort caractère. Entêtée et prompte, elle ne correspondait pas à ce que son père voulait de sa fille. Aussi, Francine, envahie par les jugements de son père sur son « caractère de chien enragé », a vite compris que pour recevoir amour et reconnaissance du seul homme de sa vie, elle devait changer. Elle est devenue une fille gentille, patiente et serviable qui savait étouffer toutes ses frustrations et qui n'émettait aucun commentaire désobligeant quand elle était contrariée. Elle est devenue une experte dans l'art du refoulement.

Plusieurs années plus tard, toujours déprimée, elle ne se remettait pas de son divorce. Son mari l'avait laissée pour une «femme plus stimulante qu'elle». Elle avait très peu de relation avec ses fils, qui l'ignoraient : l'un d'entre eux lui avait clairement signalé qu'il n'était pas intéressé à entretenir une relation avec elle et les deux autres lui manquaient ouvertement de respect. Le lien qu'elle continuait d'avoir avec son père était utilitaire pour lui. Elle s'occupait du vieillard exigeant sans jamais recevoir de gratitude ou de reconnaissance. Ayant le sentiment que sa vie se résumait à une accumulation de pertes et d'échecs, elle ne réalisait pas encore à quel point sa plus grande perte était celle de sa propre personnalité.

Francine est l'exemple type de quelqu'un qui se nie pour éviter de perdre et qui perd de s'être trop niée. En effet, son tempérament avait perdu tout éclat ; en refoulant son caractère prompt, elle avait étouffé sa spontanéité, son intensité et sa vitalité. Maintenant, sa personnalité sans substance n'intéressait plus personne.

Pour éviter de susciter ce refoulement de personnalité chez nos enfants et donc pour leur permettre de devenir eux-mêmes et de s'aimer tels qu'ils sont, le seul chemin qui s'offre à nous, parents, est de nous accepter nous-mêmes comme personnes non idéales et imparfaites.

S'accepter soi-même ou mourir en dedans

S'accepter soi-même ne résulte pas d'un acte de volonté. Ce serait tellement simple si c'était le cas, car il nous suffirait d'un peu de rationalisation et d'effort pour y arriver. D'ailleurs, certains croient s'accepter vraiment alors qu'ils ne le font que rationnellement. L'acceptation de soi, comme celle des autres, se cultive. Elle résulte d'un deuil de la personne idéale que nous avons toujours voulu être. Ce deuil est souffrant, mais il est nécessaire. Il s'accomplit dans le cœur au fil des jours, des semaines et des années, comme une semence d'amour. Il nous demande de nous investir dans la relation avec nous-mêmes de façon à développer un attachement pour l'être que nous sommes, une appréciation quotidienne de ce qui EST en nous et non seulement de ce que nous accomplissons.

Alors que le jugement que nous portons sur nous-mêmes nous embrouille et nous emprisonne, l'acceptation nous insuffle un sentiment de liberté et éclaire nos besoins réels, nos limites personnelles ainsi que nos valeurs. **Le jugement étouffe certaines parties importantes de notre être, que nous laissons mourir, alors que l'acceptation véritable nous donne un sentiment fort et inébranlable d'être pleinement en vie et nous procure aussi l'élan créateur pour accomplir notre mission de vie.** Quand nous nous acceptons, nous ne dépensons plus d'énergie à vouloir nous changer. Cependant, aussi paradoxal que cela puisse paraître, nous n'arrivons jamais à nous accepter si nous ne franchissons pas le premier pas sur le chemin de l'accueil de soi. Ce point de départ se trouve dans la prise de conscience et l'acceptation de nos jugements. En effet, comme nous avons été jugés à plusieurs reprises au cours de notre processus

31

d'éducation, nous réagissons automatiquement par le jugement lorsque nos enfants déclenchent en nous des émotions désagréables comme la honte, la culpabilité, la peur, l'insécurité ou l'impuissance. Prendre conscience de ces jugements dans l'ici et maintenant des situations de la vie quotidienne nous aide à toucher l'émotion qui les réveille et à changer progressivement nos modes d'intervention. Lorsque nous développons cette attitude envers nous-mêmes, il devient beaucoup plus facile par la suite d'accepter nos enfants tels qu'ils sont.

À vouloir trop le changer, nous perdons ce qui le rend si précieux

Je crois profondément à l'encadrement parental et à la transmission des valeurs en éducation. Ceux-ci procurent à nos enfants une sécurité et des points de repère essentiels à leur développement. Ils agissent comme le tuteur agit sur l'arbrisseau. Cela dit, si l'encadrement est essentiel, il ne suffit pas. Notre enfant a aussi besoin d'être accepté tel qu'il est, parce que l'acceptation, c'est la sève de la vie.

Quand nous laissons le juge en nous guider nos interventions, il est difficile de cultiver la croyance que notre enfant, par son entièreté, a tout ce qu'il faut pour grandir et se réaliser. Par contre, lorsque nous pratiquons l'acceptation, nous découvrons rapidement que l'enfant est comme la graine qui porte en elle tout ce qui est nécessaire pour devenir une fleur magnifique. Il nous suffit de croire en lui, de l'aimer et de lui offrir ce respect de sa nature propre.

Pour terminer, je vous propose un petit exercice qui ne prend qu'une minute. Imaginez, seulement le temps de ces quelques lignes, que ce juge en vous arrive à changer votre enfant pour le rendre juste un peu plus idéal. Imaginez cet enfant sans son « défaut » principal… Puis, ôtez-lui maintenant une autre caractéristique qui vous dérange… Imaginez vraiment ce que cela donnerait dans votre quotidien avec lui… Puis continuez, jusqu'à ce que vous arriviez à forger l'enfant que vous voudriez avoir.

Maintenant, regardez attentivement votre résultat. Y retrouvez-vous votre enfant ? Il y a fort à parier qu'il a disparu…

Le cadeau de leur différence

Je suis d'accord pour dire qu'il est relativement facile de donner de la valeur et du respect au côté tendre et affectueux de notre enfant, à sa curiosité intellectuelle, à sa capacité à s'affirmer, à son sens critique, à son côté créatif. Pourtant quand notre trésor se montre rebelle, nonchalant, insouciant, pleurnicheur, rapporteur ou lunatique, c'est généralement plus dérangeant. Comment arriver à voir un cadeau dans ces traits que nous jugeons négatifs ?

Comme je l'ai mentionné plus tôt, en effleurant un peu le sujet, c'est le même trait de personnalité qui rend par exemple un enfant consciencieux et rapporteur, lunatique et créateur, affirmatif et colérique, menteur et stratégique, affectueux et envahissant. La même pulsion, la même énergie nourrit les polarités qui composent la personnalité d'un être humain. Nous ne pouvons pas espérer d'une personne capable de vivre intensément les moments heureux qu'elle vive de façon tempérée ses moments malheureux. De même, il est irréaliste d'espérer que nos enfants seront remplis de qualités sans présenter de penchants plus désagréables à vivre. Chercher à éliminer une polarité de leur personnalité, c'est automatiquement tenter d'éteindre l'autre.

Par exemple, un de mes enfants, dans certaines situations, éprouve de la difficulté à dire ce qu'il veut ou ne veut pas. « Ça ne me dérange pas », nous dit-il. Je le vois parfois ne pas poser de limites quand il est envahi dans son territoire physique, quand il a envie d'être seul et que ses frères s'imposent ; je l'observe, sur la glace au hockey, laisser facilement la rondelle et sa place à un ami plus compétitif que lui. De même, il peut endurer un mal de ventre intense et attendre des heures avant de nous en parler. Préoccupée par son bien-être présent et futur dans ses relations, je voudrais, dans ces circonstances-là, le changer et lui injecter une dose d'affirmation, si cela existait. Bien que je l'aide à apprendre à dire « non » et à affirmer ce qu'il veut avec ses amis et ses frères comme avec son père ou moi, je dois voir que cette caractéristique possède une polarité très positive en relation.

Cet enfant est une des personnes les plus conciliantes et patientes que je connaisse. Avec un plaisir évident, il laissera tout le monde choisir la forme ou la couleur de son pion ou choisir le premier jeu pour ne pas avoir à se battre pour quelque chose de peu important pour lui. Si une querelle survient entre frères ou si l'ambiance se corse trop dans la cour d'école, il agit comme conciliateur et aide à résoudre les conflits avec un talent naturel. Si un plus jeune pleure pour une raison qu'un préadolescent jugerait anormale, il peut délaisser son activité pour prendre le temps de consoler l'autre avec sensibilité. Sa difficulté ponctuelle à se choisir en premier vient avec sa capacité à s'occuper généreusement des autres avec patience et compréhension.

Évidemment notre désir de respecter nos enfants ne doit jamais empêcher le respect de nous-mêmes. Nous ne devons pas nous sacrifier pour eux. Les respecter dans leur essence ne signifie pas qu'ils puissent adopter n'importe quel comportement. Nous avons sans contredit des limites à poser à nos jeunes, des valeurs à leur transmettre, notre propre personnalité à affirmer et nous devons les aider à améliorer leurs forces et à corriger leurs difficultés.

Alors, comment pouvons-nous, tout en transmettant nos valeurs, en inspirant le respect de nous-mêmes, en inculquant le respect des autres, en posant des limites et en faisant respecter un cadre de vie, accepter les différences dérangeantes de nos enfants et les aider à assumer leurs différences ?

Laisser nos enfants être différents de nous

Nos enfants ne sont pas des copies améliorées de ce que nous sommes. Généralement nous souhaitons leur transmettre le meilleur de nous-mêmes, leur faire bénéficier du fruit de nos expériences et faire en sorte qu'ils ne s'inspirent pas de nos défauts. Toutefois pour atteindre ces objectifs, il est possible que nous nous formions une idée du chemin qu'ils devraient suivre pour être heureux, et pour réussir leur vie professionnelle et relationnelle. Ce chemin tracé d'avance s'est construit dans notre esprit, à notre insu, à partir de nos propres succès, de nos propres échecs, de nos valeurs, de notre vécu, de nos zones sensibles, de nos aspirations et de nos rêves. Par conséquent, si nous avons été trahis dans la vie, nous les guiderons probablement sur une route qui, selon nous, les exemptera des risques de trahison. « Ne fais pas confiance à tout le monde », leur dirons-nous. Si nous avons le sentiment de ne pas avoir pu réaliser un rêve, nous leur offrirons peut-être des occasions de le réaliser à notre place. Ces comportements ne présentent rien de négatif en soi pourvu que nous en soyons conscients et que nous tenions compte de la personnalité de nos enfants, de leur réalité, de leurs aspirations et de ce qui les distingue de nous. Autrement nos gestes ou nos attitudes les pousseront sur une route que nous aurions aimé suivre personnellement parce qu'elle aurait été la route présumée de notre bonheur à nous, mais non du leur.

Nous devons réaliser que ce qui nous satisfait, ce qui nous comble, ne comble pas nécessairement nos enfants.

Cette prise de conscience requiert parfois une bonne dose d'humilité. Même si les êtres à qui nous avons donné la vie se construisent en partie à partir du modèle que nous sommes pour eux, ils ont leurs différences. **Tout être humain a besoin, pour se construire et évoluer, de sentir un lien d'appartenance à sa famille tout en ayant la liberté de s'en distinguer. C'est notre rôle à nous, parents, d'aider nos enfants non seulement à reconnaître leurs différences, mais à en tirer le meilleur profit possible.**

Comment aider nos enfants à aimer leurs différences ?

Voici les deux principaux moyens d'aider nos enfants à s'assumer tels qu'ils sont :

1. couper le cordon psychologique avec eux ;
2. les laisser vivre leurs expériences.

Couper le cordon psychologique avec nos enfants

Tout parent qui aime vraiment son enfant doit « couper le cordon psychologique » pour créer une relation saine avec lui et un véritable rapprochement. Arriver à vraiment couper ce cordon signifie, notamment, laisser l'enfant être ce qu'il est dans son essence. Mais qu'est-ce donc que l'essence d'un être ? C'est sa couleur à lui, sa perception des choses, son vécu, ses désirs, ses goûts, ses aversions, ses difficultés, ses talents, ses rêves, ses blessures, ses besoins, ses limites, ses sensations. Se rapprocher vraiment d'une personne, que ce soit un enfant, un adolescent ou un adulte, c'est : arriver à entrer en relation avec elle sans chercher à changer tout son monde intérieur ; s'intéresser à ses sentiments sans nécessairement les analyser ; s'ouvrir à sa perception du monde ; se laisser vibrer au son de ses aspirations ; distinguer ce qui est un défi pour elle de ce qui coule de source ; comprendre avec notre cœur ce qui se passe dans le sien.

Pour arriver à cela, il importe d'abord d'arrêter de construire notre valeur comme parent sur les réussites sociales, académiques, professionnelles et relationnelles de nos enfants. Bon nombre de parents nourrissent la certitude que, si leur enfant réussit dans la vie, ils pourront se considérer comme de bons parents. Le contraire est aussi vrai pour eux. Sans nier ou banaliser l'importance prioritaire de l'éducateur dans son éducation, il est nécessaire d'éviter le déséquilibre, c'est-à-dire croire que l'enfant n'est que le résultat des interventions de ses éducateurs. Cette prise de conscience peut nous dégager de responsabilités qui ne nous appartiennent pas et nous aider à laisser nos enfants vivre leurs propres expériences.

Les laisser vivre leurs expériences

Nos enfants souffriront et ils commettront des erreurs, c'est certain. Nous pouvons leur enseigner des multitudes de choses, leur partager nos expériences, les encadrer, les seconder de la meilleure manière qui soit, cela ne les mettra pas à l'abri de la souffrance et des expériences douloureuses. Pour ne pas changer leur nature profonde et pour leur communiquer la confiance en eux, il est essentiel que nous apprenions à vivre avec nos inquiétudes, nos peurs et notre insécurité. Cet apprentissage s'avère indispensable. **En effet, sans l'écoute de notre vécu, nous deviendrons des parents qui contrôlent leurs enfants plutôt que de les éduquer.** Faisons-leur donc confiance. Notre enfant rebelle se fera sans doute rejeter un jour ou l'autre, mais nous ne devons pas oublier qu'il possède les ressources intérieures pour faire face à ce rejet. Notre rôle sera alors d'accueillir sa peine et de l'aider à s'affirmer sans se rebeller. De même, l'enfant nonchalant connaîtra probablement des échecs ou perdra peut-être son emploi de vacances, mais ce sera son mode d'apprentissage à lui et il lui vaudra plus que tous nos conseils. Nous ne pouvons pas choisir la personnalité de nos enfants ni la façon dont ils se créeront et créeront leur vie, mais nous pouvons les guider, les encadrer tout en les respectant. C'est en prenant le temps de les écouter vraiment que nous découvrirons le cadeau de leur différence.

Le cadeau de la différence

Apprendre à vivre avec les différences de nos enfants tout en nous respectant nous-mêmes, c'est d'abord leur donner un exemple de tolérance ; c'est aussi leur permettre de s'épanouir librement dans ce qu'ils sont. De cet épanouissement naîtra une personne unique au monde.

Mon fils aîné est très différent de moi sur un plan en particulier : le rapport au travail et à l'effort. Moi, je suis une femme performante, j'aime l'efficacité et le travail, qui loin de me faire peur me stimule. Je m'assois très rarement pour relaxer. Quand je veux réussir quelque chose, je fournis le maximum d'efforts. Quant à lui, il accorde beaucoup de temps à ses loisirs et à ses passions, il aime se reposer et fonctionne avec le principe qu'il faut accomplir le minimum d'efforts pour obtenir le résultat recherché.

Pour arriver à écrire ces quelques lignes sans jugement sur lui, je vous assure qu'il m'a fallu des années de travail sur moi. Pour être franche, ce n'est pas fini. Toutes les années de secondaire de mon garçon ont été parsemées ici et là d'innombrables disputes sur le sujet. Malgré le fait qu'il soit extrêmement brillant, qu'il réussisse facilement à l'école, j'étais convaincue qu'il rencontrerait son Waterloo l'année suivante. « *On peut s'en sortir sans trop travailler jusqu'en 2ᵉ secondaire, mais en 3ᵉ secondaire, il va falloir que tu en fasses plus. Si tu n'as pas appris à travailler, tu vas être mal pris!* » Ses notes de 3ᵉ secondaire m'ont contredite, sa moyenne générale atteignant encore les 80 %. Ses notes de 4ᵉ et 5ᵉ secondaires aussi. Et il continuait à profiter de la vie sans stresser. Tandis que moi, chaque fois que je le voyais lire un roman, jouer sur son ordinateur ou se permettre une sieste dans l'après-midi, je stressais pour lui, je rageais en dedans, j'investiguais sur ses devoirs et ses leçons ou je lui faisais la morale.

Quand est venu le temps de faire son choix de carrière au cégep, j'ai eu très peur. Mon fils voulait devenir pilote d'avion. Il chérissait ce rêve avec ardeur depuis plusieurs années. Je savais qu'il tenait à être accepté dans le seul cégep qui offrait cette formation, le cégep de Chicoutimi. Je savais également que ce programme était très contingenté, que les notes obtenues au secondaire n'assuraient pas à elles seules l'admission d'une personne. Je n'ignorais pas qu'il devrait passer de nombreux tests de sélection en plusieurs étapes et que seuls les 40 meilleurs sur plus de 300 seraient finalement choisis. Dans mon système de valeurs personnel, mon fils a investi un minimum d'efforts pour se préparer à ces tests. J'étais toujours surprise quand, les week-ends, il arrivait près de moi, désinvolte, me proposant une joute de Backgammon, notre jeu favori. Je tentais de lâcher prise, me disant qu'il apprendrait par les expériences de la vie et non par mes morales inutiles.

Pour le soutenir dans sa passion, mon conjoint et moi lui avions offert comme cadeau de Noël un forfait comprenant deux heures de cours sur le pilotage, incluant une heure de vol où il serait lui-même aux commandes de l'avion avec un instructeur à ses côtés. Le jour de cette expérience, j'attendais son retour avec impatience, me demandant s'il aimerait autant voler en réalité que dans son imagination. Les étoiles dans ses yeux et son sourire quand il m'a raconté comment il avait fait décoller puis atterrir l'avion ont fait office de réponse. Après son récit, il s'est réfugié dans sa chambre… pour relaxer à l'ordinateur.

Deux minutes plus tard, je l'ai entendu hurler « Maman » en montant les escaliers quatre à quatre. C'est presque en volant qu'il est arrivé près de moi pour m'annoncer qu'il venait de recevoir un courriel l'informant qu'il avait été accepté à la 2e ronde de tests pour le cégep de Chicoutimi. Dorénavant il ne restait plus que 100 candidats en liste. Mon adolescent, plutôt réservé, sautait de joie. Je n'oublierai jamais ce moment tant il me faisait plaisir de le voir heureux. Évidemment, j'étais inquiète que les trois jours de convocation pour les tests finaux à Chicoutimi se soldent par un échec. Je l'ai tellement encouragé – poussé serait un terme plus exact –, à se préparer pour ces examens. Je crois que j'ai travaillé plus fort que lui. Non qu'il n'ait rien fait, mais jamais autant que ce que j'aurais fait à sa place !

J'étais sur une terrasse à Capri, en Italie, avec mon mari, quand nous avons reçu la nouvelle sur mon cellulaire. Notre fils avait été sélectionné pour le programme de pilotage d'aéronefs au cégep de Chicoutimi. Il avait réussi.

Cette histoire m'a comblée de deux manières. Premièrement j'ai ressenti de la joie à voir mon fils heureux. J'étais vraiment contente et fière de lui. Deuxièmement j'ai tiré une leçon de l'expérience de mon fils aîné. Bien que je croie toujours à l'importance de l'effort et du travail et que je continuerai à en prôner les bienfaits, il m'a montré que mes certitudes dans ce domaine ne sont pas des vérités absolues. Regarder évoluer mon enfant m'a aidée à remettre en question mon fonctionnement face au travail et à remettre en perspective mon rapport à l'effort. Trop souvent, je m'y acharne, je le laisse m'envahir, je manque d'équilibre. Je suis une personne qui s'en fait trop et qui en fait trop. Chez moi aussi, il y a un revers à la médaille, une polarité négative à une caractéristique que je considère positive. Je sais travailler avec cœur, mais je ne sais pas arrêter et relaxer.

Quand mon fils a quitté le nid familial et qu'il a emménagé à Chicoutimi, à cinq heures de la maison, j'étais heureuse de le savoir là où il voulait être. Surtout, je suis restée profondément touchée par sa façon de s'assumer dans sa différence, tout en acceptant aussi de se laisser influencer par ce que je suis; il m'a servi de modèle pour mon évolution personnelle. Avant je ne croyais qu'en ma façon de faire. Il a élargi mes horizons. En le regardant voler de ses propres ailes, j'ai grandi. Je lui rends hommage aujourd'hui. Sa présence dans mon quotidien me manque. Pour être franche, ses invitations à ce que je sorte de ma tâche pour jouer au Backgammon avec lui me manquent aussi!

Que les différences de chacun de nos enfants nous plaisent ou nous dérangent, chaque différence mérite notre respect, car nous pouvons en retirer un cadeau riche en leçons. Dans mon cas, mon enfant nonchalant m'apprend à relaxer sans me sentir coupable et mon rebelle m'apprend à m'affirmer. Ne faut-il pas toutes les couleurs réunies pour que l'arc-en-ciel soit si spectaculaire?

La comparaison, un poison
pour l'estime de soi

Une des habitudes qui nous empêchent de respecter nos enfants tels qu'ils sont, c'est notre tendance à les comparer. Comparer les choses les unes avec les autres est un réflexe humain tout à fait normal et parfois utile lorsqu'il nous donne des points de repère essentiels à notre fonctionnement. Toutefois, si la comparaison est utile pour connaître la valeur du dollar canadien par rapport à celle du dollar étatsunien, elle ne peut pas être utilisée entre les humains sans laisser des marques réelles sur l'estime de soi. Celles-ci risquent de rester douloureuses longtemps, parce qu'elles auront une influence sur la relation avec les autres et la manière d'aborder la vie.

Des phrases qui tuent l'estime de soi

Nous sommes tous des enfants de la comparaison. Même si quelques-uns d'entre nous n'ont pas entendu des phrases qui tuent telles que : « *Ton frère est plus gentil que toi !* » ou « *Si ta sœur pouvait être aussi travaillante que toi.* », nous avons tous été comparés à la hausse ou à la baisse, si ce n'est que dans nos résultats scolaires.

En tant qu'éducateurs, quand nous comparons nos enfants aux autres enfants, nous croyons à tort leur donner des repères pour qu'ils puissent bien se connaître et se définir. Nous voulons aussi les motiver à se dépasser et à s'améliorer. Quoi de plus louable ! Pour ce faire, il nous arrive même de les comparer avec nous-mêmes : « *Moi, quand j'avais ton âge...* » Malgré nos bonnes intentions, ce comportement est néfaste. En effet, si nous observons bien, nous verrons que nous obtenons très rarement le résultat voulu avec ce type de remarque. D'ailleurs, rapidement, nos adolescents réagiront en nous disant : « *Ça n'a pas de rapport !* »

Ils ont raison. Quelle chance pour eux lorsqu'ils sont capables de résister au vrai message que nous leur envoyons en les comparant. En réalité, ce message se décode comme suit : « *Si tu veux avoir de la valeur, tu devrais être comme ton frère, ta sœur... ou moi quand j'étais petite.* » En prononçant de telles paroles, nous sommes très loin de les aider à découvrir leur valeur personnelle. Nous les incitons plutôt à se modeler à ce que nous croyons qu'ils devraient être pour être « quelqu'un ». Au lieu d'augmenter leur estime personnelle, nous la fragilisons.

Sentiments de supériorité et d'infériorité

La comparaison induit automatiquement une idée d'infériorité ou de supériorité, de meilleur ou de pire. Si, à court terme, le sentiment de supériorité semble plus confortable à vivre que celui d'infériorité, à long terme, la comparaison qui dévalorise comme celle qui survalorise laissent chez l'enfant un manque d'estime de lui-même. Celui qui a été comparé constamment à la baisse vit le drame intérieur de croire que, lorsqu'il est surpassé, il ne vaut rien. Par contre, celui qui a été souvent comparé à la hausse finit par croire qu'il a de la valeur uniquement quand il est « le meilleur ». Bien que la blessure se ressente différemment, le mal a les mêmes racines et la conséquence est la même : l'incapacité à reconnaître sa valeur réelle.

Dans l'infériorité comme dans la supériorité, la valeur de l'enfant est tributaire des autres, parce qu'elle ne prend pas racine dans le cœur de son être ni dans son unicité.

C'est ce qui explique sa fragilité. Les repères pour ressentir qu'il est « quelqu'un » se situent alors à l'extérieur plutôt qu'à l'intérieur de lui-même, c'est-à-dire à la seule place où ils seraient bien solides, bien protégés et inattaquables.

> Chaque enfant porte sa richesse.
> À nous de la lui faire découvrir !

Devant un enfant qui ne croit pas en lui parce qu'il a de moins bonnes notes que ses camarades, parce qu'il est plus petit ou moins vaillant, parce qu'il est plus sensible ou moins calme ; devant cet enfant qui se méprise, qui parle de lui en termes dévalorisants, qui, découragé, se convainc qu'il ne vaut pas grand-chose parce que c'est ce qu'il a déduit des phrases comparatives entendues à son sujet ; devant un tel enfant, mon cœur se déchire.

Face à un enfant qui se croit réellement supérieur parce qu'il a été « mesuré » meilleur que les autres, face à cet enfant qui croit qu'heureusement il est plus poli que Jack, moins stupide que Joe, plus gentil que sa sœur et moins paresseux que le reste de la classe ; face à celui qui se vante, qui peut rabaisser les autres parce que la survie de son estime personnelle dépend du fait qu'il se pense « mieux » que son voisin ; face à si peu d'estime de soi bien cachée derrière cette apparente confiance en soi, mon cœur s'émiette.

La douleur évidente ou cachée de ces enfants et de ces adolescents constamment comparés, cette même douleur que j'entends de la bouche de tant d'adultes qui se dénigrent ouvertement ou en silence et de la bouche de ceux qui se débattent pour garder leur « standing » au-dessus des autres, me touche profondément.

Chaque être humain porte sa valeur intrinsèque indépendamment des autres. Chacun possède ses talents, ses forces, ses habiletés, ses passions. Les qualités de nos enfants ne devraient pas être reconnues parce que ceux-ci se démarquent des autres, mais tout simplement parce qu'ils sont uniques, ou encore, tout simplement parce qu'ils existent. Un point c'est tout. La comparaison ne favorise jamais la reconnaissance. Au contraire, elle rend cette dernière conditionnelle et, conséquemment, en diminue la valeur. Dire à un enfant « *Tu es plus travaillant que ton frère* » ne signifie-t-il pas en réalité « *Si tu n'es pas comme lui, tu as moins de valeur à mes yeux* » ? Même si elle est lancée dans le but d'aider, ou même lâchée involontairement, quelle blessure une telle phrase peut-elle infliger à un enfant !

Miroir, miroir, dis-moi si je suis la plus belle !

Quand la belle-mère de Blanche-Neige regardait dans son miroir, elle cherchait des repères extérieurs pour définir sa propre beauté. En cherchant si elle était plus ou moins belle que sa belle-fille, elle n'a jamais pu apercevoir ce qui la rendait belle, elle. Quel drame ! Seule la mort de Blanche-Neige pouvait l'apaiser.

Comme parent, nous tenons symboliquement le miroir dans lequel notre enfant regardera longtemps pour chercher son identité et sa valeur. À nous de nous assurer qu'à son reflet ne se superpose jamais l'image des autres. Que sa seule mesure de comparaison soit lui-même. Ainsi il intégrera, au fond de lui, que ce qu'il EST mérite le respect.

À *chacun son type d'intelligence*

Avez-vous déjà essayé de faire comprendre un concept simple à votre enfant en ayant l'impression que de lui faire assimiler cette notion était aussi impossible que de percer une roche avec une aiguille à coudre ?

Vous êtes-vous demandé pourquoi votre plus vieux a appris ses tables de multiplication avec un minimum d'efforts alors que votre plus jeune, pourtant très fort en arts sous toutes ses formes, ne peut retenir par cœur que la table de 2 ?

Avez-vous déjà douté de l'intelligence de votre adolescent ou même de la vôtre parce que lui et vous aviez des notes catastrophiques à l'école ?

Rassurez-vous, ces difficultés d'apprentissage ne résultent généralement pas d'un manque d'intelligence, mais d'une méconnaissance des types d'intelligence.

Connaître notre manière d'apprendre et celle de nos enfants nous empêche de nous acharner à faire intégrer une connaissance à quelqu'un en passant par une porte d'entrée qui n'est pas la sienne. Nous avons beau connaître tous les outils pédagogiques, relationnels et éducatifs qui soient pour favoriser les apprentissages, si nous ne frappons pas à la bonne porte pour entrer chez l'autre, tous nos outils seront inutiles.

Être intelligent, ça veut dire quoi ?

Il n'est pas rare que je rencontre des personnes qui ont la certitude depuis longtemps qu'elles ne sont pas intelligentes.

Plusieurs enfants, adolescents, parents, professionnels, adultes ont cette croyance non fondée qui les envahit jusque dans leurs tripes. Pourquoi tant de gens intelligents ont-ils si mal à leur intelligence ?

L'intelligence est, par définition, la faculté de connaître et de comprendre ; c'est l'aptitude d'un être vivant à s'adapter à des situations nouvelles, à découvrir des solutions aux difficultés qu'il rencontre. **Comprendre le fonctionnement d'un nouvel appareil électrique ou la détresse d'un enfant qui a perdu son animal domestique, c'est donc faire preuve d'autant d'intelligence que de comprendre l'effet des antidépresseurs sur les neurotransmetteurs.**

Malheureusement nous avons associé l'intelligence aux capacités exclusivement rationnelles. Ainsi, nous valorisons davantage un jeune qui trouve une solution pour résoudre un problème de mathématiques que celui qui sait comment réparer un tuyau qui fuit ou que celui qui connaît le moyen de consoler un ami qui pleure. Pourtant tous auront démontré de l'intelligence, mais chacun à partir de son type d'intelligence dominant.

<u>Avez-vous une intelligence intuitive, pratique ou spéculative ?</u>

Découvrir son type d'intelligence dominant et celui de nos enfants nous permet d'arrêter de les comparer entre eux, de faire la paix avec nous-mêmes et avec eux. Cela nous aide à les comprendre et à comprendre notre façon distincte de percevoir le monde, de comprendre aussi pourquoi nous nous intéressons davantage à tel ou tel sujet, à telle ou telle activité. Cette connaissance nous aide également à savoir ce dont nous avons besoin dans nos apprentissages.

Il existe trois types d'intelligence selon Colette Porte-lance[1] : l'intelligence pragmatique ou pratique, l'intelligence esthète ou intuitive et l'intelligence rationnelle. Générale-ment chaque personne est douée d'un ou deux types do-minants. Peu importe le mélange unique qui compose votre façon particulière d'appréhender la réalité, l'important n'est pas de vous mettre des étiquettes qui vous stigmatiseraient et stigmatiseraient vos enfants, mais de vous servir des types d'intelligence pour comprendre la manière d'appren-dre de chacun, pour accepter et respecter les différences, pour évoluer, créer, augmenter la confiance et l'estime de soi et pour exploiter les ressources personnelles.

L'intelligence pragmatique ou pratique

Un des trois types d'intelligence est celui que Portelance nomme l'intelligence PRAGMATIQUE. La personne pragmatique a besoin d'**agir** d'une manière concrète sur le monde pour le comprendre. Elle a une intelligence pratique et apprend par des activités qui visent des résultats palpables. Elle apprend par l'expérimentation et le mouvement. C'est en « faisant » une chose qu'elle la comprend. Elle aime bouger, toucher, bâtir, construire. Elle est motivée si on lui présente des objectifs qui visent des résultats à court terme et si le plaisir est au menu. Cependant elle se déconcentre quand les résultats désirés sont trop éloignés. Elle aime et recher-che constamment des solutions pratiques aux situations

---

1   Pour en savoir plus sur les types d'intelligence, je vous propose de lire les ouvrages suivants de Colette Portelance :

   Relation d'aide et amour de soi. Montréal, Éditions du CRAM, 1998, 4e éd., 2007, 5e tirage, p. 360-397.

   Éduquer pour rendre heureux. Montréal, Éditions du CRAM, 2008, 2e éd., p. 116-147.

émotionnelles désagréables. Elle éprouve de la difficulté à supporter la solitude. Elle aime rire et faire rire. À l'école, c'est l'élève qui se fait remarquer dans une classe par ses bouffonneries, son manque d'intérêt pour les activités rationnelles, son envie de bouger, son besoin constant de parler à ses voisins et surtout sa préférence pour les récréations. Très disponible, cette personne a besoin de se sentir utile. En général, le pragmatique est attiré par des métiers ou des activités manuelles qui lui permettent de vivre dans le mouvement, ou par un travail dans lequel il est entouré de gens parce qu'il est très sociable et qu'il aime la compagnie des autres. Il sera particulièrement intéressé par une carrière qui lui donnera la possibilité d'aider les autres en trouvant des solutions efficaces, rapides et concrètes à leurs problèmes.

L'intelligence esthète ou sensitive

Un autre des trois types d'intelligence a pour nom l'intelligence SENSITIVE. Colette Portelance appelle les personnes qui en sont douées : les ESTHÈTES. La compréhension du monde de ces personnes passe par la sensation, l'émotion, l'intuition. Elles ont besoin de ressentir pour comprendre et de se sentir en sécurité affective, beaucoup plus que les autres, pour s'ouvrir à l'apprentissage. Une moquerie peut les blesser au point qu'elles se renfermeront dans une bulle protectrice. Elles possèdent une capacité extraordinaire à comprendre le monde irrationnel, à saisir en profondeur les sentiments et elles n'ont absolument pas besoin de logique pour y arriver. Ces êtres très vulnérables ont une passion pour les arts et la créativité. Une de leurs maximes préférées pourrait être cette phrase de Saint-Exupéry : « *C'est véritablement utile puisque c'est joli.* » Leur monde imaginaire est riche et rempli de fantastique, de merveilleux, de fantaisies. C'est donc dire que la plupart du temps, l'enfant et l'adolescent esthètes s'ennuient à l'école s'ils ne peuvent pas créer ou s'ils ne sentent pas d'affectivité passer entre eux et leurs enseignants. Nous les verrons souvent « dans la lune ». Ils n'apprendront que s'ils se sentent touchés, rejoints de l'intérieur et nourris dans leur imaginaire. Ces personnes rechercheront habituellement des métiers ou des activités artistiques dans lesquels les sentiments et les relations profondes tiennent une place importante, où l'esthétisme est à l'honneur et où elles peuvent créer.

L'intelligence rationnelle ou spéculative

Portelance appelle le troisième type d'intelligence, l'intelligence RATIONNELLE. La personne qui en est dotée a besoin d'explications théoriques pour saisir le monde qui l'entoure. Elle veut connaître le « pourquoi » des choses et entendre des réponses logiques à ses questions. Elle n'a pas besoin de savoir si la théorie est applicable dans la réalité pour la comprendre. Son sens de l'abstraction est inné. Les rationnels sont des « penseurs ». Leur esprit est analytique et structuré. Intéressés par la connaissance, ils sont généralement studieux, autonomes dans leurs apprentissages, minutieux et attentifs aux explications rationnelles. Ils aiment les travaux bien faits et sont très souvent des perfectionnistes. Ils détestent les longues explications, qui les impatientent parce qu'ils comprennent vite. En relation, ce sont des gens très sensibles, mais qui cachent leur sensibilité derrière une attitude plutôt distante et une tendance à rationaliser leurs émotions. Contrairement aux pragmatiques, ils n'aiment pas travailler en équipe. Ils choisiront plutôt une carrière dans laquelle la théorisation, l'analyse et la logique occuperont une place importante. Comme ils aiment la recherche, ils sont doués pour faire avancer la science dans tous ses domaines.

Moyens pour stimuler l'apprentissage de vos enfants ou le vôtre

Pour les pragmatiques

- Travailler en équipe ou avec quelqu'un.
- Concevoir des projets pour application immédiate.
- Fixer des objectifs avec résultats à court terme.
- Donner des explications et des exemples concrets et proches de leur réalité.
- Éviter les concepts théoriques à apprendre par cœur.
- Leur demander comment ils pourraient ajouter du plaisir dans des activités qu'ils trouvent désagréables (exemple : faire dribler leur ballon et donner la réponse aux tables de multiplication avant 5 rebonds, puis 4, puis 3).
- Leur donner des choses à « faire » pour qu'ils bougent et se sentent utiles.

Pour les esthètes

- Parler avec le cœur.
- Écouter ce qu'ils ressentent et écouter aussi leur manière de percevoir le monde.
- Leur raconter des histoires en intégrant des notions à apprendre.
- Les faire dessiner, créer des danses, des jeux, des poèmes, des contes.

- Aborder tout le travail manuel et intellectuel avec affection et délicatesse.

- Associer des couleurs ou des images symboliques aux choses à apprendre.

- Travailler avec l'imaginaire : ce sont des rêveurs, il ne faut pas les empêcher de rêver, mais les aider à réaliser leurs rêves.

- Alimenter leur confiance en eux en les encourageant à créer et en valorisant leurs talents.

- Pour les sortir de la lune, leur demander doucement à quoi ils rêvent.

- Leur apprendre à s'organiser et à se situer dans le temps, car ils ont beaucoup de difficulté avec cela.

Pour les rationnels

- Tous les concepts doivent être présentés de façon structurée et logique.

- Se rappeler que le travail individuel les motive davantage que le travail d'équipe.

- Leur donner des explications courtes parce qu'ils comprennent vite les notions théoriques.

- Leur présenter les objectifs à atteindre de façon claire et précise pour les sécuriser.

- Alimenter leur grande ambition.

- Leur proposer des défis pour les stimuler.

- Leur présenter des objectifs à atteindre à moyen ou long terme.

- Discuter avec eux, car ils adorent cela.

- Enrichir leurs connaissances dans tous les domaines.

À chacun ses forces, à chacun sa voie

Souvent, par souci de voir nos enfants réussir, nous oublions de saisir l'essence même de leur être, de rester à l'écoute de leurs intérêts et de les propulser dans les domaines qui les motivent. **Chacun d'entre eux a une intelligence bien particulière qui lui permet de comprendre le monde d'une façon toute spéciale. À partir de cette compréhension unique, nous pouvons aider nos enfants à découvrir une panoplie de talents et de richesses intérieures dans lesquels ils pourront puiser pour apporter quelque chose d'unique à ce monde, qui a besoin de chacun d'eux et de leur création.** Notre rôle à nous, parents, consiste à les respecter et à les valoriser dans leurs différences pour qu'ils croient en la valeur de leur intelligence et ne se pensent pas inférieurs ou supérieurs aux autres parce qu'ils appréhendent la vie et le monde différemment[2].

---

2   Vous trouverez le test de dépistage des types d'intelligence dans le livre *Éduquer pour rendre heureux* de Colette Portelance, p. 116-147.

Susciter le sentiment d'exister pleinement par la création

Créer est non seulement un besoin fondamental, mais une fonction naturelle de l'être humain. C'est donc dire que, sans la satisfaction de ce besoin, une partie de notre être meurt en nous. **Créer, c'est activer cette fonction pour rester vivant et pour accomplir notre mission sur terre. La création est un acte réellement nourrissant parce que, en créant, nous donnons naissance à quelque chose qui part de nous-mêmes et qui exprime notre identité.** Par la création, aussi modeste soit-elle, non seulement nous manifestons notre nature profonde, mais nous nous épanouissons et nous apportons notre contribution au monde.

Personnellement, j'ai continuellement besoin de créer et je suis choyée, car le contexte de ma vie personnelle comme celui de mon travail me permettent de combler ce besoin quotidiennement. Que ce soit par la création de nouveaux cours pour la formation des thérapeutes non directifs créateurs donnée au Centre de relation d'aide de Montréal où je suis directrice ou par la création d'une nouvelle conférence pour les parents ou encore par l'élaboration d'une nouvelle façon de faire sentir à mon équipe leur importance dans l'école, je suis stimulée par la créativité que je peux déployer. Amoureuse des fleurs, c'est à travers la création de mon jardin que je nourris ma nécessité de créer à la maison. Avec mes enfants, je prends un plaisir vivifiant à fouiller dans mes ressources pour découvrir une nouvelle façon d'aider l'un d'eux face à l'une de ses difficultés. J'adore élaborer une nouvelle recette qui fera saliver les plus petits comme les plus grands. Je me délecte avec mon mari à inventer une nouvelle façon de surprendre les enfants avec un Noël encore plus magique que celui des années précédentes. Les occasions de créer n'ont pas de limite et je tente de saisir toutes celles qui se présentent à moi, car c'est à travers la création que je me sens le plus vivante.

Vu l'importance de la création pour assurer l'épanouissement et la réalisation de la personne humaine en éducation, je développerai ce thème en appuyant sur les points suivants :

- la créativité naturelle des enfants ;
- les formes de créativité ;
- le rôle des parents.

La créativité des enfants

Les enfants possèdent naturellement le réflexe de créer. À partir de leurs créations, ils découvrent qui ils sont et apprennent à se reconnaître parce que, en créant, ils expriment le meilleur d'eux-mêmes. Rares sont les enfants qui ne sont pas inspirés par une feuille de papier et des crayons à colorier ou encore par une boîte de blocs. La spontanéité qui les caractérise et l'encouragement reçu lorsqu'ils extériorisent leur pulsion ludique et créative font d'eux des créateurs à temps presque complet. Malheureusement la castration de leur élan créateur et le jugement de leurs pairs ainsi que de certains de leurs éducateurs font naître en eux la peur du rejet ou du ridicule. Cela entraîne progressivement l'amoindrissement, voire l'extinction de l'expression de leurs ressources créatrices, qui ne demandent pourtant qu'à s'actualiser.

Combien d'adultes entretiennent la croyance qu'ils ne possèdent aucun talent créateur ? Dans le cours sur la *Créativité* donné dans le cadre du certificat *Connaissance de soi et de la personne humaine par la relation* qui se donne au CRAM, j'ai entendu tellement de gens me dire au début du cours qu'ils étaient absolument incapables de créer. J'ai le souvenir précis d'une femme affolée, en sueur, m'exprimant qu'elle ne pourrait jamais réussir les exercices de création au programme. Elle se croyait démunie de créativité. Pourtant il n'y avait rien de plus faux. **Tout le monde est constitué de cette pulsion créatrice qui rend chacun d'entre nous unique. La différence entre ceux qui la manifestent et ceux qui ne l'actualisent pas se trouve dans le fait que les premiers ont gardé un contact direct avec leur source de créativité alors que les autres ont perdu cette liberté d'être qui favorise l'expression créatrice. Leur source est bloquée par la peur, par le manque d'estime d'eux-mêmes et par le manque de confiance en eux.** Cette dame, que j'ai écoutée dans ses peurs et son manque de foi en elle, a finalement découvert sa créativité pendant le cours. Elle est repartie fière d'elle, puisqu'elle avait non seulement été capable de créer lors des exercices, mais elle s'était même aperçue qu'elle avait plusieurs créations à son actif dans sa vie.

Pour aider nos enfants à rester en contact avec cette source intarissable, nous, parents ou éducateurs avons un rôle à jouer. Pour bien résumer cette responsabilité, nous devons savoir qu'il existe plusieurs manières d'exprimer sa créativité.

Les formes de créativité

Tout d'abord, **un mythe circule autour de la créativité. Nous croyons que seuls les artistes sont créateurs.**

Si toutes les formes d'art – danse, théâtre, peinture, sculpture, dessin, musique, chanson, poésie, etc. – représentent effectivement des façons d'exprimer une partie de soi et de donner existence à quelque chose de nouveau, la créativité peut s'exprimer de bien d'autres manières, dépendamment des intérêts de chaque personne. Par exemple, des individus plus manuels, au type d'intelligence pragmatique, l'exprimeront à travers la couture, la cuisine ou la construction. D'autres, plus à l'aise avec l'aspect rationnel, la manifesteront, notamment, dans la conceptualisation de logiciels ou dans l'élaboration d'une recherche, la mise en place de grilles organisationnelles dans leur milieu de travail, dans l'organisation de projets.

Quand un enfant ou un adolescent écrit une carte de fête, invente un conte, compose une chanson sur son équipe sportive préférée, vous offre un bouquet de fleurs des champs, fabrique des vaisseaux en lego sans plan, invente une blague, élabore une charade ou une devinette, monte un mot mystère, improvise une nouvelle recette, dessine un plan pour vous proposer une autre décoration pour sa chambre, fabrique des bijoux ou une cabane à moineaux, se déguise en pirate à partir de quelques bouts de cartons et de tissus, fait la mise en scène d'un spectacle de danse, improvise une pièce de théâtre, prépare une présentation en PowerPoint qu'il a personnalisée, constitue un système de fiches documentaires sur un sujet qui le passionne, entreprend une recherche sur un astronaute qui l'inspire, il crée. C'est à nous, parents, de bien respecter la forme que prend l'élan créateur de chacun de nos enfants, pour bien assumer notre rôle auprès d'eux.

Le rôle des parents

Il est essentiel comme parents de savoir que nos enfants peuvent exprimer leur créativité dans de nombreux domaines, selon leurs intérêts et leur type d'intelligence. Pour les aider, le premier pas à exécuter est de trouver nos propres modes d'expression créatrice. Nous avons tous des talents créateurs et il est fondamental que nous les découvrions et que nous les exploitions pour servir de modèles d'actualisation de nos potentialités créatrices à nos enfants. Par la suite, nous pourrons leur proposer diverses activités susceptibles d'éveiller leur intérêt, voire leur passion. Souvent, nous avons tendance à leur suggérer des activités qui nous passionnent ou qui nous ont passionnés dans notre jeunesse. Il n'y a rien de mal à partager nos passions, mais il ne faut pas oublier que, pour respecter leur unicité, notre but devrait être qu'ils puissent découvrir les leurs.

Pour que notre aide soit encore plus efficace, il s'avère utile de vérifier la valeur que nous accordons aux diverses activités créatrices qui s'offrent à nos enfants et à nos adolescents. Si un parent juge la poésie, la musique, l'esthétisme, le jardinage, l'ordinateur ou l'écriture comme une activité peu valable et que son enfant démontre un intérêt ou une passion dans le domaine jugé, il y a de fortes possibilités que le jeune réprime ses élans créateurs.

Des phrases comme celles qui suivent sont inévitablement tueuses de l'expression créatrice : «*Tu ne feras jamais d'argent avec ça*» ou «*Tu dessines encore à 17 ans! Tu seras toujours un enfant*» ou encore «*Tu pourrais passer ton temps à faire des choses plus utiles dans la vie*». Peut-être même que certains d'entre vous les ont déjà dites ou pour le moins entendues. Ce qui demeure le plus important, c'est de nous souvenir que nos enfants sont beaucoup plus touchés et quelquefois plus troublés par nos paroles que nous pourrions le croire. Sur le coup, ils ne montrent pas toujours ce qui les blesse le plus. Cependant, à moyen terme, la blessure risque de s'ériger en blocage.

À titre d'exemple personnel, je peux vous citer mon histoire avec le chant. Ma mère chantait de l'opéra dans la maison quand j'étais jeune. Sa voix puissante, libre et la joie qu'elle semait autour quand elle chantait m'ont inspirée. Dans ma chambre, devant mon miroir, je chantais du René Simard autant que des extraits de Carmen de Bizet. J'aimais découvrir ma voix et en améliorer l'amplitude. Un jour, en revenant de l'école avec mes amis, nous chantions tous en chœur. J'étais heureuse, car j'aimais chanter. Puis, un garçon de la bande s'est mis à rire du trémolo que je mettais dans ma voix. De me sentir ridiculisée de la sorte devant tout le monde m'a humiliée. Le cœur m'a fendu en deux quand il s'est moqué de moi. Pendant plusieurs années, j'ai arrêté net de chanter devant des gens autres que ma famille immédiate. Ce n'est qu'au secondaire, dans un cours de musique, lors d'un rassemblement de quelques élèves qui étaient restés avec l'enseignante après la classe, que j'ai osé discrètement rechanter avec un trémolo. Le sourire doux de cette enseignante quand elle s'est retournée, surprise, vers moi pour me complimenter sur ma voix reste inoubliable. Cette femme ignore qu'elle a guéri, par ce geste et ces quelques mots, une blessure qui avait bloqué ma spontanéité, source de créativité, depuis des années.

Nous, les parents, avons un grand impact sur ce que nos enfants choisiront de laisser émerger de leur personnalité, de leurs goûts, de leurs passions. **Être ridiculisé dans une**

**partie de lui qu'il exprime à travers sa création peut bles-
ser l'enfant au point qu'il choisisse de réprimer ses talents
dans le domaine qui l'intéresse vraiment.**

Quand un individu ne suit pas ses goûts premiers pour
aligner ses choix de vie à ceux de ses éducateurs, les conséquences peuvent s'avérer désastreuses. J'ai rencontré Michelle en thérapie; elle était en arrêt de travail à cause
d'un épuisement professionnel. Architecte, elle avait craqué
après que sa deuxième fille avait atteint l'âge de deux ans.
Très bien supportée à la maison, sans problèmes financiers,
heureuse dans son couple et avec ses deux filles, Michelle
ressentait un mal de vivre et ne pouvait plus rien donner
d'elle à son entreprise. Le travail sur elle qu'elle a entrepris
en thérapie l'a amenée à voir qu'elle n'avait jamais voulu être
architecte. Sa passion était pour les arts de la scène. Jeune,
elle avait toujours excellé en théâtre et aurait voulu devenir comédienne. Elle avait même fait ses auditions dans les
meilleures écoles et avait été acceptée dans l'une d'entre
elles. Ses parents, jugeant son choix insensé et sans avenir,
lui avaient interdit l'accès à cette école et avaient appelé
eux-mêmes pour annuler l'inscription de leur fille. Michelle
avait donc rabattu son choix sur l'architecture et avait fini
par se convaincre que ses parents avaient eu raison, consi-
dérant cette voie comme un bon compromis, puisqu'elle
pouvait créer dans ce domaine.

La suite de son histoire démontre bien comment l'élan
créateur doit partir du cœur et non de la raison. Sans quoi,
l'individu peut rester avec un sentiment de vide intérieur,
puisqu'il ne crée pas véritablement à partir de son être
unique, à partir de son identité. Si sa source est bloquée,
quelque chose meurt en lui. La dépression de Michelle a

été un signal de son être venu lui rappeler qu'elle avait mis au rancart une partie de ce qu'elle était vraiment. À la fin de nos rencontres de relation d'aide psychologique, elle était en train d'actualiser un projet d'écriture absolument original qui ressemblait exactement à ce qu'elle était et qui la passionnait énormément.

Les enfants ont besoin de découvrir ce qu'ils aiment créer. Ils ont aussi besoin qu'on les voit exister à travers leurs créations et qu'on les valorise. Ils doivent se rendre compte que, par ce qui jaillit d'eux, ils ont une influence sur le monde extérieur. Les encourager, c'est leur donner la poussée nécessaire pour avancer, c'est leur insuffler cet élan fondamental qui nourrit la confiance en eux et augmente leur estime d'eux-mêmes.

Créer, c'est exister.

Voilà la raison pour laquelle il est tellement important pour tous les membres de la famille de bénéficier d'un espace de création. Cet espace réservé encourage chacun à trouver un sens à sa vie. Que vous-mêmes ou que vos enfants soyez des artistes, des manuels ou des intellectuels, il demeure précieux de garder votre source créatrice en plein mouvement, de donner libre cours à cette pulsion naturelle telle qu'elle se présente, puisque c'est, notamment, à travers elle que vous vous sentirez pleinement vivants.

Conclusion du chapitre 1

En offrant à nos enfants et à nos adolescents ce respect de leur unicité et en encourageant l'expression de celle-ci, nous leur permettons cette liberté d'être dont toute personne a besoin pour se sentir épanouie et pour vivre en paix avec elle-même. Un enfant accepté, aimé et valorisé dans sa nature profonde, qui a de la place pour affirmer sa différence dans sa famille sans être comparé à la hausse ou à la baisse et sans être jugé négativement aura plus de chances de garder sa pulsion de vie bien puissante. Il acquerra une plus grande aptitude à faire des choix de vie qui lui ressembleront et qui le combleront, parce qu'il aura appris à se respecter lui-même.

De plus, sur le plan de la relation, il est important de se rappeler que personne n'a envie de respecter quelqu'un qui ne lui témoigne pas de respect à son tour. Le contraire étant vrai également, un enfant ou un adolescent respecté par ses éducateurs les respectera naturellement par la suite. De même, un enfant qui n'est pas ridiculisé ni jugé dans ses émotions, ses goûts et ses rêves par ses parents se montrera spontanément sensible aux émotions, aux goûts et aux rêves de ses éducateurs. Finalement un enfant dont on écoute les besoins spécifiques et les limites réelles aura intégré, par le phénomène du mimétisme et de l'influence, l'importance de respecter ceux des autres.

Inspirer le respect à nos enfants passe donc inévitablement par le respect de ce qu'ils sont, mais également par notre capacité à leur témoigner de la confiance.

Chapitre 2

Inspirer le respect en leur donnant confiance

« Élever un enfant,
c'est lui apprendre à se passer de nous. »

Ernest Legouvé

Laisser la liberté de grandir

Il était une fois un petit être qui voulait grandir, mais ses parents ne voulaient qu'à moitié ! Sa maman et son papa étaient des gentils parents. Mais le petit être avait toujours l'impression que si ses parents voulaient qu'il devienne grand en apprenant à faire pipi dans le pot ou en apprenant à lire, ils souhaitaient en même temps qu'il reste petit pour toujours avoir besoin d'eux. Aussi, quand il tentait de nouvelles expériences qui semblaient amusantes, comme monter plus haut dans le module du parc ou aller plus loin en vélo, ses parents lui interdisaient parce que, disaient-ils, il y avait des risques pour lui. Au fond, même si son corps grandissait au point que ses parents devaient acheter un pyjama plus grand chaque année, le petit être se demandait s'il serait un jour assez grand à l'intérieur de lui pour vivre dans le monde des grands sans ses parents.

Cette histoire est celle de bien des petits êtres et de bien des parents. Pourquoi, alors que nous voulons tant l'autonomie de nos enfants afin qu'ils se réalisent, qu'ils développent une confiance en eux, qu'ils soient heureux et qu'ils sachent affronter les obstacles de la vie, **pourquoi donc glissons-nous dans la surprotection ? Pour éviter la souffrance à nos enfants ? Oui, bien sûr ! Mais avant tout pour éviter de souffrir nous-mêmes. En effet, la vérité est que, pour nous, parents, voir souffrir nos enfants est tout simplement intolérable.** Bien souvent, le « *Ne fais pas ça, tu vas te faire mal !* » est une projection de nos propres peurs d'avoir mal.

Toutefois laisser à nos enfants la liberté de grandir suppose que nous leur apprenions à devenir autonomes et que nous nous libérions de notre dépendance par rapport à eux.

Comment rendre nos enfants autonomes?

Grandir pour un enfant, comme pour un adulte, se fait parfois à travers des expériences douloureuses. Guider nos enfants vers l'autonomie demande d'accepter de les accompagner dans ces moments d'expérimentation difficiles. Évidemment nous avons par rapport à eux un rôle de protecteur et de guide qui encadre. Nous ne laisserons pas un enfant de huit ans sortir seul jusqu'à minuit pour qu'il vive des expériences ni un enseignant l'humilier toutes les semaines sans intervenir. Cependant prendre les enfants totalement en charge, intervenir à leur place, les empêcher de vivre les conséquences de leurs actes, les mettre dans la ouate pour leur éviter tous les désagréments relationnels ou les accidents de parcours possibles ne les aide pas à grandir. Ces attitudes les maintiennent petits à l'intérieur d'eux-mêmes.

Pour devenir autonome, une personne doit avoir confiance en elle. **Le développement d'une confiance en soi ne se fait pas in vitro, mais dans la relation avec les autres et avec la vie.** Tenter de nouvelles expériences, vivre différentes situations relationnelles, prendre des risques nous apprennent beaucoup sur nous-mêmes en tant qu'adultes et **la confiance en soi augmente quand nous développons la capacité d'affronter les circonstances difficiles.**

Le processus est le même pour le développement de la confiance en soi des enfants. C'est en montant deux marches de plus dans l'escalier, en trébuchant parfois, qu'ils découvrent l'art de l'équilibre. Les priver de cette expérience par peur qu'ils se blessent, alors qu'ils sont rendus à cette étape de leur développement moteur, c'est les priver d'un apprentissage essentiel à leur évolution. Parler pour notre enfant à son ami qui lui a fait de la peine, c'est le priver aussi d'un apprentissage fondamental. Lui montrer comment parler à son ami dans cette situation, écouter ses craintes, l'encourager et lui transmettre notre foi en ses capacités et en ses ressources, voilà comment nous pouvons l'aider à développer son autonomie.

Surprotéger empêche non seulement le développement de la confiance en soi nécessaire à l'autonomie, mais fragilise l'enfant, qui n'arrivera jamais à sentir sa grandeur intérieure ni à mesurer sa force pour affronter la vie. Enfin, la surprotection des parents vis-à-vis de leurs enfants est une entrave à leur liberté d'être en tant que personne humaine. Ainsi il n'est pas rare de voir des enfants surprotégés finir par rejeter leurs parents parce qu'ils se sentent étouffés, et cela, au grand désespoir et à la grande surprise de ces parents si aimants, si dévoués et si convaincus du caractère essentiel de leur protection dans la vie de leur « tout petit », quel que soit son âge.

La dépendance : qui est dépendant de qui ?

Maintenir nos enfants dans une dépendance par rapport à nous est rassurant d'une certaine façon. Nous nous sentons indispensables, et cela comble nos besoins de nous sentir importants, aimés, valorisés et reconnus. Nous avons faussement l'impression que nous leur assurons une sécurité affective pour la vie. C'est nous qui, alors, devenons dépendants des soins, des attentions, de la protection, des prises en charge que nous prodiguons à nos trésors. « *Sans nous, il n'y arrivera pas!* », voilà ce que nous nous plaisons à croire. Tout cela s'accomplit généralement dans la plus grande inconscience, mais témoigne d'un manque de confiance en nous-mêmes et d'un manque d'estime de nous-mêmes. La vérité est que, bien souvent, c'est nous qui avons besoin de cette protection affective.

Nous pouvons comparer notre rôle à celui d'un tuteur qu'on met à un jeune arbre. Une fois que l'arbre a pris sa force, sa direction et que des racines solides le soutiennent, le tuteur doit être enlevé. Si le tuteur se croit indispensable, c'est lui qui aura besoin de l'arbre et non le contraire.

En tant que tuteurs pour nos enfants, en tant que guides, nous devons savoir quand nos interventions sont nécessaires pour encadrer et guider. Cependant notre discernement doit être suffisant pour distinguer les moments où il est utile de laisser nos fleurs d'amour pousser d'elles-mêmes et les moments où nous devons les encourager à développer des racines plus profondes quand elles manquent d'eau plutôt que de toujours les arroser à la moindre menace de sécheresse.

Dans l'œuvre de Saint-Exupéry, la rose dit au Petit Prince qui voulait la protéger du vent et des bêtes : « *Laisse ce globe tranquille, je n'en veux plus. Il faut bien que j'endure deux ou trois chenilles si je veux connaître les papillons !* »

J'espère de tout cœur que nos enfants n'aient qu'à endurer deux ou trois chenilles pour connaître leurs papillons. Mais surtout, je nous souhaite à tous, mamans et papas, d'avoir la force et la qualité de présence humaine pour accompagner nos roses si précieuses sur leur chemin d'apprentissage. L'un des ingrédients essentiels est la certitude que nous avons tout ce qu'il faut en nous comme ressources pour nous réaliser. Notre rôle comme parent n'est-il pas de laisser à nos enfants la liberté de grandir et de se découvrir assez solides et autonomes pour « endurer deux ou trois chenilles », puis d'aller de l'avant pour « connaître les papillons » ?

Accompagner les peurs

— Maman, je crois que je n'arriverai jamais à être un adulte.
— Pourquoi ?
— Parce que je ne pourrai jamais arrêter d'avoir peur pour devenir fort comme toi et papa.

Avoir peur n'est pas un signe de faiblesse. Tout le monde vit des peurs : adultes comme enfants et adolescents. Il n'y a rien d'anormal là-dedans, au contraire ! **De plus, la force intérieure ne vient pas de l'absence de peurs. La véritable force réside dans le fait d'avancer et de créer sa vie, même quand nous avons peur.**

Accepter d'avoir des peurs pour éviter qu'elles nous paralysent

Les peurs que nous vivons quand nous sommes enfants s'estompent rapidement pour la plupart. La peur de découvrir un fantôme en dessous du lit laisse la place à celle d'être rejeté par nos amis si nous ne pensons pas comme eux ou à celle de perdre notre emploi ou bien de vivre une séparation. Les peurs d'adultes ne naissent pas des mêmes déclencheurs que celles des petits, mais il arrive qu'elles paralysent autant que les peurs d'enfants, car elles empêchent d'évoluer, d'avancer, d'oser être soi-même. Aussi, pour que nos enfants ne soient pas freinés par leurs peurs dans leur cheminement, nous devons les aider à développer la confiance en eux. Acquérir cette confiance ne signifie pas qu'il leur faut éliminer les peurs de leur vie. Leur faire croire qu'une fois devenus adultes, ils n'auront plus jamais peur de rien, c'est leur mentir. Les aider à développer leur confiance en eux, cela signifie plutôt les encourager à faire face à leurs

peurs sans se laisser dominer par elles. Comment y arriver ?
D'abord en ne portant pas de jugement sur leur vécu et en
leur donnant le droit de vivre leurs craintes et leurs frayeurs,
quels que soient les déclencheurs.

Danger imaginaire, mais peur bien réelle

Quand notre fille de quatre ans nous dit qu'elle ne veut
pas aller jouer dehors parce qu'elle a peur des loups ou
que notre garçon de huit ans refuse d'aller chercher un outil
au sous-sol parce qu'il a peur de se faire attaquer, notre logique et notre expérience d'adultes nous dictent clairement
qu'aucune des deux situations ne comporte de danger réel.
Aussi, nous pourrions avoir tendance à ignorer, à banaliser
ou même à ridiculiser ces peurs. Pourtant, si le danger est
irréel, la peur, elle, est bien réelle. Il est donc important
de la reconnaître et de la laisser « être » avec compassion.
Manifester de l'impatience en présence d'un enfant qui
vit une peur que nous-mêmes n'avons jamais ressentie
augmente son anxiété, parce qu'à la peur initiale non ac-
cueillie se greffe la peur de nous déranger, la peur de nous
déplaire, la peur de se faire réprimander. C'est ce qui s'est
passé pour Anaïs, une enfant de neuf ans que j'ai rencontrée en thérapie.

J'ai reçu Anaïs trois fois seulement. Ses parents m'avaient
contactée parce que leur fille ressentait des peurs le soir
au moment du coucher qui l'empêchaient de fermer l'œil.
Elle s'endormait parfois à minuit, après avoir appelé ses parents plusieurs fois, rallumé sa lumière, lu, joué dans son lit.
Plusieurs trucs pris ici et là avaient été testés sans succès.

Quand j'ai demandé à Anaïs de me parler de ce qui se
passait pour elle au moment de dormir, j'ai eu l'impression

d'entendre le discours d'un adulte. « *J'ai des peurs imaginaires qui doivent être contrôlées. Plus je les écoute, moins j'arrive à dormir et plus je dérange mes parents qui veulent relaxer. Je dois arrêter de me faire des mondes à moi et être dans le vrai monde.* » J'étais perplexe. Je m'attendais à tout sauf à cette rationalisation de son expérience, dictée inévitablement par ses parents, qui cherchaient à mieux contrôler la situation. Puis, ayant compris que ma jeune cliente avait une grande facilité à imaginer, j'ai utilisé une méthode projective pour enfants qui travaille à partir de la création d'histoires. Mon but était de faire parler Anaïs de son expérience, de son vécu, de son monde à elle et non de ce qu'elle avait entendu qu'elle devait faire ou penser.

J'ai découvert une enfant extrêmement créative avec une imagination très fertile et qui adorait les animaux. Elle avait dans sa tête des histoires incroyables dans lesquelles elle côtoyait des animaux et leur parlait. Elle m'a d'ailleurs confié que seuls ses deux chevaux la comprenaient dans ses peurs de la nuit. Toutefois, m'a-t-elle confié, ses parents n'aimaient pas qu'elle s'amuse avec son imagination. Il ne fallait pas leur dire qu'elle avait cette histoire en elle, car ils se fâcheraient, surtout son père. J'ai compris que ses peurs n'avaient jamais de place avec ses parents. Je lui ai donc demandé de me parler de ses craintes. Peur du noir, peur que quelqu'un sorte de la garde-robe et l'attaque, peur de quelque chose qu'elle n'arrivait pas à expliquer vraiment, quelque chose qui tournait vite vite en elle, dans sa tête et qu'elle n'arrivait jamais à éteindre. Réticente au début à m'en parler, c'est quand elle a constaté mon accueil chaleureux et compréhensif de ses craintes qu'elle m'a détaillé chacune d'elles. Je l'ai écouté tant qu'elle en avait besoin et j'ai validé la légitimité de ressentir des peurs et de les exprimer. Après quelques autres interventions pour lui donner le droit à son monde imaginaire tout en étant capable de relation avec ses proches, Anaïs s'est endormie facilement.

Ignorer ou se moquer des peurs de nos enfants ou de nos adolescents ne les efface pas. Au contraire, cette attitude peut laisser comme message qu'il ne faut pas avoir peur pour être quelqu'un de valable. Si nous agissons ainsi, comment se percevra un enfant qui sent bien que, même silencieuses et invisibles aux yeux des autres, ses peurs n'ont pas disparu au fond de lui-même ? Il y a fort à parier qu'il aura peur que nous découvrions ses craintes. Cela n'augmentera pas sa confiance en lui.

Une peur doit être écoutée, validée chez n'importe quel être humain, quel que soit son âge. Toutefois écouter nos enfants ne signifie pas les couver.

Surprotéger nos enfants augmente leurs peurs

Protéger nos enfants des dangers qui les guettent est une de nos obligations en tant que parents. Par contre, quand nous les surprotégeons, nous les traitons comme s'ils étaient en danger alors qu'ils vivent seulement dans une situation difficile. Comme parents, nous souhaitons éviter toute situation éprouvante à nos enfants pour éviter de les voir souffrir ! En fait, nous craignons pour eux et la peur est une émotion contagieuse. **La surprotection nous fait communiquer nos propres peurs à nos enfants et contribue à augmenter les leurs. De plus, quand nous les surprotégeons, nous leur transmettons notre manque de confiance en leurs ressources.**

En effet, en les couvant, nous leur exprimons, tacitement, que nous les croyons incapables d'affronter les difficultés de la vie. Pour apprendre à marcher, ils doivent prendre le risque de tomber; pour apprendre à se séparer de nous, ils doivent nous voir partir et revenir; pour faire l'apprentissage des relations amoureuses, ils doivent risquer le rejet; pour comprendre la valeur de l'effort, ils doivent parfois échouer par manque de volonté. Nous ne sommes pas là pour empêcher nos enfants de connaître des difficultés et de ressentir des insécurités, mais pour leur montrer comment composer avec ces situations difficiles, comment puiser dans leurs capacités et dans leurs ressources. Pour ce faire, nous devons nous concentrer sur leurs forces, cultiver notre confiance en eux et leur transmettre notre foi en leur pouvoir intérieur.

La démarche qu'a faite Chantal avec sa petite fille de trois ans en est un bon exemple. Cette maman tendre et attentionnée a participé aux ateliers «Éduquer pour rendre heureux» que j'offre au Centre de relation d'aide de Montréal pour les parents et les enseignants. Au cours de cette formation, Chantal m'a fait part de l'insécurité de sa fille au moment de son arrivée à la garderie le matin. Devenant timide avec les autres enfants et craintive avec ses éducatrices, elle s'agrippait à sa mère, paralysée par ses peurs et se mettait à pleurer dès que sa mère tentait de la quitter. Touchée par les larmes de sa fille, Chantal avait pris l'habitude d'entrer dans le local avec elle dans le but de la sécuriser, jouant un peu avec elle, l'aidant à s'apprivoiser à l'entourage et à l'environnement. Cependant, dès que la mère manifestait le désir de partir, la petite, en larmes, s'accrochait de nouveau à elle. Tous les départs du local s'effectuaient dans une crise et Chantal partait, le cœur déchiré, se sentant coupable d'abandonner sa fille dans une situation qu'elle ne la voyait pas capable d'affronter. Quand je lui ai demandé comment se passaient les journées de son enfant à la garderie, elle m'a dit que les éducatrices lui assuraient que 15 minutes après son départ, sa fille s'amusait, riait, entrait en relation avec les autres, adultes et enfants, et que cela durait toute la journée. D'ailleurs, au retour de Chantal en fin de journée, la petite, qui semblait épanouie, voulait toujours terminer son activité avant de venir la rejoindre. J'ai fait observer à Chantal que sa fille était capable de la quitter, qu'elle avait toutes les ressources pour s'intégrer au groupe et pour entrer en relation avec ses éducatrices. Je lui aussi montré que, si elle continuait à la voir incapable de vivre cette séparation momentanée avec elle, sa fille recevait le message inconscient qu'elle n'avait pas ce qu'il fallait pour quitter sa mère ; cela ne l'aidait pas à se faire confiance pour avancer avec ses peurs.

Pendant l'atelier suivant, Chantal m'a annoncé qu'elle avait appliqué ce que je lui avais proposé. Elle avait dit à sa fille qu'elle la voyait maintenant capable d'entrer dans son local le matin sans elle. Elle lui a montré ses ressources et ses ancrages de sécurité : *tu trouves toujours des jeux avec tes amis, tu adores les activités de déguisement et de dessin, tu sais te faire aimer, tout le monde veut jouer avec toi et tu aimes tes deux éducatrices. En plus, tu sais que, chaque soir, je reviens et qu'on passe la soirée ensemble.* Ensuite elle lui a annoncé que, dorénavant, elle l'aiderait à se déshabiller, à mettre ses souliers, qu'elle l'embrasserait et lui ferait un câlin et qu'elle la laisserait entrer dans le local seule et partirait, même si elle pleurait ou s'accrochait à elle.

Le premier jour, la fille de Chantal a tenté de reproduire le même scénario que les jours d'avant. Chantal lui a rappelé calmement la nouvelle routine, s'est montrée sensible par rapport aux peurs que ressentait sa fille, a répété ses ressources rapidement, l'a saluée comme promis, puis est partie sans se retourner, le cœur chaviré, le tout en une minute. Le lendemain, sa fille est entrée seule dans le local, en pleurant moins. Depuis, le nouveau scénario n'a pas cessé de s'améliorer.

Pour rendre nos enfants autonomes, écoute et confiance sont des ingrédients essentiels mais non suffisants. Notre rôle consiste aussi à les aider à avancer même quand ils ont peur.

Attendre de ne plus avoir peur pour avancer, c'est attendre toute sa vie

Pour transformer la peur en confiance, il n'existe qu'un seul chemin : affronter sa peur. Ce choix comporte le risque de confirmer la peur. En effet, si notre enfant a peur de faire une présentation orale à l'école parce qu'il croit que les autres se moqueront de lui, il se peut que le passage à l'action comporte effectivement cette possibilité. Pour l'aider, nous pouvons lui témoigner notre confiance et aussi lui donner des moyens pour affronter la situation qu'il craint tant. Il doit comprendre que, malgré le risque qu'il comporte, le passage à l'action est le seul chemin qui contribuera à augmenter sa confiance en ses ressources. À la suite de sa présentation orale, il pourra se sentir capable d'effectuer cette tâche. Si, malheureusement, il fait rire de lui, il constatera qu'il possède les ressources pour affronter cette réalité.

Voici quelques conseils en or pour le préparer à affronter ses Minotaures intérieurs :

1. Rectifier ses fausses croyances. (Les loups ne vivent jamais dans les villes ; ton enseignante ne te demandera pas de lire le premier jour de maternelle.)

2. Parler de la réalité sans l'embellir ni l'enlaidir pour désamorcer les scénarios imaginaires. (Tu t'imagines que tu seras tout seul à la maternelle et que si tu as besoin de quelque chose personne ne te répondra, alors que c'est le contraire : ton enseignante sait que tu ne connais ni les gens ni l'école, elle te montrera tout et s'occupera de toi.)

3. Montrer ses ressources à l'enfant et lui donner des points de repère. (Quand ton ami voudra prendre tes billes, tu seras capable de lui dire « non », comme tu le fais quand tu ne veux pas que ton frère entre dans ta chambre ; s'il ne te respecte pas, tu sais à quelle personne demander de l'aide.)

4. L'aider à vivre le moment présent chaque seconde. (Les peurs sont une appréhension du futur ; dans le présent, elles sont le plus souvent absentes.)

5. Être un modèle. (Sans moraliser, dites-lui comment vous dépassez vos propres peurs quand elles vous paralysent ou apportez-lui l'exemple d'une personne qui a su agir malgré ses peurs.)

6. Apprivoiser la situation à travers des jeux. (Les enfants ont besoin d'apprivoiser leurs peurs en jouant à des situations qui leur font peur ; de cette façon, ils augmentent leur sentiment de maîtriser la situation. Utilisez leur médium : prenez des toutous, des personnages et jouez la situation qu'ils appréhendent en mettant en scène toutes les capacités que votre jeune peut utiliser. Demandez aux plus âgés d'imaginer une situation qui leur fait peur et de voir de quelle manière ils pourraient s'en sortir.)

7. Rassurer les enfants en leur offrant votre support. (Vos enfants ont besoin de savoir que vous êtes avec eux de cœur et que vous serez là après leur dépassement pour les reconnaître et les soutenir s'ils ont rencontré des obstacles.)

La meilleure façon de donner confiance
est d'avoir confiance

Une peur ne représente pas un problème, à moins qu'elle dure dans le temps et empêche l'enfant de fonctionner et de se développer comme les autres enfants de son âge. Une peur est là pour être dépassée, car c'est ce dépassement qui fait grandir notre zone de confiance et de sécurité. L'essentiel pour aider notre enfant à accroître sa confiance en lui est que toutes nos interventions prennent racine dans notre confiance en eux. Si chacune de nos paroles prend sa source dans la valeur que nous lui accordons et dans la foi que nous avons en ses ressources, il aura l'élan nécessaire pour atteindre tous les sommets.

Nourrir l'estime blessée derrière les complexes

« Je suis trop gros. Je suis trop petit. Je ne suis pas assez musclé. Mon nez est croche, mes oreilles sont décollées, mes fesses sont trop plates. »

Quel parent n'a pas entendu son adolescent et même son enfant lui sortir une telle remarque? Ne sommes-nous pas aussi désarmés que confus lorsque nous constatons le peu d'effet de nos interventions dans ces cas-là? Comment aider nos jeunes à sortir de ce trou qui semble sans fond?

Pourquoi mon enfant est-il complexé?

Un complexe physique se définit comme un sentiment de dévalorisation associé à une caractéristique du corps. Cette caractéristique peut être réelle ou carrément imaginaire. Les complexes physiques sont particulièrement fréquents chez les adolescents, bien qu'ils puissent aussi apparaître dès l'âge de sept ans chez les enfants et les habiter encore lorsqu'ils sont devenus adultes. Plusieurs raisons expliquent la formation d'un tel complexe.

1. Les multiples et rapides changements physiologiques que vivent les jeunes à la période de l'adolescence et qui sont ressentis comme une mise à nu devant le regard des autres expliquent l'extrême vulnérabilité éprouvée à cet âge. Françoise Dolto a bien décrit cette réalité dans son livre intitulé Le *complexe du homard*.

2. La pression sociale de la mode et de la publicité exerce aussi inéluctablement une forte influence sur le développement des complexes physiques.

3. Les commentaires cinglants lancés par les pairs à l'école ou par des membres de la famille peuvent laisser des marques insoupçonnées chez un jeune. Celles-ci altèrent considérablement l'estime du corps et le sentiment de valeur personnelle.

Voir que notre enfant veut se cacher, qu'il se dévalorise et se dénigre peut être insupportable pour un parent. Devant l'incohérence entre la véritable image du corps et l'idée que l'enfant a de lui-même, nous en perdons notre latin. Conséquemment, nous intervenons en cherchant à lui faire entendre raison… et, ainsi, nous passons à côté de l'essentiel : la souffrance bien réelle de notre enfant tapie derrière son complexe.

Derrière une image de soi négative se cache une souffrance

Enfant, adolescent ou même adulte, n'avez-vous jamais ressenti la douleur aiguë d'être complexé par rapport à une des parties de votre corps ? Personnellement, au cours de mon adolescente, l'intensité et la permanence du mal-être que je ressentais dans mon corps étaient si pernicieuses que, par un simple saut dans ce passé, je me le remémore encore aujourd'hui avec une certaine émotion. D'une extrême minceur, j'étais passée en quelques mois à 160 livres (72 kilos). J'éprouvais l'impression étrange que ce nouveau corps ne m'appartenait pas. Avec une détresse que j'essayais de refouler, je constatais que ce que j'étais en dedans de moi depuis des années n'était plus représenté de la même façon dehors. J'avais envie de crier aux gens : « *Ce que vous voyez n'est pas moi. Moi, je suis la petite ballerine que vous avez vue au spectacle l'année dernière ; je suis la fille qui nageait, sautait, avait la plus grosse "garnotte" de l'école primaire au hand-ball.* » J'ai dû faire face à un inévitable deuil et dire adieu à mon corps d'enfant.

Je me souviens de mon sentiment de honte et d'humiliation. Je me vois encore marcher la tête baissée, avec des vêtements qui me rendaient la plus invisible possible. J'étais certaine que tout le monde me regardait et ne voyait que mes rondeurs. Quand j'entendais rire, j'étais certaine qu'on riait de moi et de mon corps. Mon Dieu! Quelle valeur me restait-il? Qui pourrait m'aimer maintenant, outre les membres de ma famille? Quel pouvoir de séduction me restait-il? Comme je me sentais ridicule!

Quand je suis devant quelqu'un qui me parle de ses complexes, je me souviens de cette souffrance vive. Que ce soit parce qu'il souffre d'être le plus petit de la classe, ou d'avoir les cheveux trop frisés, ou encore d'avoir le corps trop mou, je me souviens des paroles que je n'aurais pas voulu entendre à ce moment-là : « *Tu n'es pas si grosse que ça !* », « *Voyons donc, ce n'est pas grave* », « *Regarde, moi aussi j'ai vécu ça* », « *Ça ne se voit pas tant que ça* », « *Ça va passer, tu vas voir !* », « *T'as plein d'autres qualités* ».

Toutes ces phrases qui visent, sans aucun doute, l'apaisement de la souffrance de notre enfant ne sont en fait que des phrases qui banalisent sa douleur. Plus nous les répétons, plus nous le laissons seul avec sa détresse.

La chose la plus importante dont notre enfant a besoin, c'est d'être compris et saisi dans ce qu'il vit. Comme écouter est très difficile quand l'autre a mal, nous voudrions trouver les mots qui lui enlèvent sa douleur. Alors, plutôt que d'écouter, nous conseillons, moralisons, essayons de raisonner cette souffrance. Pourtant ce qui ferait du bien à notre enfant serait d'entendre des paroles comme celles-ci : « *Je comprends comment c'est dramatique pour toi cette acné sur tes épaules* », « *Je suis sensible à toi quand je t'entends dire à quel point tu te sens laide avec ton surplus de poids* ».

85

Changer ce qui peut être changé

Être à l'écoute de votre enfant peut signifier aussi de l'appuyer dans certains changements qui l'aideraient à se sentir mieux dans sa peau. Il ne s'agit pas de céder à des caprices ou de mettre l'accent sur le paraître au détriment de l'être, mais de devenir des soutiens par rapport à sa souffrance. Nous pouvons lui proposer, par exemple, de changer ses lunettes, lui trouver des solutions pour atténuer son acné, lui suggérer une coupe de cheveux qui l'avantagerait, lui acheter un pantalon dans lequel il se trouverait plus à l'aise. L'enfant a besoin d'être supporté et il est important de tenir compte de lui et de vous investir avec lui en lui proposant des moyens de l'aider après avoir écouté et accueilli sa souffrance.

Valoriser sans mentir

Les complexes physiques sont directement liés à un manque d'estime personnelle. Valoriser en adressant des compliments est certes une attitude essentielle pour aider nos enfants à augmenter leur estime d'eux-mêmes. Toutefois nos compliments doivent être sincères et ne pas avoir pour but d'arrêter la souffrance dans l'immédiat, mais celui de nourrir l'enfant par notre regard franc sur lui. **Dire à un enfant petit pour son âge qu'il n'est pas si petit que ça lui fait plus de mal que de bien, parce qu'en plus de ne pas être compris il reçoit un message contradictoire entre ce qui est observable et ce que vous lui dites. Une confusion intérieure s'installe en lui et diminue sa confiance personnelle.**

C'est ce que j'ai vécu, adolescente, avec mes kilos en trop. Un été, je travaillais dans une piscine extérieure à Paris.

Évidemment il y faisait très chaud quand j'étais de service aux vestiaires et toutes les clientes étaient vêtues de bikinis, voire de monokinis. Moi, je détonnais avec mon jeans noir et mon t-shirt noir trop grand pour moi. Mon père, qui était déjà venu se baigner et m'avait vue habillée ainsi, n'en revenait pas de ma tenue inappropriée pour la température. Il insistait pour que je m'habille plus légèrement et ne comprenait pas mon obstination à continuer à porter les vêtements qui me cachaient le plus. J'avais beau lui dire que j'avais grossi et que je ne voulais pas me montrer ainsi, il me contredisait systématiquement : « *Tu n'as pas grossi. Tu as seulement de belles rondeurs. C'est normal à ton âge.* » Je me souviens de mon impuissance à me faire entendre dans le fait que je me trouvais grosse. Aujourd'hui, je comprends l'impuissance de mon papa, qui devait souffrir énormément de me voir si mal dans ma peau. Cependant, à l'époque, non seulement mon complexe me rendait malheureuse mais, en plus, je devenais confuse quand j'entendais mon père. Lui qui ne m'avait jamais menti jusqu'alors, le voilà qui démentait ce qui pourtant apparaissait évident : j'avais grossi. Je me suis sentie seule et incomprise par lui dans cette circonstance et, de surcroît, anormale de souffrir. Non seulement j'avais envie de me cacher le corps, mais, face à mon père, j'avais aussi envie de cacher le fait que je voulais me cacher.

En revanche, je me suis sentie soulagée lorsque, quelques mois plus tard, dans une situation sans lien avec ce que je viens de raconter, ma mère m'a appelée près d'elle pour me parler de quelque chose. Elle m'a dit avec sensibilité : « *Je veux te parler de quelque chose de délicat. J'ai vu que tu as pris du poids. Et j'ai remarqué que, dernièrement, tu en as pris un peu plus. Sais-tu ce qui se passe ? Est-ce que tu veux que je t'aide ?* » Évidemment ce genre de vérité fait mal et, sur le coup, j'ai avalé de travers sa franchise. Mais à la fois, je me suis sentie validée dans ce que je voyais moi-même et comprise dans ce que je vivais. Tout d'un coup, il n'y avait plus de décalage entre ce que je pouvais observer dans le miroir, la perception que j'avais de moi et ce que l'extérieur me reflétait. De plus, je me sentais appuyée et supportée face à mon complexe.

Quand on n'a que l'amour

Le meilleur antidote au manque d'estime de soi, c'est l'amour de l'autre envers nous. Si votre enfant ou votre adolescent ne s'aime pas, montrez-lui que vous l'aimez. Faites une activité qu'il aime juste avec lui, dites-lui des mots d'amour, caressez-lui les cheveux tendrement. Tous ces actes et bien d'autres sont porteurs d'amour. Et surtout, répétez-les souvent. Pour qu'une plante s'enracine vraiment, il faut l'arroser régulièrement et qu'elle voie le soleil tous les jours. Vous êtes le jardinier d'estime de votre enfant et son amour de lui grandira si vous jardinez avec constance.

Les mots qui font grandir

Inspiré par ses grands frères, mon fils Salomon a lui aussi voulu jouer au hockey. Il a commencé à cinq ans. L'expérience de l'accompagner à ses premières pratiques a été une leçon de vie pour moi. Je le revois encore, instable sur ses patins, répondre exactement à ce que les instructeurs demandaient, avec une rigueur et une concentration que j'ai rarement vues. Si la consigne était de faire deux allers-retours en patinant de reculons, peu importe les obstacles que lui faisait rencontrer son inexpérience, il s'appliquait à faire les deux allers-retours. Il pouvait tomber 10 fois, être bousculé par des enfants plus rapides, arriver très en retard par rapport aux autres, jamais je ne l'ai vu, comme certains, changer de direction avant d'avoir atteint la ligne bleue, jamais je ne l'ai vu éviter un cône à contourner pour avancer plus vite. Il avait en tête de pouvoir jouer des parties de hockey et faisait tout ce qui devait être fait pour y arriver… même s'il était tellement en retard que l'instructeur avait commencé à donner la consigne du prochain exercice.

Lors de ses premières pratiques, j'apportais un livre, car, assise dans les estrades, je prévoyais le regarder du coin de l'œil. Toutefois, devant une telle détermination, devant sa capacité à ne pas se laisser décentrer par la comparaison, devant tant de passion à exécuter ses exercices, j'ai été subjuguée et n'ai pas lu une seule page. J'avais la sensation émouvante que rien de ce que je pourrais apprendre dans les livres ne serait aussi puissant que ce que mon fils était en train de me démontrer. J'ai pleuré souvent les samedis et dimanches matins sur les bancs jaunes de l'aréna, un livre fermé sur mes genoux. J'étais émue par mon fils et inspirée par sa capacité à accepter le chemin de l'apprentissage avec simplicité, sérénité et confiance en lui. Le regarder vivre m'a aidée à me donner droit à l'imperfection, ce qui n'est pas peu dire pour la perfectionniste que je suis trop souvent.

J'ai vraiment voulu qu'il sache à quel point il pouvait m'émouvoir et quel impact considérable il avait sur moi. Chaque semaine, dans l'auto, avant de démarrer, je lui disais ce qui m'avait touchée en lui. « *Aujourd'hui, je t'ai vu continuer à te pratiquer sans arrêter, même quand tu laissais échapper la rondelle. Quand je te vois ne pas te décourager quand tu n'y arrives pas tout de suite, je suis impressionnée par toi. Je trouve ça tellement beau que, quand je te regarde, je ressens de la joie et j'ai envie de sourire. En plus, ça m'apprend à ne pas me décourager dans mon travail quand je ne suis pas bonne du premier coup.* » J'ai trouvé des mots qui l'ont touché parce que j'ai laissé mon cœur parler. Si je pouvais vous décrire ses yeux lumineux et son sourire comblé quand je lui parlais, vous sauriez que je le touchais au cœur et qu'il sentait à quel point il avait de la valeur à mes yeux.

Un enfant qui ressent de la motivation pour se réaliser et qui est habité par une forte pulsion de vie est un enfant qui croit en lui. Cet enfant-là connaît sa valeur personnelle, sans se voir supérieur ni inférieur aux autres ; il sait identifier ses talents, ses ressources intérieures, ses qualités, ses forces humaines et relationnelles, et il est poussé de façon naturelle vers l'épanouissement de son potentiel. C'est un enfant accompli, parce qu'il ressent l'élan intérieur pour s'actualiser.

Pour que nos enfants reconnaissent leur véritable valeur, nous pouvons nous demander quel est notre rôle comme parents auprès d'eux. Comment pouvons-nous nourrir leur élan de vie ? Comment nous assurer que nos mots reflètent de manière juste leur valeur ? Je répondrai à ces questions fondamentales en développant les points suivants :

1. la satisfaction du besoin de reconnaissance ;
2. les compliments à calories vides ;
3. les mots qui font grandir ;
4. les bienfaits de la reconnaissance.

1. La satisfaction du besoin de reconnaissance

Le besoin de reconnaissance est souvent jugé négativement par plusieurs d'entre nous. Pourtant il s'avère fondamental dans l'élaboration de la personnalité de l'être humain. Que nous soyons un adulte ou une personne âgée, chacun de nous a besoin d'être reconnu et valorisé, à plus forte raison, un enfant et un adolescent. Être vu par les personnes significatives de leur vie, sentir que ces personnes sont témoins de leur valeur personnelle, qu'elles les remarquent et leur expriment ce qu'elles vivent, est un besoin psychique tout à fait normal et naturel pour eux. Il est donc essentiel que des personnes qui les valorisent entourent nos enfants pour que ceux-ci développent cette confiance en eux dont ils ont tant besoin pour s'accomplir.

Le besoin de reconnaissance est légitime, car «reconnaître» signifie «identifier». Lorsqu'un enfant est reconnu par ses parents, il est vu dans son identité, dans ce qui est unique en lui, dans ce qui caractérise sa personnalité, dans ce qui le distingue d'un autre. Être valorisé par une personne importante pour lui signifie ni plus ni moins exister aux yeux de cette personne et faire une différence pour elle. Cela donne un sens à sa présence dans le monde. C'est donc dire que le besoin de reconnaissance est loin d'être un caprice de l'ego, car un enfant qui se sent reconnu dans sa véritable identité et auquel on accorde une juste valeur ressentira un élan très puissant vers la réalisation de lui-même. Cet enfant-là sera beaucoup moins dépendant de la reconnaissance des autres lorsqu'il grandira. Si c'est ce que nous voulons pour les êtres à qui nous avons donné la vie, nous devons apprendre l'art de la reconnaissance. Cet art demande non seulement de l'amour, mais aussi des connaissances particulières qui s'acquièrent par l'expérience. Nous devons, en effet, développer l'art de prononcer les mots qui valorisent plutôt que d'en rester à des « compliments à calories vides » avec nos enfants.

2. Les compliments à calories vides

« *Comme tu es bonne !* », « *Hé ! Que tu es fin !* », « *Tu es un champion !* », « *Tu es une merveille !* »

Ces petites phrases prononcées avec les meilleures intentions du monde sont loin d'être des reconnaissances qui remplissent véritablement le cœur. Elles sont ce que j'appellerais des phrases « *junk food* », c'est-à-dire qu'elles sont flatteuses sur le coup, donnent l'impression de remplir un vide, mais ne nourrissent pas profondément. En effet, ces compliments ne produisent pas l'effet souhaité sur le psychisme parce qu'ils ne s'adressent pas de façon spécifiques à un enfant. Ces éloges pourraient s'adresser à tout le monde. Même si ce genre de reconnaissance est exprimé à un enfant qui vient de réussir un exploit ou qui vient de nous donner une carte de fête des mères tout à fait touchante, il ne suffit pas à créer le sentiment de valeur dont cet enfant a besoin pour bâtir sa confiance en lui-même.

Le piège avec des compliments à calories vides réside dans la facilité de les présenter. En réalité, ce qui a bon goût pour le cœur, ce ne sont pas les mots qu'ils renferment, mais tout ce que ces mots transportent de non verbal. S'ils sont prononcés mécaniquement, leur effet ne s'incrustera pas dans tout l'être de l'enfant qui les entendra, mais restera très superficiel et se dissipera rapidement. Par contre, si l'amour transparaît dans les mots, dans le geste tendre qui les accompagne et dans le regard, l'enfant sera satisfait dans son besoin d'être aimé. Cependant il ne le sera pas dans son besoin de reconnaissance. Il cherchera donc à recevoir d'autres mots de reconnaissance en attirant l'attention. Nous croyons alors qu'il est absolument impossible de le satisfaire. Nous avons tort de penser ainsi, parce que le problème ne vient pas de lui, mais de notre manière de le valoriser. Souvent nos compliments à calories vides sont fondés uniquement sur ce que notre enfant a fait et non sur ce qu'il est. Il cherche donc à performer en travaillant, par exemple, pour obtenir des bonnes notes, pour atteindre des buts au hockey ou pour produire des dessins. Il s'efforce de *faire, faire, faire,* parce qu'il croit que sa valeur dépend de *ce qu'il fait* plutôt que de *ce qu'il est* comme personne unique et différente.

J'ai en tête le souvenir d'un cours de natation d'un de mes enfants. Pendant qu'il était dans l'eau, j'étais assise sur le bord de la piscine, le regardant nager, sauter, boire des bouillons et recommencer. Chaque 20 secondes (et je n'exagère pas), il me criait : « *Maman, regarde comme je suis bon.* » Et chaque fois, je le regardais et lui répondais, sourire aux lèvres, par un mouvement de pouce en l'air ou par un « *T'es un champion !* » ou un « *Wow !* » très expressif. Peu importe l'intensité de mon intention de l'encourager et de le féliciter, il semblait inassouvissable. Les « *Regarde maman* » s'enfilaient

93

les uns derrière les autres sans que mes compliments n'aient un effet quelconque. J'en étais gênée et je me sentais de plus en plus envahie par ses sauts de plus en plus originaux. Mon premier réflexe a été de me questionner sur le problème de mon fils. Plusieurs hypothèses me sont venues à l'esprit. Toutefois, c'est plus tard que la bonne réponse s'est imposée. Le problème venait de moi ; plus précisément de mon manque d'implication et d'authenticité. En effet, mon cœur n'était pas là et mes éloges étaient vides puisque je les répétais machinalement. J'étais absorbée par du travail que je craignais de ne pas finir à temps et j'avais juste hâte que la natation se termine. Alors, j'avais beau choisir de beaux mots, arborer mon plus radieux sourire et lever mes sourcils bien haut, le cœur de mon enfant n'était pas dupe. Il ne recevait rien de véritablement nourrissant. Voilà pourquoi il en redemandait. En fait, les « *Regarde maman* » étaient des « *Maman, es-tu là ? Est-ce que je fais une différence pour toi ? Me vois-tu avec les yeux du cœur ?* »

Cet exemple montre bien l'importance de prononcer de façon authentique les mots qui font grandir de l'intérieur pour que notre enfant cultive une sécurité profonde par rapport à sa valeur personnelle.

3. Les mots qui font grandir de l'intérieur

Nourrir l'estime de nos enfants et de nos adolescents demande nécessairement une implication beaucoup plus grande que celle de leur servir des compliments à calories vides.

La reconnaissance qui produit des effets bénéfiques sur le psychisme de l'enfant doit comprendre :

> a. la mention d'une observation précise de ce que l'enfant a fait de louable ;

b. l'expression de ce que nous fait vivre émotionnellement cette observation.

Voici un premier exemple de ce type de reconnaissance
adressée à un enfant par sa mère : « *Quand tu joues ce morceau
de piano* (observation précise), *je suis émue* (effet émotionnel
sur la mère). *Le cœur que tu mets dans ta musique* (observation)
me fait vibrer (effet émotionnel). *Quand je te vois jouer* (observation), *ça me donne envie de faire quelque chose qui me passionne* (effet
sur la mère).

Ce second exemple explique bien ce que je veux expri-
mer ici : « *Je te vois rendre service à ton frère* (observation). *Ton
geste d'entraide me fait vraiment chaud au cœur* (effet émotionnel).
Ton effort pour être patient avec lui (observation) *m'inspire* (effet
sur la mère).

En fait, si l'enfant se rend compte que les gestes qu'il pose
nous touchent comme parents, il se sentira forcément important. Si nous précisons ce qui nous touche, il sera lui aussi
rejoint au cœur de son être. Nos mots s'intègreront au plus
profond de lui-même, parce que la reconnaissance de sa
valeur aura passé par l'émotion et non seulement par la raison.

**La vérité, c'est que nos enfants n'enregistrent dans leur
être profond que ce qui les touche affectivement. Il ne
leur suffit donc pas de «savoir» qu'ils sont merveilleux,
ils ont besoin de le «ressentir», et la seule manière de
le leur faire «ressentir», c'est de les aider à réaliser que
leurs gestes, leurs actions ou leurs paroles nous ont véritablement touchés.** Ainsi, ils comprendront que nos mots
ne sont pas des compliments à calories vides, mais des sti-
mulants qui les feront grandir intérieurement parce qu'ils
toucheront ce qu'ils sont plutôt que de s'adresser uniquement à ce qu'ils font.

Les mots qui font grandir auront donc un impact plus profond sur la vie de nos enfants :

- s'ils donnent de la valeur à leur être entier ;
- s'ils se rapportent à une action précise qu'ils ont posée ou à un mot précis qu'ils ont prononcé ;
- s'ils montrent l'effet émotionnel que leurs actions ou leurs paroles produisent sur nous-mêmes ;
- si cet effet est exprimé authentiquement de façon qu'il déclenche une émotion agréable en eux.

Cette pratique, que les parents apprennent à développer dans les ateliers que j'anime au Centre de Relation d'Aide de Montréal, apporte aux enfants des bienfaits incalculables d'après les nombreux témoignages que j'entends.

4. Les bienfaits de la reconnaissance « ressentie »

Les bienfaits de la reconnaissance « ressentie » sont très nombreux :

- elle rapproche l'enfant du cœur de lui-même ;
- elle lui donne envie d'être encore plus ce qu'il est ;
- elle l'encourage à laisser jaillir les plus belles parties de lui-même à travers ses gestes quotidiens et dans ses relations avec les autres ;
- elle lui fait comprendre pourquoi il est si important et pourquoi il a tant de valeur à nos yeux ;
- elle l'amène à faire des choix de vie en accord avec ce qu'il est, à exprimer son identité à travers ces choix et à avancer sereinement et avec confiance sur le chemin de sa mission de vie.

Apprenons donc à dire « les mots qui font grandir intérieurement » à nos enfants. Nous sèmerons dans leur cœur
des graines qui produiront les meilleurs fruits. Ainsi, quel
que soit leur âge, quelle que soit leur taille, ils pourront fièrement sentir tout ce qu'ils ont de grand à l'intérieur d'eux-
mêmes.

Encourager le dépassement de soi
sans exiger la perfection

Un jour, je suis revenue de l'école avec une note de 98 %. Ce n'était pas une exception pour moi, mais j'avais tout de même hâte de montrer ma feuille à mes parents. En effet, j'avais la certitude qu'ils seraient fiers de moi et que, comme d'habitude, ils me le diraient avec sincérité et enthousiasme. Alors, moi, je me sentirais aimée et aimable, reconnue et pleine de valeur. Pourtant, ce jour-là, pour je ne sais quelle raison, quand j'ai fièrement brandi mon examen devant mon père en lui demandant de deviner ma note, il a blagué et m'a demandé avec un sourire en coin : « *Comment ça se fait que tu n'as pas eu* 100 !? ! »

Ces mots ont eu l'effet sur moi d'une douche froide. Pour la performante que j'étais (et que je suis encore parfois), cette banale boutade reflétait ce que je portais comme exigence au fond de moi. Même si je savais pertinemment que mon père voulait rire, une petite voix en moi me répétait : « Tu vois, tu ne peux jamais être sûre d'être assez pour être aimée si tu n'es pas toujours la meilleure. »

« *Vas-y ! Tu es capable ! Encore ! Encore ! ... »*

Qui n'a pas dit ces mots à ses enfants ? Et quel en a été l'impact sur leur psychisme ? En soi, de telles paroles n'ont rien de répréhensible. Tout dépend de la véritable motivation qui nous pousse à les prononcer et tout dépend surtout de la perception qu'en ont nos enfants. **Il y a une différence entre attendre d'eux qu'ils réussissent parfaitement tout ce qu'ils font et les encourager à se dépasser pour qu'ils développent leur confiance en eux.** La ligne entre les deux semble mince ; pourtant, un monde sépare le dépassement de soi de la performance malsaine.

La performance

Le mot « performer » vient de l'anglais « to perform » et signifie « réussir d'une manière remarquable, se surpasser, exceller, se distinguer, briller ». La performance n'a donc rien de négatif en soi. Toutefois, lorsqu'elle présente des effets nuisibles sur la santé psychique, elle se transforme en venin susceptible d'avoir des conséquences dramatiques sur la vie de nos enfants.

La performance saine et la performance malsaine

Je vois la performance en tant que venin quand elle devient un mode de vie, un leitmotiv, que nous tentons d'appliquer à toutes nos actions : au travail, à la maison, dans les relations interpersonnelles, etc. Loin de moi l'idée de nier l'influence positive des performances saines sur l'estime de soi. Une bonne présentation à l'école, ou une extraordinaire exécution dans une discipline sportive, ou encore une excellente réussite dans un spectacle constituent des sources de satisfaction nourrissantes parce qu'elles rehaussent le sentiment de valeur personnelle. Nos enfants ont besoin de réussites pour se sentir importants. Le problème survient quand ils associent leur valeur personnelle seulement à leurs réussites, c'est-à-dire, quand ils érigent leur estime personnelle principalement sur les appréciations reçues quant à leurs performances. Dans ces cas-là, ils s'identifient à leur insu à ce qu'ils font et non à ce qu'ils sont. Ainsi ils cherchent désespérément à être aimés et reconnus pour leurs exploits, alors que leur besoin réel est de se sentir aimés et reconnus pour la personne qu'ils sont. C'est là que se situe tout le drame de ces enfants dont l'éducation est centrée sur le « paraître » plutôt que sur l' « être ».

Le drame de l'enfant performant

Le plus grand drame de l'enfant prisonnier du fonctionnement de performance malsaine réside dans la certitude que les personnes de son entourage lui accordent leur affection et leur attention uniquement parce qu'il réussit ce qu'il fait et non pas parce qu'il en vaut la peine. Il devient alors extrêmement anxieux, car il croit que ses efforts doivent mener à une réussite remarquable. Il tient absolument à atteindre cette réussite, sans quoi le risque est énorme pour lui. En effet, un échec ou une erreur signifient inconsciemment qu'il perdra l'amour de ses parents. C'est le cas de l'enfant qui, par exemple, atteint toujours d'excellents résultats scolaires et vit comme un drame le fait d'obtenir des notes inférieures à ses résultats habituels. La croyance qu'il ne mérite pas l'amour, l'attention, la valorisation de ses parents si ses résultats ne sont pas excellents le rend malheureux, parce qu'il craint alors de perdre la nourriture affective essentielle à son équilibre psychique.

Le pire de ce drame, c'est que, même si cet enfant obtient des résultats scolaires très élevés, même s'il est élu président de sa classe, même s'il reçoit le trophée du meilleur athlète de l'école, même s'il se distingue pour son sens des responsabilités, même s'il excelle dans toutes ses activités parascolaires, cela ne l'empêchera pas de penser à ce qu'il pourrait faire de plus pour être aimé davantage. Pourquoi? Parce que, au fond, malgré les honneurs et les gloires, à l'intérieur de lui-même, il continue à se sentir médiocre.

Je ne peux m'empêcher de penser ici à une adolescente que j'ai rencontrée en thérapie. Elle s'appelait Marie-Rose et avait 15 ans. C'était une excellente violoniste et elle participait à des concours renommés. Elle suivait des cours depuis l'âge de quatre ans, encouragée et poussée par son père, lui-même musicien. Elle était venue me consulter sous les conseils de son professeur de violon. Celui-ci se trouvait dépourvu devant les manifestations de plus en plus intenses de stress que vivait Marie-Rose avant un concert ou un concours. En effet, ma jeune cliente me racontait pendant notre première rencontre de relation d'aide psychologique qu'elle ne dormait plus la semaine précédant ce genre d'événement, qu'elle vomissait le jour même tant elle avait peur d'échouer à son concours ou de ne pas être à la hauteur lors d'un concert, et ce, malgré ses excellents résultats, les prix qu'elle collectionnait, les éloges qu'elle recevait. Étonnamment aucune de ces reconnaissances ne la rassurait sur sa valeur et elle se mettait une énorme pression, étant certaine qu'elle devait se surpasser à chacune de ses prestations pour mériter tous ces compliments et récompenses. En approfondissant ce qu'elle ressentait au fond d'elle-même, elle m'a confié qu'elle se sentait obligée de performer pour être quelqu'un aux yeux de son père, qui l'avait tellement encouragée depuis sa tendre enfance au violon. C'était, selon elle, grâce à lui, si elle était arrivée à ce niveau d'excellence. Elle se sentait très aimée et très reconnue par celui qui ne manquait jamais de la féliciter, d'exprimer sa fierté d'elle en public mais qui, également, la poussait toujours à plus d'heures de pratique pour qu'elle obtienne de meilleurs résultats.

Cet homme aimait réellement sa fille, mais le problème était qu'il se valorisait lui-même à travers les exploits de sa fille et se préoccupait trop peu de ses goûts à elle, de ses désirs et des limites qu'elle manifestait quand elle lui exprimait qu'elle en avait assez de vivre pour le violon. Quand je lui ai demandé si elle aimait jouer du violon, j'ai été tellement touchée de voir combien elle a mis du temps à me répondre. Surprise par cette question, qu'elle ne s'était jamais posée ni fait poser, elle a fini par éclater en sanglots avant de prononcer, stupéfaite : « *Je ne sais vraiment pas. Je sais que je dois jouer, mais je ne sais pas si je veux jouer.* » Marie-Rose avait fini par associer sa valeur personnelle à ses performances au violon. Toutefois comme son besoin réel était d'être reconnue dans ce qu'elle était (avec ses limites, avec ses goûts à elle) et non dans ce qu'elle exécutait, elle avait beau épater la galerie en violon, elle continuait à se sentir sans grande valeur au fond d'elle-même, ne sachant même plus pour qui et pourquoi elle fournissait tous ces efforts.

Nous voyons, par cet exemple, que l'enfant de qui l'on exige trop de performance vit avec la pression de devoir accomplir sans cesse de nouvelles réussites pour épater ses parents. Il se demande rarement ce qu'il aime dans la vie. Il ne veut qu'une chose : être aimé. C'est pourquoi il accepte difficilement de vivre pleinement les processus d'apprentissage. Il veut comprendre et apprendre vite. Il lui faut des résultats rapides. Inutile de dire à quel point il peut être stressé à l'idée de montrer qu'il commet une erreur. Quand cela se produit, il a peur que ses parents le jugent inadéquat et que, par conséquent, ne l'aiment plus.

Pourtant, si l'enfant performant reste le cœur vide et a, au fond, une estime de lui-même bien fragile, ce n'est pas faute de ressources ni de potentiel. Il est souvent très brillant et capable d'en mener large. C'est généralement un enfant discipliné, rigoureux, fiable. Il peut franchir de nombreux obstacles, surtout quand il ne se sent pas menacé par la peur de perdre l'amour. Son sens de l'organisation est hors du commun et il a toujours en tête de nouveaux exploits à accomplir.

Comment alors exploiter toutes ces qualités dans un esprit de dépassement de soi plutôt que sous la pression d'une performance qui le détruit ?

Le dépassement de soi

Que signifie « se dépasser » ?
Quel est le plus beau cadeau qu'offre le dépassement de soi ?
Comment encourager nos enfants à se dépasser ?

Que signifie « se dépasser » ?

Le problème avec la performance malsaine est que la personne qui a intégré ce mode de fonctionnement part de ce qu'elle devrait FAIRE pour ÊTRE quelqu'un plutôt que de partir de ce qu'elle EST pour FAIRE quelque chose.

Se dépasser, c'est partir de ce qu'on EST pour agir. C'est se servir de toutes ses qualités pour laisser s'exprimer l'essence de son être. Le dépassement de soi demande souvent des efforts, parce qu'il exige de nous et de nos enfants que nous déployions nos plus grandes capacités pour ouvrir des chemins non défrichés sur le parcours de nos vies. Il exige le courage d'être nous-mêmes parce qu'il exprime une partie de notre nature profonde, de notre unicité sacrée.

Exemples de dépassement de soi

Se dépasser peut être, pour un adolescent, de partir en voyage seul quelques mois, non pas parce que ses amis l'ont fait, mais parce qu'il ressent le besoin de découvrir et d'apprendre à se débrouiller seul.

Se dépasser, pour un enfant, peut être de demander à son professeur de ballet s'il peut lui donner une place dans son spectacle, parce qu'il a envie de vivre cette expérience de scène et non parce qu'il veut performer.

Se dépasser pour un adulte peut signifier de partir en affaires, d'offrir un produit qui lui ressemble totalement et auquel il croit vraiment, non pour épater les autres, mais pour satisfaire son besoin de création.

Se dépasser, cela peut aussi consister à dire à l'être aimé : « *J'ai besoin de toi.* »

Se dépasser peut signifier oser dire à un ami : « *Je ne suis plus bien dans notre amitié, j'aimerais qu'on en parle.* »

À partir de l'instant où c'est l'être, la personne que nous sommes vraiment, notre essence qui est à la source d'une action, d'un choix, d'un désir de réussite, tout le déploiement de nos ressources mènera à un dépassement de soi, c'est-à-dire à l'expression du meilleur de nous-mêmes dans le moment présent.

Quel est le cadeau du dépassement de soi ?

Quand mon fils Isaac nous a demandé à son père et à moi si nous pouvions l'inscrire à des cours de hockey, il avait des étoiles dans les yeux. La passion jaillissait de son regard quand il nous démontrait ses arrêts de la jambière avec son équipement de rue. Ayant été avisés des exigences que comportait l'accompagnement d'un enfant au hockey quant au coût, au temps, aux déplacements et aux horaires, nous nous sommes pleinement engagés avec notre fils. En échange, nous lui avons exprimé notre besoin qu'il s'engage de son côté à ne pas se plaindre s'il devait se lever au petit matin ou manquer une rencontre d'amis pour une pratique ou un match. En effet, si nous avions à insister pour qu'il participe, cela dépasserait la limite de ce que nous étions prêts à entreprendre. Aussi, si cela se produisait, nous arrêterions le hockey.

Aujourd'hui encore il joue hiver comme été, il n'a jamais failli à sa part d'engagement et il est toujours aussi heureux sur une glace. Ainsi, il y a quelques années, quand est venu le temps de choisir une école secondaire pour lui, nous n'avons pas été étonnés qu'il se dirige vers le Collège Français de Longueuil qui offre un programme hockey-études. Or, cette fois-ci, son défi pour arriver à son but était beaucoup plus sérieux que celui de ne pas se plaindre des heures et des fréquences des pratiques ; il devait non seulement être choisi comme gardien de but dans la concentration hockey du collège mais encore présenter de bons bulletins en 5e et 6e années, réussir l'examen d'entrée et, une fois admis au programme, maintenir une moyenne de 75 % dans toutes les matières… y compris le français écrit, le talon d'Achille de mon fils à l'époque.

Je me souviens à quel point l'étape de correction de ses compositions arrivait à le décourager. Autant il pouvait vivre des heures prolifiques à pratiquer ses mouvements techniques de gardien de but, autant les heures qu'il passait devant un texte de français s'avéraient souffrantes et stériles. Constatant l'insuffisance du temps que j'avais consacré à l'aide en français jusque-là et absolument convaincue de sa capacité à maîtriser l'orthographe et la grammaire, j'ai placé au programme de nos soirées une demi-heure exclusivement consacrée au français. Aussi, du lundi au jeudi soir, pendant un an et demi, j'allais m'asseoir avec lui devant ses devoirs de compositions écrites, le guidant vers de meilleures stratégies de correction, cherchant de meilleurs trucs pour que le français écrit ne soit pas du chinois pour lui, lui expliquant encore et encore les règles d'accord qu'il semblait oublier d'une soirée à l'autre.

La persévérance et la discipline, ces nobles actions, revêtent toute leur valeur quand les activités dans lesquelles nous devons persister ne nous apportent aucune satisfaction à court terme et que, au contraire, elles deviennent source de souffrance, d'ennui et de démotivation. Pendant un an et demi, j'ai vu Isaac déployer, non sans peine, sa grande capacité à ne pas lâcher malgré l'adversité. Avec constance et courage, il a accepté de s'investir dans une activité sans intérêt autre pour lui que celui de lui permettre d'atteindre le niveau de compétence attendu pour accéder à son rêve : faire son secondaire en jouant au hockey. Beau temps, mauvais temps, fatigue ou pas, envie ou non, nos rendez-vous quotidiens ont été maintenus, malgré le peu de résultats positifs apparents. En effet, dans les premiers mois, il nous a fallu répéter les mêmes règles, reprendre les mêmes exercices. Pourtant je n'ai jamais cédé au découragement. Quand Isaac a voulu arrêter, je ne l'ai pas laissé faire ; même si cela aurait été le choix le plus facile pour moi aussi. Animée par ma foi inébranlable en mon fils autant que par mon profond désir qu'il réalise son rêve, je l'ai encadré du mieux que j'ai pu. Je l'ai poussé là où lui ne serait jamais allé de son propre chef, par manque de confiance en ses capacités. J'ai donné le meilleur de moi, certaine qu'il ne pouvait qu'en résulter le déploiement de ses ressources encore cachées. Je lui rappelais chaque jour l'objectif à long terme qu'il poursuivait.

Peu à peu, les efforts d'Isaac ont porté fruit. Les différentes notions abordées chaque soir, qui jusqu'alors disparaissaient de sa mémoire dès le lendemain, ont commencé à s'enraciner en lui. Avec ses premiers succès, Isaac a ressenti plus de confiance en lui dans ce domaine et sa motivation a grimpé en flèche. À partir de ce moment, sa vitesse d'intégration a redoublé. Il était tellement fier de lui.

Quand le temps est venu, il a été choisi comme gardien de but dans l'école de son choix et a passé les tests d'admission pour le programme enrichi dont il avait besoin. Il réussit admirablement bien dans toutes les matières et maintient une bonne moyenne dans ses notes en français écrit. Quand il fait face à des difficultés, le plus fantastique est qu'il sait comment s'y prendre pour rétablir la situation; parce qu'il a confiance en ses possibilités, il peut se dépasser et atteindre ses objectifs. Tous les matins, son père et moi le voyons se lever avec motivation pour se rendre à l'école. Pour nous, le plus important, c'est qu'il soit heureux devant son filet et qu'il ait la sensation de se réaliser. Notre système de mesure reste les étoiles que nous voyons encore dans ses yeux à son retour de l'école, quand il nous raconte, avec fierté, ses meilleurs arrêts de la jambière ou de la mitaine.

Un comportement répétitif de performance malsaine nourrit chez l'enfant et chez l'adolescent l'image irréelle de la personne idéale qu'ils croient devoir être pour être reconnus, alors que le dépassement d'eux-mêmes nourrit leur être réel. Les deux modes de fonctionnement exigent des efforts, de la discipline, de la rigueur, mais la satisfaction obtenue par la performance malsaine reste éphémère alors que celle qui est atteinte par le dépassement de soi nourrit le psychisme pour toujours.

Croyez-moi, la performance nuisible mène à une mésestime de l'enfant à moyen ou à long terme alors que le dépassement construit en lui un sentiment profond et durable de valeur personnelle. Lorsqu'il est prisonnier d'un fonctionnement de performance malsaine, l'enfant s'éloigne petit à petit de sa nature profonde. Par contre, lorsque nous lui apprenons à se dépasser sans se défoncer, nous lui offrons le merveilleux cadeau d'un rapprochement avec lui-même et la possibilité de s'aimer pour ce qu'il est.

Comment encourager nos enfants à se dépasser ?

Encourager nos enfants à se dépasser, c'est les aider à devenir eux-mêmes, à croire en leur valeur, à reconnaître l'être humain unique qu'ils sont et à ressentir de l'intérieur ce qu'ils ont besoin d'exprimer. C'est reconnaître et valoriser leurs intérêts, leurs perceptions, leurs besoins, leurs rêves, leurs goûts, leur processus d'apprentissage, leurs émotions, leurs idées, leurs opinions, leurs différences et aussi, bien sûr, leurs réussites. C'est leur montrer qu'un apprentissage existe dans chaque difficulté rencontrée, dans chaque échec vécu et les inciter à accorder à ce processus d'apprentissage autant de valeur qu'à leur réussite d'hier ou de demain. C'est leur enseigner aussi le pouvoir de la discipline, de la rigueur, de l'effort, du sens des responsabilités pour que, en temps et lieu, ils sachent mettre ces valeurs au profit de leur réalisation personnelle.

Encourager nos enfants à se dépasser, c'est leur dire : « Vas-y ! Je crois profondément en toi. C'est toi que je vois exister comme personne quand tu fais ce que tu es en train de faire. Je sais que tu as les ressources pour arriver où tu veux. Ne renonce pas à devenir toi-même ! Je t'aime et je t'admire pour ce que tu es ! »

Le miracle de la patience

Le cours de physique à l'école a toujours été synonyme d'enfer pour moi. J'adorais l'école et les études, mais le résultat de mon premier examen de physique reste gravé en moi dans la section des mauvais souvenirs. Par contre, un de mes plus doux souvenirs est celui de la soirée complète que mon père a passée avec moi la veille de mon deuxième examen de sciences physiques.

J'avais obtenu une note de 40 % pour le premier examen. Pour une première de classe comme moi, c'était l'humiliation. Pourtant, j'avais étudié. Je pensais même avoir compris. Cependant je me demandais à quoi cela me servirait dans la vie de comprendre et de calculer les forces des poulies simples, doubles et triples. À quoi bon perdre tant de temps à apprendre des choses si inutiles pour moi, pensais-je ?

Vous devinez que j'étais adolescente à l'époque. À la veille de mon deuxième examen, voulant éviter à tout prix le sentiment d'humiliation que j'avais vécu au premier, je pleurais de rage seule devant mes formules de physique. Je me souviens de la tension insoutenable qui me tordait l'intérieur. Ce mélange de révolte et d'envie de tout laisser tomber cohabitait avec mon sens du devoir et mon sentiment d'incompétence. Au fond de moi s'affrontaient ma volonté de réussir et de me dépasser, et mon envie de m'avouer vaincue et pas à la hauteur.

Seule devant mon livre de physique, je me sentais dans un cul-de-sac. Pour me libérer de cette tourmente intérieure, mon réflexe a été de sortir de ma chambre et d'aller voir mes parents. Secrètement, je le confesse, j'espérais inspirer assez de pitié pour qu'ils me libèrent de mon sens du devoir et qu'ils me permettent d'arrêter le combat. Je rêvais qu'ils m'autoriseraient à être « nulle » en physique, qu'ils m'accorderaient facilement ce répit auquel j'aspirais. Ils ont fait mieux.

Ils m'ont écoutée pleurer ma rage, mon sentiment d'être démunie et mon découragement. Ils m'ont laissée dire tout ce que je pensais de mal des poulies et toutes mes critiques à l'égard des sciences physiques. Ils ne m'ont pas interrompue ni regardée comme si ce que je disais était banal ou inadéquat. Ils m'ont témoigné leur foi en moi. Pour m'exprimer sa confiance, mon père, plus fort en la matière, m'a offert de m'aider. Changeant tout naturellement son programme de la soirée, il s'est installé avec moi et m'a expliqué toutes les formules avec patience et plaisir, recommençant ses explications inlassablement jusqu'à ce que je comprenne. Jamais, à travers ses yeux, ses attitudes ou ses paroles, je me suis sentie une incapable. Quand je lui disais que je ne comprenais pas, il me répondait calmement : « *C'est sûr que tu vas finir par comprendre. Écoute, je vais te l'expliquer autrement.* »

Plus la soirée avançait, plus la confiance en moi s'épanouissait. Au même rythme se développait également ma compréhension des poulies et de leurs forces « inutiles ». À travers le respect de ma difficulté, de mes émotions, de mes réactions, par sa patience, son amour et sa disponibilité, dans le regard de valeur que mon père posait sur mon intelligence et ma capacité à me dépasser, j'ai reçu comme une transfusion de confiance en mes capacités intellectuelles. Peu à peu, accompagnée là où je me sentais si petite, j'en suis venue à me sentir grande. À la fin de la soirée, mon heure de coucher grandement dépassée, je maîtrisais tout. Je me sentais la reine des poulies.

Cette expérience rejoint bien ce qu'écrit ma mère à propos de l'apprentissage dans *Relation d'aide et amour de soi* : « *La démarche d'apprentissage ( ) ne se réalise pas dans un climat de provocation ni de confrontation, mais dans une atmosphère de respect de soi et de respect des autres, d'écoute empathique et d'authenticité qui se caractérise par la présence chaleureuse de l'intervenant. Cette approche non directive créatrice permet à l'étudiant de prendre sa vie en main.* »

Trop souvent, nous, éducateurs, manquons de patience avec nos élèves ou avec nos enfants. Il nous arrive de manquer de respect de leur rythme d'apprentissage. Nous poussons sur eux pour qu'ils apprennent plus vite. Sans nous en rendre compte, nous agissons comme un jardinier qui tirerait sur ses carottes pour qu'elles poussent plus rapidement. S'il agissait ainsi, il prendrait le risque de les arracher ou de les casser à la racine.

Quel parent n'a jamais « tiré sur la carotte » en criant un peu contre son enfant pour que « ça lui entre dans la tête », ou en le jugeant parce qu'il n'étudie pas de la bonne façon, ou encore en lui faisant la morale pour qu'il ne perde pas de temps avec ses états d'âme mais qu'il se mette une fois pour toutes à la tâche ? Cela nous arrive à tous d'agir ainsi, et ce, avec les meilleures intentions du monde. Dans ces moments-là, nous ne prenons pas suffisamment le temps de ressentir ce qui est si désagréable à vivre : c'est-à-dire, notre sentiment d'impuissance face aux difficultés de nos enfants, notre peur qu'ils abandonnent ou qu'ils échouent ; notre impatience face à l'expression de leur découragement ou de leur révolte ; notre sentiment d'infériorité devant notre impuissance à les aider. Parfois d'autres sentiments et émotions inconfortables nous habitent, mais nous ne nous arrêtons pas pour les identifier.

Nous « tirons sur la carotte » espérant ainsi faire disparaître le déclencheur de nos malaises. Chaque fois que nous agissons ainsi, nous « arrachons » un peu plus la motivation intrinsèque de notre enfant ou de notre adolescent. Nous donnons plus de prise à son découragement et à sa rage. Nous lui demandons d'être autrement que ce qu'il est. Le plus triste est que nous lançons ce message à notre enfant ; quand il rencontre ses limites, il ne peut plus compter sur nous pour l'écouter, le prendre au sérieux, lui redonner confiance en lui. Plutôt que de l'accueillir et de prendre de temps de nous montrer véritablement présent, nous l'abandonnons à lui-même, le cœur meurtri, avec un sentiment d'infériorité qui le fait souffrir.

Comme je le pressentais à l'adolescence, je n'ai jamais encore eu à me servir de mes connaissances sur les poulies. J'avais donc sûrement raison quand je proclamais que ces apprentissages me seraient inutiles dans la vie. Ce que je ne soupçonnais pas, c'est toute la richesse de ce que j'ai appris ce soir-là. Ce que mon père m'a transmis n'a pas de prix. Grâce à cette expérience et à plusieurs autres, j'ai confiance en ma capacité d'apprendre n'importe quoi. Surtout, il m'est utile encore aujourd'hui de me souvenir que, lorsque je me sens dépassée et stressée et que je me sens petite devant une montagne à gravir, je peux sortir de mon cocon pour trouver ma force dans le soutien des personnes de confiance de mon entourage. Si elles m'écoutent et me prennent au sérieux, je sais que je peux me sentir grande à travers leur regard.

Ah oui ! J'ai oublié de vous dire la note de mon deuxième examen : « 90 %. »

L'intuition en héritage

Parfois, à la croisée des chemins, la direction que nous choisissons défie toute logique. Dans ces moments-là, même si nos décisions ne s'expliquent pas rationnellement et qu'elles semblent totalement incohérentes, nous savons qu'elles sont justes et nous avons la certitude de ne pas nous tromper. En voici un exemple personnel :

Je venais de quitter le nid parental depuis une semaine pour m'installer dans mon appartement. Mes études n'étaient pas encore terminées. Je n'avais aucun emploi stable en vue ni d'économie et, surtout, j'étais enceinte d'un homme que je fréquentais depuis moins d'un mois. Tout m'indiquait que je devais me faire avorter. Devant cette réalité, je m'efforçais à être « raisonnable » et à me résoudre à l'idée de l'avortement. Je pensais que, compte tenu de ma situation, je ne pouvais arrêter d'autre choix. J'ai encore le souvenir vivant du déchirement intérieur intense que provoquait en moi la simple pensée de l'avortement. J'avais non seulement très peur de la souffrance physique mais, surtout, je craignais d'avoir mal à mon âme. J'avais l'étrange sentiment de me bafouer, de me scier en deux, de mourir à moi-même. Après plusieurs jours d'angoisse, de peine, de tristesse et de peurs, je me souviens avoir connu un instant de conscience peu commune. Ce moment de lucidité a agi sur moi comme l'arrivée des premières lueurs de l'aube sur la nuit. Je n'ai pas senti, je n'ai pas compris, mais j'ai su que je pouvais choisir de devenir mère à cet instant précis de ma vie, malgré les circonstances dans lesquelles je me trouvais. À ma grande surprise, j'ai ressenti un immense soulagement, qui s'est manifesté par une certitude que je l'avais échappé belle et que je venais de triompher de mes peurs. J'aurais pu commettre la plus grave erreur de ma vie. Le choix d'être mère était maintenant clair pour moi, aussi clair et défini qu'un sentier formé dans la neige par nos passages successifs. Par la suite, tous les arguments logiques n'ont plus eu de prise sur moi. J'étais parfaitement certaine que j'avais choisi la bonne voie. Il ne s'agissait pas du tout d'un élan passager du cœur. C'était bien plus profond. En choisissant ce que me dictait ma voix intérieure, j'avais la sensation non seulement de suivre ma route mais de demeurer profondément fidèle à moi-même et à ma mission de vie.

On dit que lorsqu'on est sur la bonne route, les événements coulent comme un ruisseau trouve son chemin dans la forêt. Est-ce cela qui explique pourquoi je n'ai pas eu à convaincre mon amoureux. A-t-il lui aussi su reconnaître sa voix intérieure?

Quelle est cette voix mystérieuse, sinon l'intuition ?

« L'intuition est une faculté irrationnelle de l'inconscient qui donne à cette instance du psychisme la propriété de connaissance sensible immédiate des besoins réels, des choix pertinents, des décisions appropriées dans le sens d'une réalisation totale de soi et de sa mission de vie », explique Colette Portelance dans Relation d'aide et amour de soi.

Si nous pouvons définir ce qu'est l'intuition, il est par contre très difficile de décrire ses manifestations exactes. Je peux dire à quoi ressemble la mienne, mais non comment se manifeste celle des autres. Bon nombre d'entre nous avons appris à décoder notre mode rationnel de penser, nos arguments logiques, notre intelligence cartésienne, parce que notre société, notre système d'éducation et, par conséquent, nos proches et nos éducateurs les ont utilisés et valorisés dans leurs rapports avec nous. Ils nous ont appris à faire confiance uniquement à ce type d'intelligence. La plupart d'entre nous avons expérimenté les effets de notre intelligence rationnelle sur nos choix de vie. Ainsi, à partir des conséquences de nos choix, nous nous sommes construit des repères intérieurs qui guident nos décisions.

Pour apprendre à nous servir de l'intuition, qui est l'expression d'une autre forme d'intelligence, il faut d'abord savoir la reconnaître vraiment lorsqu'elle se manifeste. Nous devons savoir différencier cette voix intérieure qui vient de nos perceptions et de notre bagage inconscients des autres petites voix souvent destructrices qui, elles, sont le fruit de l'activité mentale. Si nous ne savons pas reconnaître le langage de nos intuitions, il est fort possible que nous arrêtions nos choix en nous laissant mener par nos peurs et par les pensées négatives qu'elles suscitent. « Ne *choisis pas cette option, tu sais bien que tu n'es pas à la hauteur de ce projet.* »

Pour reconnaître nos différentes voix, le seul moyen à notre disposition est de les écouter et de tenter d'en saisir les nuances. C'est par l'expérience et l'observation de soi que nous pouvons arriver à nous construire des repères qui nous permettront de saisir le langage de notre intuition lorsqu'il se manifeste.

Un jour, j'ai suggéré à mon fils, qui avait 11 ans à l'époque et qui hésitait dans son choix d'école secondaire, de suivre ce que sa voix profonde lui dictait. Il vivait de l'inquiétude et la peur de ne pas prendre la bonne décision.

« *Oui mais, qu'est-ce qui va se passer si je me trompe et que je n'entends pas la bonne voix ?*

—*Tu vas pouvoir te fier à cette expérience pour la prochaine fois. Tu auras des nouveaux repères pour moins te tromper.* »

N'est-ce pas en écoutant de la musique que nous finissons par affiner notre oreille ? C'est aussi par l'écoute de notre intuition que nous arrivons à distinguer son message de tous les autres que nous envoient les différentes dimensions de notre être. Cela exige de nous que nous acceptions de vivre avec un sentiment d'insécurité, car faire confiance à l'impalpable, à l'incalculable, à l'imprévisible demande le courage de dépasser nos peurs.

L'intuition en héritage

Dernièrement j'ai entendu ma mère qui, parlant de l'éducation des enfants, disait que si elle éduquait des enfants aujourd'hui, avec ce qu'elle est et sait maintenant, elle les placerait beaucoup plus en situation de développer leur capacité à entendre leur voix intuitive. Face à leurs questions, elle leur demanderait : « *Et toi, qu'est-ce que tu sens que tu dois faire ?* »

En tant que mère, j'ai pris le message précieux qu'elle me communiquait sans le savoir. Cependant j'ai pensé également à ce qu'elle m'avait transmis à moi, sa fille, depuis mon enfance. Je n'ai pu que réaliser comment ma décision de ne pas recourir à l'avortement venait de l'éducation que j'avais reçue d'elle. Elle m'avait déjà appris à écouter ma voix intérieure. J'en suis débordante de reconnaissance, car j'ai compris au bon moment qu'il était temps pour moi de devenir mère.

Maintenant, je tenterai de transmettre à mon tour à mes cinq fils, comme un héritage, l'importance de l'intuition comme repère pour créer sa vie. Je le ferai en leur racontant l'histoire de la naissance de notre famille.

Conclusion du chapitre 2

Faire grandir la confiance de nos enfants, c'est être en mesure de bien doser nos interventions afin qu'elles ne prennent pas leur source dans un réflexe de surprotection, tout en leur assurant une sécurité par notre présence et notre discernement. Les priver de leurs expériences pour s'assurer qu'ils ne souffriront pas risque de les fragiliser et de retarder le développement de leur autonomie.

Être un parent respectueux et sécurisant, c'est assurer une présence chaleureuse et empathique quand notre enfant a peur et ne se sent pas à la hauteur. C'est prendre sa main pour le guider vers le passage à l'action qui le sortira de sa petite zone de confort, qui, elle, s'agrandira au fil de ses expériences. Lorsque notre enfant atteint l'âge de troquer sa bicyclette à quatre roues pour son vélo à deux roues, seul le passage à l'action l'en rendra capable. Au début, il est vrai que nous devons tenir le vélo à deux mains pour aider l'enfant à trouver son équilibre. Mais lui faire confiance, c'est peu à peu tenir le vélo moins fermement ; puis enlever une main en lui faisant remarquer combien il devient de plus en plus autonome. Même si nous savons qu'il risque de tomber, il faut s'effacer de plus en plus, jusqu'à se limiter à courir près de lui en l'assurant que nous sommes là, vraiment là pour lui. Puis, quelques jours plus tard, il ne nous reste qu'à être heureux de constater qu'il n'a plus besoin de nous... pour cela.

Voir les multiples ressources, qualités et talents de nos enfants et de nos adolescents, les nommer pour que ceux-ci se les approprient, répéter souvent les mots qui font grandir tout en sachant comprendre véritablement nos jeunes quand leur estime de soi est blessée, c'est être un parent qui communique sa foi à ses enfants. Il est vrai que cela demande patience et disponibilité de temps et de cœur, mais ce que nous en récoltons en voyant nos enfants se dépasser, oser, aller au-delà de leurs peurs, se créer, atteindre leurs objectifs et réaliser un à un leurs rêves vaut tout l'or du monde.

Eux ne pourront jamais oublier comment ils se sont sentis grands à travers votre regard, vos mots et vos gestes. En effet, les personnes qui nous ont propulsés vers l'avant par leur foi en nous suscitent la plupart du temps notre plus grand respect. Encore faut-il qu'elles aient su nous encadrer, nous aider à développer notre discipline et s'accorder à elles-mêmes du respect.

Chapitre 3

Inspirer le respect par l'encadrement, la discipline et le respect de soi

« Nous sommes profondément blessés
quand on ne nous respecte pas ;
pourtant au fond de son cœur,
aucun homme ne se respecte beaucoup lui-même. »

MARK TWAIN

Faire régner la discipline tout en respectant les enfants

« *Quand j'aurai des enfants, je ne leur ferai pas cela* », lançait ma mère, alors jeune fille, à son père qui lui refusait une sortie. « *Tu essayeras de faire mieux que ce que j'ai fait* », lui répondait alors mon grand-père avec sincérité.

Comme dans cet exemple, plusieurs d'entre nous, éducateurs, avons un jour imaginé tout ce que nous transmettrions de merveilleux à nos enfants : de l'amour, de la compréhension, de l'écoute, une grande liberté d'expression et de choix ainsi que des valeurs fortes, comme l'honnêteté, la fidélité, le respect des autres, l'importance du travail, le sens des responsabilités.

En effet, les éducateurs qui prennent leur rôle à cœur, qu'ils soient parents, enseignants ou autres, se préoccupent généralement du bien-être des enfants et cherchent à leur donner le meilleur d'eux-mêmes. Ils agissent ainsi pour les aider à développer leur estime personnelle, à augmenter leur confiance en eux pour qu'ils s'épanouissent pleinement et soient heureux. Il arrive cependant très fréquemment que, malgré leur bonne volonté, ils ne réussissent pas à atteindre leurs objectifs, spécialement quand des situations imprévues surviennent dans la vie quotidienne. Par exemple, comment inculquer une valeur d'honnêteté à un enfant qui ment ? Que dire à un élève qui refuse d'effectuer ses travaux scolaires ? Comment réagir devant un jeune qui fait une crise après avoir été réprimandé ou qui se met en colère parce qu'on lui refuse ce qu'il veut ? Comment, dans des cas comme ceux-là, continuer à transmettre à la fois amour, écoute, compréhension et valeurs importantes ? Comment conserver notre autorité avec les enfants sans les brimer ?

Je tenterai de répondre globalement à ces questions dans une perspective remplie d'humanité et dans l'esprit de l'ANDC^{MD 3}.

Discipline et liberté

À la naissance de mon premier enfant, je m'étais juré de lui montrer mon amour et de lui laisser la liberté de s'exprimer. Je souhaitais entretenir une belle relation avec lui et, surtout, je désirais profondément son bonheur. Je lui exprimais donc souvent mon amour et je le valorisais chaque fois que l'occasion se présentait. De plus, par souci de ne pas brimer sa liberté, je le laissais m'interrompre chaque fois qu'il voulait me parler et j'acceptais qu'il me lance ses jouets quand il se mettait en colère. Je répétais même mes consignes cinq, six, sept fois avant d'obtenir son attention. Inutile de dire que, après quelque temps, je me suis retrouvée épuisée, frustrée, impatiente, avec un enfant vivant beaucoup d'insécurité qui cherchait désespérément à trouver les limites dont il avait besoin. En effet, contrairement à ce que nous avons tendance à penser, les enfants ont un grand besoin d'être encadrés par des limites claires, des règles de vie précises et fermes, ce que Colette Portelance appelle « le contenant » de la pratique éducative. Ces limites représentent pour eux des balises sécurisantes qui, lorsqu'elles sont constantes, leur permettent d'exploiter au maximum ce qu'ils sont, c'est-à-dire « le contenu » de notre approche avec eux.

Éduquer, c'est, selon le Petit Robert, « prendre des moyens pour assurer le développement » de l'enfant. Il s'avère donc essentiel que chaque éducateur sache clairement vers

---

3   Approche non directive créatrice

quelles valeurs essentielles il désire guider son enfant et qu'il sache aussi quelles limites il veut lui poser. Autrement dit, il doit être en mesure de poser son « contenant », car c'est à lui que revient cette responsabilité. En effet, si l'enfant est mis devant une alternative, il optera presque assurément pour le choix le plus facile, celui qui lui cause le moins de désagrément et lui procure le plus de plaisir sur le moment. Ainsi, entre obéir à la consigne de ranger ses jouets et ne pas l'entendre pour continuer à regarder la télévision, son choix sera inévitablement ce qui lui sera le moins onéreux. Nous comprenons ici la nécessité d'un cadre clairement établi, d'abord pour assurer le bon fonctionnement familial ou scolaire mais aussi pour placer l'enfant sur le chemin de l'autonomie.

Pour bon nombre d'éducateurs, ce qui dérange dans cette conception de l'approche éducative, c'est l'impression que l'enfant est dénué de liberté de choix. Certes, il n'a pas le choix des consignes ou des règles de vie, le « contenant » n'étant pas discutable, mais il peut choisir de les respecter ou non. La notion de conséquence intervient ici. L'éducateur qui demande par exemple à son enfant de ne pas se lever de table pendant les repas doit aussi avoir prévu une conséquence pour l'enfant qui ne respecte pas cette règle (le contenant) et l'avoir clairement annoncée : « *Je te rappelle que ma consigne est que tu restes assis à table pendant toute la durée du repas. Quand tu choisiras de ne pas respecter cette règle de vie familiale, tu ne reviendras pas manger et tu feras la vaisselle du repas.* » Ainsi l'enfant a la liberté de respecter ou non la règle et d'assumer la conséquence de son choix.

Ce fonctionnement a pour effet, non seulement de sécuriser l'enfant et de rendre la vie beaucoup plus agréable, mais aussi de lui permettre d'intégrer, dès son jeune âge, une discipline et un respect des autres qui seront des éléments primordiaux pour l'atteinte de ses objectifs de vie plus tard. Tellement d'enfants, d'adolescents et d'adultes, dépourvus de discipline, éprouvent de la difficulté à rendre à terme leurs projets, à réaliser leurs rêves. Combien de personnes n'arrivent pas à créer des relations affectives satisfaisantes à cause d'une incapacité à tenir compte des besoins ou des limites des autres ? Ces gens s'attirent du rejet de leurs pairs parce qu'ils se montrent irrespectueux, antisociaux ou manipulateurs. Leurs échecs relationnels les découragent, leur donnent souvent une piètre estime d'eux-mêmes et une confiance en eux plutôt faible.

Plusieurs parents, rencontrés pendant mes cours ou en thérapie, m'ont fait part de leurs difficultés à se faire respecter malgré leur connaissance des notions de limites et de discipline personnelle. Il n'est effectivement pas facile d'atteindre des résultats satisfaisants, parce que la plupart de ces parents sont freinés par des obstacles intérieurs tels que la culpabilité, le doute d'eux-mêmes, la peur de brimer, celle de voir souffrir les enfants quand ils assument leur conséquence.

Cela leur fait négliger le fait que leurs enfants ont aussi définitivement besoin d'être encadrés et guidés. Ils ont besoin que nous leur posions des limites claires, que nous leur disions «non» quand c'est nécessaire, même si nos interventions les frustrent, même si nos demandes les dérangent et même si nos limites les font réagir.

En effet, nous nous empêchons souvent d'intervenir par crainte de vivre avec l'inconfort de leurs réactions. Il est souvent plus simple de ramasser les jouets qui traînent que d'entendre notre enfant se plaindre pendant 30 minutes en le faisant. Il est généralement moins confrontant de répéter 10 fois à notre enfant une consigne en l'informant de la conséquence qui en découlera au lieu de le laisser, dès la première fois, assumer son choix et la conséquence qui vient avec ce choix. Il est parfois plus reposant de faire la vaisselle laissée dans l'évier par notre adolescent que de le voir bouder pendant une heure parce que nous l'avons dérangé dans une joute à l'ordinateur avec ses amis. Nous préférons alors nous imaginer que le fait de le demander gentiment et de nous montrer patient règlera les choses pour les prochaines fois. Cependant, avec cette philosophie, toutes les prochaines fois se ressemblent !

Pourtant, j'ai bien tenté de me faire croire le contraire quand mon petit dernier s'est mis à pleurnicher à chaque demande qu'il me faisait, à chaque frustration qu'il vivait, à chaque inconfort qu'il ressentait. C'était insupportable pour moi ! Chaque fois qu'il avait besoin de moi, il me jouait une scène de pauvre victime en péril. Toutefois je me convainquais qu'à trois ans il était petit et que cela changerait avec le temps. Je ne voulais pas trop lui en demander, je le comprenais, j'étais sensible à lui. Alors je lui répétais continuellement d'arrêter de me parler avec ce ton plaintif tout en répondant à sa requête. Quand il a eu cinq ans, rien n'avait changé. J'ai dû finalement faire ce que j'aurais dû faire deux ans plus tôt, c'est-à-dire poser une limite à sa mauvaise habitude et lui dire que, s'il choisissait de me parler avec ce ton, je ne lui répondrais pas. Il devrait s'exprimer sans plainte. Évidemment je lui ai donné des exemples de ce que j'entendais par ton plaintif ainsi que des modèles de phrases affirmatives. Au début, il est vrai qu'il m'a fallu une dose redoublée de patience et d'énergie pour l'ignorer quand il continuait de me parler sur un ton de victime torturée. Pour commencer, je ne lui adressais qu'un petit signal pour lui rappeler ce que j'attendais de lui. Il a résisté quelques jours, histoire de tester combien de temps je tiendrais. Une de ses stratégies a été de se plaindre encore plus, en gémissant sur le plancher. Sa manipulation n'a pas fonctionné. Au bout de quelques jours, son comportement a commencé à changer de façon significative. Dès qu'il était face à mon silence, il se reprenait et utilisait un ton affirmatif pour m'exprimer son problème ou sa demande. Au bout de 10 jours, la situation était complètement rétablie.

Comme je l'ai déjà écrit, un enfant recherche naturellement le plaisir et les solutions à court terme. Ce n'est qu'en avançant en âge qu'il arrive peu à peu à reporter le plaisir à plus tard et à supporter la frustration. Il nous revient de le lui apprendre, sans quoi, à l'adolescence, il nous fera des crises chaque fois qu'il vivra une frustration. Ainsi, une petite fille de trois ans qui désire jouer avec la poupée que tient son grand frère fera tout ce qui est en son pouvoir pour l'obtenir tout de suite, et ce, même si sa solution est de le frapper. Dans un cas comme celui-ci, c'est à nous, parents, d'apprendre à notre fille à vivre sa colère et à l'exprimer sans la tourner contre les autres. L'apprentissage à vivre la frustration est long. Certains de nos adolescents préféreront, par exemple, sortir entre amis et entretenir l'illusion qu'ils auront bien le temps d'étudier s'ils choisissent le plaisir à court terme plutôt que la satisfaction à long terme.

La discipline ne s'acquiert pas toute seule, les bonnes habitudes et la façon d'interagir avec autrui non plus. **Un enfant qui argumente à deux ans face à une limite ou à une conséquence, cela peut paraître mignon au début.**

Mais si nous ne posons aucune limite à ce comportement, il n'arrêtera pas d'argumenter tout seul. Lorsque l'enfant aura 4 ans, ce sera moins drôle, à 10 ans, ce sera déjà plus corsé, et à 15 ans, ce sera l'enfer. Le futur adulte a besoin d'être arrêté dans ses comportements et attitudes défensifs en relation, comme il a besoin que nous lui transmettions des valeurs (les nôtres) pour pouvoir, en temps et lieu, choisir celles qui lui conviendront et rejeter celles qui ne lui conviendront pas. Il ne pourra pas savoir lesquelles sont les siennes s'il ne part pas avec des valeurs à évaluer. De la même façon que nous ne pouvons pas découvrir notre style de littérature préféré si nous n'avons pas appris à lire et si nous ne lisons pas. Notre rôle de parent consiste donc à nous assumer comme autorité afin de faire régner la discipline dont nos enfants auront besoin toute leur vie pour se réaliser.

Pourtant le mot « autorité » est déclencheur de réactions émotionnelles qui dépendent des expériences de chacun d'entre nous avec les personnes significatives de notre vie. Plusieurs parents confondent l'AUTORITÉ avec l'AUTORITARISME, alors que les deux notions sont fort différentes l'une de l'autre.

Autoritarisme

Pour atteindre ses objectifs, l'éducateur doit assumer pleinement le fait qu'il représente une autorité pour les enfants. Cela ne semble pas toujours évident, puisque le simple mot « autorité » a une résonance émotionnelle plus ou moins agréable en chacun de nous, selon notre expérience passée. Certains individus, par exemple, qui ont vécu des situations au cours desquelles les personnes en position d'autorité ont pris du pouvoir sur eux et les ont écrasés, ont tendance à confondre les concepts d'autorité et d'abus de pouvoir. Pour ma part, en tant que TRA, Thérapeute en Relation d'Aide^{MC} et éducatrice, je considère que la personne en position d'autorité ne doit pas chercher à écraser l'enfant comme le fait la personne autoritaire, mais elle doit l'élever au sens de l'aider à grandir de l'intérieur. Voyons d'abord comment se manifeste l'autoritarisme.

L'autoritarisme s'exprime par une forme de pouvoir sur les autres. Le parent autoritaire opprime ses enfants. Il cherche à les contraindre, à les changer, à les diminuer. Il impose sa volonté selon ses humeurs, ses intérêts personnels, sa soif d'avoir raison, sa soif de dominer et sa peur de perdre le contrôle. Ses interventions manquent de cohérence et de sensibilité. Ce parent menace, fait du chantage, ne laisse aucun choix à ses enfants qui, eux, ne peuvent jamais se responsabiliser ni assumer les conséquences de leurs désirs et de leurs décisions. Il apprend à ses enfants qu'ils ne possèdent aucun pouvoir sur leur vie. Cette attitude porte ceux-ci soit à réagir, à ruer dans les brancards, à se rebeller dans le but d'exister ; soit à s'écraser et à se soumettre, convaincus qu'ils n'ont rien à dire. Ces enfants obéissent par peur et non parce qu'ils ont compris le message.

Le parent autoritaire, en fait, est généralement quelqu'un d'hypersensible qui éprouve de la difficulté à accepter ses émotions, car ces dernières réveillent sa vulnérabilité. Plutôt que de perdre le contrôle, il contrôle. Plutôt que de se sentir tout petit en dedans, il diminue l'autre. Plutôt que d'accepter sa peur que son enfant ou que son adolescent tourne mal et souffre, il cherche à le changer pour se sécuriser. Pour illustrer cette description, voici l'exemple de Martin et de son fils, Félix-Antoine.

Ce père, qui avait obtenu seul la garde de son garçon depuis que ce dernier avait 6 ans, m'avait prié de voir en thérapie ce fils alors âgé de 11 ans. Selon Martin, l'enfant rencontrait de gros problèmes de comportement avec l'autorité. Inquiet face à l'arrivée de l'adolescence et du secondaire, le père se sentait démuni devant le manque d'effort de son garçon pour ses études et face aux attitudes irrespectueuses et arrogantes de celui-ci à son égard et devant certains de ses enseignants. Actuaire, Martin avait travaillé avec ardeur pour mériter sa situation sociale et il ne pouvait accepter que son fils passe son temps à jouer au basketball, à faire du skate avec ses amis et à relaxer sur le divan toutes les fins de semaine. Quand j'ai rencontré Félix-Antoine pour la première fois, j'ai fait la connaissance d'un jeune adolescent à la confiance en soi très fragile. Plutôt farouche avec moi, il a été long à apprivoiser. Malgré ma promesse sincère de confidentialité, visiblement il me faisait difficilement confiance et se montrait peu bavard. Par contre, jamais je ne l'ai vu me manquer de respect ni être arrogant. Avec patience, j'ai respecté son rythme à s'ouvrir avec moi, prenant soin de ne rien forcer et de ne pas le brusquer. Peu à peu, j'ai eu accès à ce qui l'habitait.

La relation à son père était terriblement souffrante pour lui. Alors que son père prétendait que son fils était complètement indifférent à lui, j'ai pu observer le contraire en entendant parler Félix-Antoine de son impuissance à être écouté et compris par son père dans ses goûts et ses intentions. Il avait également la certitude de ne pas être le fils que son père aurait voulu avoir. Toutefois Félix-Antoine en voulait à son père. Une fois la confiance établie avec moi, il ne s'est pas gêné pour le critiquer ouvertement. Lorsque je l'ai entendu, avec hargne, l'accuser de le contrôler, de le prendre pour un bébé depuis toujours, de vouloir qu'il soit comme lui au point de l'empêcher de vivre, j'ai observé l'arrogance dont pouvait être capable Félix-Antoine. Selon ses dires, son père ne manquait aucune occasion de le rabaisser devant la famille et les amis. Il le faisait passer pour un fainéant qui ne cherchait qu'à s'amuser et qui ne voulait rien faire dans la vie. Je pouvais intérieurement confirmer ce que Félix-Antoine me confiait, puisque c'était le reflet exact de la façon dont Martin m'avait décrit son fils lors de mon premier contact avec lui. De plus, si Félix-Antoine sortait jouer avec des amis sans avoir fait ses devoirs, son père lui criait sur le seuil de la porte qu'il lui enlèverait son argent de poche de la semaine. Le jour d'après, pour une raison semblable, il le menaçait de le priver d'ordinateur pendant une semaine ou de lui confisquer son skate jusqu'au prochain bulletin. Félix-Antoine n'en pouvait plus de ses séances de chantage ni de ses morales incessantes dans lesquelles son père, avec supériorité, ne manquait jamais de se citer comme un exemple de réussite qui n'avait pas perdu son temps dans les sports.

En fait, toute l'arrogance de Félix-Antoine était une défensive qui cachait son impuissance à se faire comprendre, son sentiment de nullité, sa peine de décevoir son père et surtout la colère immense qu'il vivait de ne pas être accepté et aimé tel qu'il était. Ce jeune n'était certainement pas dépourvu de responsabilité dans la guerre qui s'était enclenchée avec son père et certains de ses enseignants. Il faisait la sourde oreille devant les consignes, répondait « oui » mais n'en faisait qu'à sa tête. Il en était venu lui aussi à se montrer complaisant et méprisant, comme son plus grand modèle. Toutefois, comme dans la plus grande majorité des cas je ne travaille jamais avec un enfant envoyé par ses parents en thérapie sans leur demander de faire eux aussi un travail avec moi, j'ai également reçu Martin.

Quand je lui ai demandé de m'expliquer comment il intervenait avec son fils, il a été très honnête et m'a répété à peu près la même chose que ce que j'avais appris confidentiellement par son fils. Seulement, dans son discours, toute la faute venait du jeune ; lui se sentait correct à tout point de vue, était convaincu que son fils méritait qu'on lui « casse » le caractère. Il pensait qu'il devait contrôler encore plus son fils pour qu'il comprenne le bon sens une fois pour toute. Martin était dur et agressif quand il parlait de sa relation à son fils. Par contre, plus il me parlait de son désir de contrôler, plus je pouvais mesurer l'intensité de ses peurs face à son garçon.

Il n'a pas été facile d'amener Martin à parler de ce qui se cachait de si sensible derrière cette défensive de domination. Chaque fois qu'il frôlait son vécu souffrant, son réflexe était de vouloir me prouver que son fils avait tort et que lui avait raison. Ce n'est qu'au moment où il a vraiment touché l'intensité de sa souffrance de voir que la relation avec l'être le plus précieux de sa vie était si désastreuse qu'une brèche vers son monde intérieur s'est ouverte. Pas à pas, il m'a parlé de sa culpabilité de ne pas être un père adéquat et de ses peurs immenses que son fils échoue sur les plans professionnel et financier. Il craignait qu'il se fasse rejeter, qu'il souffre, qu'il prenne de la drogue… Son insécurité était énorme et je trouvais extrêmement touchant de l'entendre dans son attachement et son amour pour son fils. Cependant son autoritarisme avec Félix-Antoine avait laissé des marques dans leur relation et malgré toutes les bonnes intentions qu'il avait au fond, son jeune adolescent se rebellait et le rejetait.

En dépit du fait que cette histoire ait bien évolué et que le travail que Martin a fait pour transformer ses défensives en aptitude à s'assumer comme autorité, dans le respect de son fils, ait porté fruit, cet exemple montre bien que l'autoritarisme produit des résultats contraires à ceux que nous recherchons comme parents. Par contre, de tels problèmes n'existent pas pour le parent qui assume son autorité avec humanité.

L'éducateur, une autorité humaine

Comme le précise Colette Portelance, créatrice de l'AN-DC^{MD}, dans son ouvrage La communication authentique, le mot « autorité » vient du latin « auctor », qui signifie « celui qui accroît, qui fonde ». Elle ajoute : « "L'auctor" est celui qui est à l'origine d'une chose, un fondateur, un initiateur, un responsable. Il n'est pas un dominateur, un oppresseur, un dictateur mais un être d'influence, un leader, un créateur, un éclaireur. »

Comme elle, je considère que le parent qui s'assume comme autorité est un guide et un encadreur. Il fait clairement respecter ses valeurs, qu'il exprime de façon précise. Il pose avec fermeté les limites et les règles, dont le but est d'assurer le bien-être, l'évolution, le dépassement, l'autonomie et le bonheur de son enfant ou de son adolescent. Ses règles sont cohérentes parce qu'il incarne lui-même ce qu'il demande. De plus, ses interventions sont faites avec sensibilité et tiennent compte des besoins affectifs de son enfant. Ce type de parent arrive également à apprendre au jeune à se responsabiliser en lui montrant clairement à faire des choix. Il a le courage également de laisser l'enfant assumer les conséquences de ses choix. Il guide, encadre, et ce, même si son enfant n'est pas toujours content. Cette partie de son rôle doit s'assumer avec doigté et dans le respect de certaines règles d'or que voici.

Règles d'or pour faire régner la discipline

1. Soyez clairs et précis quand vous établissez les règles de vie, les limites, les valeurs, les échéances. Sinon les enfants trouveront la faille à vos consignes et pourront jouer sur les mots quand viendra le temps pour eux de justifier leur comportement inacceptable.

2. Établissez les consignes en fonction des capacités et de l'âge de l'enfant, sans surestimer ou sous-estimer vos enfants. Soyez juste et cohérent.

3. Choisissez des conséquences en lien avec la consigne non suivie (exemple : si tu choisis de ne pas ranger tes jouets, ils te seront confisqués pendant une semaine) et annoncez à l'enfant ou à l'adolescent les choix qui s'offrent à lui.

4. Choisissez une conséquence qui dérange réellement l'enfant mais que vous serez capable de faire respecter.

5. La conséquence ne doit pas être présentée comme une menace ni une punition dans le cœur de l'éducateur, mais comme un moyen d'inculquer le respect et la discipline tout en favorisant l'autonomie du jeune.

6. Agissez avec fermeté, mais sans cris, sans agressivité. Parlez à l'enfant avec douceur. Il doit sentir votre amour à travers vos consignes. Si vous piquez des crises, votre enfant percevra votre insécurité et vous perdrez votre crédibilité. Très souvent aussi, les enfants apprennent à se fermer les oreilles et le cœur quand le parent perd le contrôle de son ton de voix, de ses mots ou, pire, de ses gestes. Ainsi, vous perdez tout pouvoir.

7. Valorisez l'enfant qui respecte les règles de vie ou qui s'améliore. Évitez la tendance d'adresser

continuellement des reproches. Personne n'a envie de respecter quelqu'un qui le blâme sans cesse, qui n'est jamais satisfait et qui lui projette une image négative de lui-même.

8. Soyez constant : chaque fois que vous n'appliquez pas la conséquence annoncée, vous retardez beaucoup l'intégration de la consigne chez l'enfant, car il saisira vite que vous changez d'idée et vous manipulera. Un manque de constance correspond à trois pas en arrière.

9. Demandez de la rigueur mais pas la perfection. À moins que vous-même ne soyez parfait !

10. N'exigez jamais plus d'une chose à la fois. Si votre enfant n'écoute pas quand vous parlez, commencez par établir une règle et une conséquence en ce sens. Quand cette situation sera rétablie, occupez-vous des heures de repas ou de la routine des devoirs, de l'attitude méprisante envers sa sœur ou du désordre dans sa chambre. Et ainsi de suite.

11. Soyez un modèle : si vous voulez que votre enfant parle avec respect, agissez respectueusement avec lui et avec votre entourage.

12. Ne changez pas constamment les règles de vie. Cela crée de l'insécurité et de l'instabilité. Si vous changez une règle, c'est que vous considérez que vous vous êtes trompé dans sa pertinence ou que vous voyez que l'enfant a vieilli et que la règle n'est plus à jour.

13. Évitez les explications et les argumentations : les règles de vie sont émises par l'éducateur et ne sont pas négociables. Votre cohérence dans l'établissement de celles-ci sera votre meilleure alliée. Ensuite ces règles doivent être expliquées une fois, dans certains cas rares, deux fois. Après,

l'enfant a compris. S'il demande d'autres explications, c'est sûrement une façon de vous manipuler et de vous épuiser mentalement! Si votre enfant argumente, dites-vous qu'il ne peut pas le faire seul. Il faut au moins deux personnes pour argumenter. Alors, si vous ne répondez pas ou que vous dites simplement « *je n'argumenterai pas* » et que vous tenez bon, l'argumentation cessera.

14. Quand vous faites assumer une conséquence, ne déterrez pas du passé des événements qui vous ont rendus insatisfait. Vous risquez d'augmenter la réaction de votre jeune en plus de diminuer son estime personnelle. Promettez-vous plutôt de régler dorénavant chaque chose au fur et à mesure.

15. Trouvez quelqu'un de votre entourage susceptible de vous supporter dans votre démarche. C'est difficile de s'assumer comme autorité, surtout dans certaines situations. Parfois, nous avons besoin de quelqu'un de confiance à qui parler, qui peut nous encourager dans les moments pénibles.

L'application de ces règles d'or par un éducateur qui s'assume en tant qu'autorité permettra à l'enfant, comme au parent ou à l'enseignant, de se sentir plus libre et plus en sécurité. Toutefois, si celles-ci sont essentielles dans le processus éducatif, elles n'en sont pas moins insuffisantes. Pour établir une bonne relation avec les enfants et éviter qu'ils se montrent rebelles ou complètement soumis, l'éducateur doit développer une capacité à être réellement en relation avec eux.

Respecter l'enfant

Pour être une autorité au sens où je l'entends, il est fondamental que l'éducateur ajoute à sa capacité à se poser fermement dans le contenant, une aptitude à être sensible au vécu de l'enfant et à l'écouter vraiment. En effet, autant l'enfant n'est pas celui qui décide des règles de vie, autant il a besoin de pouvoir exprimer les émotions qu'il vit face à ces règles : c'est son « contenu » à lui. Le parent doit arriver à l'écouter de manière non-directive. Ainsi, un enfant qui ressent de la colère parce que nous lui refusons une sortie a besoin que nous entendions son émotion sans la banaliser, la rejeter, la ridiculiser, la juger ou tenter de l'étouffer. Il a besoin que son parent l'écoute et soit sensible à lui, sans pour autant changer sa consigne.

Écouter, accueillir les émotions, les sentiments, les opinions, les goûts, les désirs et les rêves de l'enfant, reconnaître ses forces et accepter ses difficultés, c'est lui donner la liberté d'être ce qu'il est, sans le brimer ; c'est le laisser exister dans son unicité, dans sa différence ; c'est lui envoyer le message qu'il a de la valeur simplement parce qu'il est lui. Bien que la plupart des éducateurs soient d'accord avec ce principe, il n'est pas toujours évident de respecter le « contenu » de nos enfants, comme nous le démontre l'exemple suivant.

Rosanne a deux enfants : un garçon de six ans et une fille de quatre ans. Un matin, ils se disputent pour avoir le même jouet. Cette situation se reproduit fréquemment mais, cette fois-ci, Julien, le fils de Rosanne, donne un coup de jouet sur la tête de sa sœur Émilie. La mère intervient auprès de son garçon en lui faisant assumer la conséquence qu'elle avait annoncée dans pareil cas. Plus tard, elle parle avec Julien et lui demande pourquoi il a frappé sa sœur. Celui-ci lui avoue avec colère : « *Parce que je ne l'aime pas. Elle prend toujours mes jouets et tu t'occupes toujours d'elle. Je ne veux plus avoir de sœur.* » C'est à ce moment que cela devient difficile pour Rosanne de respecter le vécu de son fils et de l'écouter sans vouloir le changer. Elle vit de la peine d'entendre que Julien n'aime pas sa sœur présentement et cette situation éveille en elle le sentiment de rejet qu'elle a vécu, enfant, avec sa propre sœur. Pour être en mesure de laisser la liberté à son fils de vivre ses émotions, elle doit écouter et accepter ses propres émotions à elle. Cependant, dans une telle situation, le réflexe de beaucoup d'éducateurs est souvent de se servir de leur position d'autorité pour empêcher l'enfant d'exprimer son vécu en le culpabilisant ou en le jugeant. Dans l'exemple de Rosanne, cela aurait pour effet, notamment, d'alimenter la colère et la jalousie de Julien envers sa sœur, de maintenir Rosanne dans du ressentiment envers son fils et de briser la relation, du moins temporairement.

Voici un exemple d'une réponse qui favoriserait la liberté du vécu de chacun, le maintien de la relation et du rôle d'autorité, de guide pour l'enfant :

« *J'ai bien entendu que tu n'aimes pas ta sœur, surtout quand elle prend tes jouets et que je m'occupe d'elle. Ça te met en colère* (écoute et accueil des émotions de l'enfant). *Ça me fait de la peine que tu vives ça face à elle et je suis sensible à toi* (expression des émotions de la mère qui concernent la situation présente avec l'enfant et expression de sa sensibilité pour le vécu de l'enfant). *Je comprends que la solution pour toi serait de ne plus avoir de sœur, mais ce n'est pas possible, car elle fait partie de la famille et je vais continuer à m'occuper d'elle* (retour sur la solution énoncée par l'enfant et positionnement clair du parent face à cette solution). *Mais peut-être aurais-tu besoin que je m'occupe plus de toi ?* (guide vers une solution adéquate qui permettrait à l'enfant de retrouver le pouvoir de s'occuper de son besoin d'attention, sans essayer de changer la situation extérieure – présence de sa sœur –, et disponibilité du parent à satisfaire ce besoin). »

Avec une telle réponse, Rosanne réussirait à rester ferme dans son contenant (ne pas accepter que Julien frappe sa sœur) sans pour autant perdre son humanité et sa sensibilité. Elle resterait à l'écoute du vécu de son fils (envie de rejeter sa sœur, colère, besoin d'attention). De plus, en n'essayant pas de fuir ses propres émotions (peine, vécu de rejet dans son enfance), elle arriverait à rester en relation avec Julien. Dans une expérience relationnelle comme celle que Julien vivrait avec sa mère, l'enfant intégrerait la valeur du respect de l'autre tout en se sentant aimé et accepté dans ce qu'il est et ce qu'il ressent.

Nos plus grandes blessures de vie, celles que nous portons souvent une fois devenus adultes, sont rarement reliées au cadre de vie posé par nos éducateurs. Elles sont plutôt nées d'un manque d'avoir pu « être nous-mêmes » à l'intérieur de ce cadre. Elles viennent de la répression de notre vérité profonde, de nos opinions, de nos goûts, de nos véritables sentiments et émotions au moment où nous avons parlé de nos désirs ou de nos rêves. Elles prennent aussi leur source dans un manque d'amour et de reconnaissance de ce que nous étions, avec nos qualités ainsi que nos faiblesses.

Je ne crois pas que critiquer nos éducateurs apporte quelque bienfait. Comme le laisse sous-entendre la phrase de mon grand-père citée en début de texte, la majorité des parents ou des enseignants ont fait de leur mieux à partir de leurs connaissances et de leurs expériences de vie. Je suis par contre convaincue que chacun d'entre nous a le pouvoir de créer, dans sa vie présente, des relations satisfaisantes, faites d'amour, d'écoute, de sécurité, de reconnaissance et de liberté, en commençant par celles qu'il entretient avec ses enfants.

Être le meilleur de soi

« Que celui qui est parfait me lance la première pierre ! »

Les deux brefs portraits qui viennent d'être tracés dépeignent deux styles d'attitude. Peu de personnes se reconnaîtront totalement dans un style ou dans l'autre. Chacun de nous agit parfois à l'image de l' « autoritaire », parfois à celle du parent qui s'assume comme autorité. Il existe aussi une troisième attitude : celle du parent qui refuse d'assumer son autorité auprès de ses enfants et qui les laisse partir à la dérive, en fermant trop souvent les yeux sur le fait qu'ils se couchent trop tard ou en restant sourds aux insultes qu'ils se lancent. Ce parent se déclare impuissant à les éduquer et rejette sa responsabilité sur « le monde d'aujourd'hui », son ex, les amis, le caractère de l'enfant…

En tant que parent, il est tout à fait stérile de chercher à cacher nos travers. Personnellement, je déteste m'apercevoir que j'ai été autoritaire, ce qui m'arrive encore bien plus souvent que je ne le voudrais. Je préfère voir mes bons coups, lorsque je réussis à faire régner la discipline avec amour et à inculquer mes valeurs avec respect sans prendre du pouvoir sur mes enfants. Cependant je réalise que ma première porte pour tendre vers mes objectifs et respecter mes valeurs est de me regarder en face dans mes zones d'ombre et d'accepter mon imperfection. Je suis convaincue que la meilleure façon d'éviter de glisser dans les styles extrêmes d'intervention décrits plus haut est de reconnaître mes erreurs. Effectivement, c'est seulement quand je prends conscience de mes fonctionnements défensifs et que j'accepte qu'ils font partie de moi que je peux m'améliorer. C'est là seulement que j'ai accès à cet espace de vulnérabilité en moi, cet espace où se trouve ma peur de ne pas être une bonne mère, ma peur de voir mes enfants souffrir s'ils ne changent pas, ce lieu sacré où se vivent les sentiments d'insécurité, de culpabilité et d'angoisse d'être inadéquate et de rendre mes enfants malheureux. Dans cette zone vulnérable, j'éprouve aussi l'élan du cœur pour m'excuser quand je les ai blessés. C'est en contactant intimement ces émotions peu agréables que je suis en mesure de me rapprocher de la maman que je veux être, c'est-à-dire une maman totalement investie, chaleureuse, aimante et respectueuse, complètement engagée dans la responsabilité que j'ai prise de transmettre à mes enfants ce qui me semble être le mieux pour eux et, dans la responsabilité, de les guider vers des comportements justes et sains. **Chaque jour, je travaille à être de plus en plus une maman-guide qui continue à les aimer et à les encadrer, même s'ils me traitent parfois de «*mère la plus sévère en ville*» ou, pire, «*du monde*» quand ils sont contrariés.**

Offrir une éducation dans laquelle règne l'équilibre entre la directivité dans le «contenant» et la non-directivité dans le «contenu», comme le propose Colette Portelance dans l'Approche non directive créatrice[MD], c'est permettre à nos enfants de développer leur estime et leur confiance en eux-mêmes, en leur donnant la structure et les outils nécessaires à leur accomplissement personnel et à la réalisation de leurs rêves. C'est leur permettre de s'épanouir et de construire leur vie et leur bonheur.

Je resterai engagée en tentant toujours de me rapprocher du meilleur de moi-même et de rester fidèle à ce que je suis. Je leur laisserai ainsi en héritage le précieux cadeau de la révélation du meilleur d'eux-mêmes qui leur permettra de devenir ce qu'ils sont.

Les avantages de la routine

Passer du confort des vacances au stress de la rentrée et de tout ce qu'elle implique quant aux nouvelles tâches à ajouter dans l'agenda n'est guère aisé. Après le repos et la détente, le défi réside dans la conciliation travail-famille.

Si j'avais trois jours de plus par semaine!

J'ai toujours trouvé que cette sensation des premières semaines de la rentrée s'apparentait à l'inconfort de chausser des souliers deux pointures plus petites que la taille de mes pieds. Quelques jours avant le retour en classe, je me demande comment je réussirai à entrer dans l'agenda tout ce qui m'attend. Il me semble que j'ai déjà du mal à gérer mon temps alors que les cours de hockey, de guitare et de natation ne sont pas commencés, que les enfants n'ont pas de devoirs à faire, qu'aucune réunion de parents ne figure au calendrier et qu'aucun de mes enfants ne manque de matériel scolaire. Au cours de l'été, des semaines de sept jours, ça va, mais, pendant l'année scolaire, il me faudrait des semaines de dix jours pour arriver à remplir toutes mes obligations!

J'ai toutefois survécu à chaque retour de vacances, comme vous tous. Au fil du temps, j'ai affiné mon art de la rentrée par l'intégration dans mon quotidien d'une multitude de facilitateurs comme, par exemple, un bon sens de l'organisation et de la prévision. Il va sans dire qu'une grande dose d'énergie est fondamentale. Cependant je peux bien être la personne la plus reposée du quartier et gagner un premier prix pour mon sens de l'organisation et mon efficacité, il n'en reste pas moins que le fait de favoriser l'autonomie croissante de mes enfants m'aidera vraiment à concilier toutes mes tâches. Pour les guider en ce sens, rien de mieux que d'intégrer certaines routines dans la vie quotidienne. Celles-ci produisent un effet miraculeux sur l'atmosphère familiale.

La routine n'est pas une prison

Le mot « routine » a mauvaise réputation pour certains. Il est parfois associé au manque de spontanéité, de liberté et à l'ennui. Bien sûr, si la vie familiale n'est faite que de routines, il risque d'y manquer de plaisir, de naturel, d'imprévus et de surprises. Dans un tel cas, c'est effectivement l'ennui qui nous guette.

Je ne vous propose donc pas de vous emprisonner dans un quotidien tout prévu d'avance, au contraire. L'établissement de routines dont je parle ici permet de circonscrire dans le temps les tâches à exécuter, les obligations que nous avons tous, afin de récupérer des minutes précieuses pour le jeu, la liberté, la spontanéité et le plaisir.

Combien de temps perdons-nous le matin à répéter à notre enfant de s'habiller plus vite ; de prendre un bon déjeuner ; de préparer son sac, son lunch ; de se brosser les dents ; de penser à remettre son livre à la bibliothèque, et ce, pour nous éviter d'arriver en retard au travail ? Si au moins nos consignes répétitives donnaient des résultats et que, la semaine suivante, l'enfant avait compris. Pourtant il semble que, plus nous répétons, moins les choses changent !

Si tous les parents rêvent que leurs enfants puissent devenir autonomes et effectuer leurs tâches, bien peu détiennent la recette pour y arriver. Comment agir pour passer de ce beau rêve à la réalité ?

Passer du rêve à la réalité

Ce serait mentir que de vous dire qu'il est simple, au début, d'intégrer des routines. Il faut de la patience, de l'énergie et de la détermination, car les enfants chercheront toujours à tester votre persévérance dans votre nouvel encadrement. La constance est de rigueur.

La première chose à penser est d'établir tous les éléments qui composent la routine que vous voulez intégrer et de les exprimer clairement à votre enfant. Par exemple, en arrivant de l'école, prévoyez les activités suivantes : rangement des manteaux, lavage des mains, rangement de la boîte à lunch, collation et installation pour les devoirs. Il est nécessaire de fixer un temps limite pour effectuer ces tâches. Dans l'exemple précédent, 15 ou 20 minutes seront suffisantes.

L'enfant doit comprendre les avantages pour lui-même s'il est autonome dans cette routine. Vous pouvez lui expliquer, selon son âge, que vous souhaitez gagner du temps pour pouvoir jouer avec lui après le souper. Il doit saisir qu'il perdra ce temps s'il n'arrive pas à faire sa routine correctement dans les délais. Son autonomie viendra du fait qu'il devra choisir d'être organisé pour bénéficier de son temps libre.

Le point tournant de la réussite est que le parent agisse pour que l'enfant assume véritablement la conséquence de son choix s'il ne fait pas sa routine dans les délais prévus. Sans conséquences, c'est peine perdue.

Dans mes ateliers pour parents, une mère me racontait que sa fille de neuf ans n'était jamais à l'heure le matin et qu'elle devait toujours lui répéter de se dépêcher pour qu'elle ne manque pas son autobus. L'enfant aimait prendre son temps pour manger et pour choisir ses vêtements. La mère répétait chaque jour la même chose et était devenue exaspérée. Elle rentrait au travail avec l'impression qu'elle avait déjà terminé sa journée. J'ai fait observer à cette mère qu'elle prenait l'horaire de sa fille en charge et qu'elle ne l'obligeait jamais à vivre la conséquence de ses choix. En fait, elle faisait tout pour éviter que sa fille manque son autobus. Voilà pourquoi rien ne changeait.

Comme parent, nous devons parfois nous imposer des contraintes pour éduquer nos enfants. Voilà une exigence que cette mère devait affronter. Quand elle a été certaine qu'elle pouvait vivre avec le fait que sa fille manque son autobus une fois, elle l'a avisée qu'elle lui laissait la responsabilité de son horaire et des conséquences de ses choix.

La mère s'est tue et la fille a manqué son autobus. Sans lui faire de morale et sans lui adresser un seul mot, la mère a accompagné sa fille à l'école en voiture. Le silence a eu sur l'enfant l'effet puissant de lui faire comprendre les implications de son manque de responsabilité. Elle n'a plus jamais manqué l'autobus.

Il est très exigent sur le coup pour un parent de faire assumer à l'enfant la conséquence de ses choix. Cela exige beaucoup d'énergie et plus de temps que d'acheter la paix. Cependant, à moyen et à long terme, cet investissement rapporte. Le gain vaut plus que de l'or, puisqu'il se calcule sous l'angle de meilleure qualité de vie et de beaucoup plus de temps paisible et libre passé ensemble.

L'heure du coucher est certainement une autre partie de la vie familiale susceptible de se compliquer énormément. Quel dommage quand ce moment de la journée, que nous voudrions vivre en paix, se conclut par de l'obstination et des chicanes avec nos enfants. L'établissement d'une routine avec des choix donnés à l'enfant peut ici encore simplifier la situation. Pour illustrer une méthode, voici celle que j'utilise chez moi depuis des années.

En septembre, chacun de mes enfants sait à quelle heure il devra se mettre au lit pour l'année. Il y a une heure précise pour les soirées qui précèdent un jour d'école et une heure différente pour les jours de congé, les week-ends ou les vacances. Les heures sont fixées en fonction de l'âge de l'enfant, de ses besoins de sommeil pour bien fonctionner et de son rang dans la famille. Je reproduis à cet égard ce que j'ai reçu de mes parents. Être plus âgé donne le privilège de se coucher plus tard. Chaque année, l'heure de coucher augmente d'environ 15 minutes.

Tous les enfants sont également au courant des différentes actions qu'ils doivent avoir effectuées avant de se mettre au lit : par exemple, ramasser tous les jouets ou les effets personnels, prendre sa douche, se brosser les dents, aller aux toilettes. Plus les enfants sont âgés, plus ils sont seuls dans cette préparation. Les plus jeunes sont accompagnés jusqu'à ce qu'ils soient devenus autonomes.

Jusque-là me direz-vous, rien ne garantit qu'ils le feront. C'est vrai ! À moins qu'ils perdent quelque chose d'agréable qui arrive à la toute fin de la routine. Par exemple, chez moi, les enfants peuvent choisir, une fois au lit, de lire pendant 15 à 30 minutes, selon leur âge. Pour les plus jeunes, ce moment est remplacé par la lecture d'un conte par mon conjoint ou moi. Alors les enfants savent que, s'ils choisissent de ne pas écouter quand arrive l'heure de la routine du coucher ; s'ils décident de ralentir, d'étirer le temps, d'avoir soudainement faim, soif, mal au ventre ou autre ; ils perdront leur privilège. Ils tiennent à ce moment de lecture, puisqu'ils en ont pris l'habitude depuis leur tout jeune âge ; perdre du temps pour cette activité est en soi une conséquence désagréable pour eux.

Autre chose : la routine se termine, après la lecture, avec un quart d'heure de temps passé juste avec moi. Nous occupons ce temps à parler de tout ou de rien, le sujet étant choisi par l'enfant ; ou ce moment est utilisé à chanter ou à recevoir des câlins dans le dos et à prendre un temps pour remercier ce que nous avons apprécié dans la journée. Cet instant d'intimité est sacré et aucun d'entre eux ne veut le perdre. Aussi, s'ils arrivent en retard dans leur chambre pour la lecture, tout est décalé et il reste moins de temps pour leur « cerise sur le sundae » : le temps tout seul avec maman.

Il est vrai que cela me demande d'être très rigoureuse avec le cadran chaque soir. Je dois aussi accepter de perdre mes 15 minutes sacrées avec l'un d'entre eux de temps en temps s'il choisit d'étirer la sauce lorsque le signal a été donné. Pourtant le prix en vaut la chandelle, parce que je vous assure que je ne me souviens pas de la dernière fois où l'heure du coucher a créé un conflit chez nous. De plus, après avoir joui d'un temps de qualité individuel avec chacun, quand ils sont couchés, j'ai du temps pour moi.

Évidemment le plus difficile est de mettre en place ce fonctionnement quand les enfants sont plus petits, puisqu'ils n'ont pas encore la notion du temps. Je propose alors l'utilisation d'une minuterie, que nous voyons avancer et qui sonne. Le sablier s'avère aussi être un bon outil. Ces moyens donnent un repère aux enfants, en plus de leur offrir un jeu pour gagner la course contre la montre.

Si vos enfants n'ont jamais eu à vivre de conséquence pour une routine du soir non respectée, sachez que, comme pour toute nouvelle règle établie, ils vous testeront dans les premiers jours, voire les premières semaines, dépendamment de leur personnalité et de votre capacité à vous assumer pleinement ou non. Soyez donc assurés de demeurer calmes, fermes et constants. Au début, vous devrez déployer beaucoup d'énergie pour affronter toutes leurs tactiques pour vous voir flancher et revenir dans leur chambre. Mais croyez-moi, si vous ne cédez pas à votre culpabilité ; à votre peur de les abandonner, de les brimer, de les traumatiser ; à votre doute et à votre envie d'avoir la paix, etc., vous y gagnerez très rapidement. La routine mène à la liberté.

La routine mène à la liberté

La nature comporte elle aussi sa part de régularité. L'été est toujours suivi par l'automne. En hiver, les arbres perdent leurs feuilles, qui, elles, repoussent inévitablement tous les printemps. Chaque matin, le soleil se lève à l'est et, chaque soir, il se couche à l'ouest. Pourtant, chaque fleur qui pousse dans cette routine de la nature est unique, chaque promenade en forêt est différente et le ciel est spécial chaque jour. L'établissement de routines dans nos journées n'empêche en rien l'élaboration d'activités tout à fait exclusives et inoubliables, au contraire, il les favorise. À nous la liberté !

Encadrer l'expression de la colère

Qu'est-ce qui se passe dans ton cœur?

Quand nous posons cette question à notre enfant ou que nous nous intéressons à ce que vit notre adolescent, sommes-nous capables d'entendre toutes les vérités qui sortent de son cœur?

En théorie, je répondrais «oui». Cependant je me rappelle encore d'une fois parmi d'autres où j'ai éprouvé beaucoup de difficulté à appliquer cette conviction à la réalité. Un de mes fils adolescent avait les yeux remplis de larmes de rage; il semblait tendu au point d'exploser. Il maintenait sa bouche fermée de peine et de misère, sachant que s'il l'ouvrait il ne contrôlerait pas ce qui allait en sortir. Devant mon insistance à l'entendre dans ce qu'il vivait, il m'a répondu avec intensité : « Mon cœur? Y'est écœuré si tu veux savoir! Pis j'aime mieux pas t'dire tout ce que je vis parce si je te dis vraiment tout c'que j'ai sur le cœur, pis tout ce qui me passe par la tête, tu vas m'envoyer dans ma chambre, parce que ça sortira pas comme tu veux que ça sorte!!! »

Il avait raison. Je suis ouverte et véritablement intéressée à écouter ce que mes enfants vivent; je suis sensible à ce qu'ils ressentent, je veux sincèrement qu'ils s'expriment. Mais lorsqu'il s'agit d'une colère dirigée contre moi ou contre leur père, de leur haine momentanée contre quelqu'un qui m'est cher, de l'envie de rejeter leurs frères, de leur «écœurantite» aigüe des règles familiales, des concessions entre frères et des responsabilités que nous leur imposons, j'ai plus de difficulté à rester ouverte à l'intensité de leur vécu. En fait, j'ai peur que, si je les écoute, leurs sentiments s'intensifient et deviennent de plus en plus destructeurs. J'ai peur aussi que la situation dégénère en conflit. Pourtant, dans les faits, rien de cela ne s'est jamais confirmé.

Tension libérée, discernement retrouvé

Qui ne se sent pas, par moments, au bord d'exploser ? Ne vous êtes-vous jamais senti tendu comme un élastique sur le point d'éclater à cause des mécontentements et des frustrations accumulés ; à cause des contraintes que vous imposent vos responsabilités ; à cause de la somme considérable d'énergie investie dans vos relations qui ne donne pas les résultats escomptés, à cause des exigences de la vie de couple et de la vie familiale qui vous semblent exagérées ? N'avez-vous jamais eu envie de crier votre rage, votre colère, votre révolte ? Avez-vous déjà eu envie d'éclater ? Eh bien, nos enfants et nos adolescents vivent aussi ce genre de pression.

Comme nous, ils ressentent le besoin de l'exprimer, mais à leur manière, selon leur tempérament, leur âge, les modèles qu'ils ont choisis d'imiter et les limites que nous leur imposons. Chacun trouve sa porte pour exprimer sa réalité émotionnelle et sa tension intérieure, de façon à laisser sortir la pression avant d'éclater. Heureusement ! Ce n'est pas un drame que nos enfants et nos adolescents vivent ce genre d'émotions. Il serait plus dommageable qu'ils ne possèdent aucun moyen d'exprimer ce vécu et aucune possibilité d'être entendus. La colère, la haine, l'envie de se révolter, le goût de rejeter, de partir sont des sentiments, des émotions ou des envies tout à fait normales et légitimes qui ont besoin d'être exprimées et entendues.

Le seul fait de pouvoir s'exprimer et d'être vraiment reçu sans jugement libère non seulement la tension, mais permet à l'enfant ou à l'adolescent de se sentir « normal » et « correct ». L'intensité de l'agressivité ressentie peut lui faire peur. Comme la pulsion de violence qui l'habite ou la possibilité de blesser l'autre émotionnellement peuvent faire en sorte qu'il se sente monstrueux. Ce n'est pas le fait de ressentir ces pulsions qui est grave, mais celui de passer à l'acte. Pouvoir écouter nos enfants dans leur intensité à ces moments-là permet justement de laisser échapper la pression intérieure avant qu'elle ne devienne destructrice.

Écouter d'abord, éduquer ensuite

Écouter vraiment notre enfant est sans doute une des choses les plus difficiles à faire, surtout si son vécu est en lien avec quelque chose qui nous concerne et que ses envies du moment ne correspondent pas du tout à nos attentes. Pourtant, c'est dans ces moments particuliers que nous devons fournir un plus gros effort pour vraiment entendre les émotions de notre fils ou de notre fille. Je reconnais toutefois qu'il est fort tentant de parsemer nos plages d'écoute de conseils, de jugements, de morales et de petits rappels. Bien que l'encadrement fasse partie de notre responsabilité de parent, donner nos recommandations pendant l'expression d'un vécu intense est aussi néfaste que d'essayer de tenir le bouchon d'un presto. L'explosion risque alors d'avoir lieu et d'éclater sur vous, sur quelqu'un d'autre ou, ce qui est pire encore, à l'intérieur même du psychisme de l'enfant.

Pour rendre plus concret ce que j'explique, voici la suite de que j'ai vécu avec un de mes fils qui était dans une immense colère. Quand mon adolescent m'a fait savoir que, s'il ouvrait la bouche, sa façon de m'exprimer sa colère et sa rage ne pourrait pas être toute « propre », je savais que lui

offrir mon écoute me demanderait d'accepter d'être dérangée par ce qu'il allait me dire, bousculée en dedans de moi.
Je savais d'avance que je n'aimerais pas tout ce que j'enten-
drais et que je devrais faire preuve d'ouverture, d'humilité
et de beaucoup d'empathie pour être capable de l'écouter
vraiment. Les yeux chargés de rage et de ressentiment et
la voix remplie de colère, il m'a exprimé à peu près ce qui
suit : « J'suis écœuré de vivre ici. Je vivrais n'importe où sauf ici ! J'suis
écœuré de vos maudites règles sur le temps d'ordi, sur le ménage, sur
prendre de l'air, sur TOUT. (…) J'suis pus capable d'entendre mes frères
faire exprès pour m'écœurer. Ils sont contents quand ils me font perdre
patience pis après, quand je leur crie après, c'est moi qui me fait chicaner.
Tu n'vois pas, toi, comment ils m'ont poussé à bout. J'suis pus capable
de vos maudites conséquences de bébé. (…) Vous me traitez comme si
j'étais encore un enfant du primaire. J'ai le droit de rien. Tous mes amis
ont le droit de faire de l'ordi comme ils veulent ! Moi, je suis contrôlé sur
TOUT ! (…) Pis de toute façon, ça donnera rien de te dire tout ça, tu
vas m'écouter mais après y'a rien qui va changer. Tu vas me dire que tu
vas y penser avec papa, pis tu vas revenir en me disant que vous y avez
pensé et que vous avez décidé que ça ne changera pas. »

Si j'avais réagi spontanément, dès la première phrase, je
l'aurais invité à aller voir si c'était mieux ailleurs. Pendant
tout ce premier jet de frustrations, je me suis efforcée de
passer par-dessus tout ce qui ne correspondait pas à ma
vision des choses pour capter la sienne. Je n'y arrive pas
toujours. J'ai aussi retenu mes envies de justifier mes règles,
mes conséquences pour saisir comment, lui, les recevait.
Je n'y arrive pas toujours parfaitement non plus. Saisissant
que ce n'était pas le moment, j'ai réussi à ne pas lui montrer
tout de suite sa part de responsabilité dans la relation à ses
frères. Là non plus, je n'ai pas toujours le discernement et
la retenue nécessaires. Ni avec mes mots ni avec mon non-

verbal, je n'ai manifesté ma désapprobation face à ce qu'il disait. Je sais que c'est la raison pour laquelle l'abcès a pu crever. Cette fois-là, j'ai réussi à appliquer ce que Stephan Covey suggère en cas de situations conflictuelles dans son livre *Les 7 habitudes des familles épanouies*... : « Essayer de comprendre avant d'être compris. »

« T'en peux vraiment plus ! Tu vis beaucoup de colère, de l'injustice, tu ne te sens pas compris, tu ne te sens pas libre. Tu étouffes dans les règles, avec nous, avec tes frères et tu te sens impuissant à changer les choses ! C'est ça ? » C'était ça, j'avais bien compris. Très souvent, quand l'enfant se sent compris, la colère et la rage cèdent la place aux larmes. Le discours se poursuit par l'expression de la peine, de l'impuissance, de la déception. Parfois aussi, la colère a encore besoin de place et elle continue de sortir comme un ballon pas tout à fait dégonflé qui laisse échapper l'air qu'il contient toujours. Ce qui est clair, c'est **qu'une colère bien entendue finit toujours par diminuer en intensité. Si la colère persiste ou, pire, tourne en agressivité et en violence, soit nous croyons avoir bien écouté mais ce n'est pas le cas, soit notre enfant a besoin que nous l'aidions à canaliser sa colère pour qu'elle devienne créatrice pour lui et pour la relation.** Comment ? En lui posant des limites s'il y a manque de respect, en l'aidant à verbaliser ses besoins précis ou ses propres limites, en reconnaissant nos erreurs et en tenant compte de ce qu'il a exprimé.

La colère oui, la violence non !

Ne confondons pas écouter et laisser faire. Comme parent, nous avons à encadrer notre progéniture et l'écoute des émotions et des sentiments négatifs n'empêche pas l'encadrement.

La colère est une émotion. La violence est un acte. Si l'expression de la colère est bénéfique, la violence verbale ou physique envers soi-même, l'environnement et envers l'autre est destructrice et ne devrait jamais être acceptée. Aussi, mes fils peuvent dans l'intensité de leur colère me dire qu'ils sont « écœurés de mes maudites règles » mais jamais qu'ils sont « écœurés d'avoir une maudite folle comme mère ». Ils peuvent « détester leurs frères » mais jamais lever la main l'un sur l'autre. Quand l'expression de leur colère prend une tournure d'insulte ou de violence, il est essentiel d'intervenir avec fermeté. « *Non, pas comme ça. Pas d'insulte.* » Il est essentiel également d'insister pour que ce cadre d'expression soit respecté. Quand la violence verbale ou physique ne fait pas partie de nos propres habitudes, s'ils sentent que nous sommes véritablement à leur écoute et s'ils ne détectent aucun espace pour passer à côté de cette valeur fondamentale, les enfants sont capables de respecter ces limites. Ce n'est que par cette canalisation de leur colère qu'ils arriveront à la rendre créatrice, soit en exprimant les besoins ou les limites qui y sont sous-jacents.

La colère peut être créatrice

Ressentir de la colère n'est pas néfaste, contrairement à ce que certains peuvent penser. La colère nous indique que quelque chose ne nous convient pas, qu'un besoin relationnel reste insatisfait, que quelqu'un ne respecte pas nos limites ou que notre territoire physique ou psychique est envahi. Par contre, l'expression de notre colère peut vite devenir stérile si nous n'arrivons pas à l'accompagner de l'expression de ce que nous voudrions ou ne voudrions plus. Par exemple, quand mon fils me disait qu'il voulait vivre ailleurs, il me donnait une information bien imprécise de son insatisfaction. Quand il me parlait de son sentiment d'être contrôlé sur « tout », particulièrement sur les heures d'utilisation de l'ordinateur, c'était un peu moins flou. Mon rôle a été de lui demander ce qu'il aurait voulu de précis par rapport à ce sujet en particulier. Par rapport à ses frères, il a fallu que je l'aide à préciser exactement quelles limites ceux-ci transgressaient et quel soutien il attendait de moi. Cette étape est cruciale pour éviter que l'expression de la colère ne devienne une décharge émotionnelle contre les autres ou contre soi. Lorsque la colère mène vers l'affirmation de besoins, de désirs, de demandes ou de limites, elle devient alors autre chose qu'une crise de frustration improductive.

Pour que notre enfant se sente réellement entendu dans sa colère et ce qui en découle, il a besoin de voir l'effet qu'il a eu sur nous. Il s'avère donc essentiel que nous nous impliquions émotionnellement, que nous reconnaissions nos erreurs et que nous nous positionnions face à ses demandes.

Écouter avec le cœur

« Comprendre avant d'être compris » demande une capacité d'empathie. Pour ce faire, nous devons être aptes à nous mettre à la place de l'autre et à saisir du dedans ce qu'il peut ressentir. Si cette aptitude est essentielle en relation, elle est particulièrement utile quand l'autre vit de la colère face à nous ou à quelqu'un qui nous est cher. Cela nous demande de mettre en suspens, seulement pendant un instant, ce que nous ressentons, notre façon d'envisager la situation, nos propres besoins et nos limites face à ce qui nous a été demandé. Se montrer empathique à l'autre nous permet d'éprouver une réelle sensibilité pour ce qu'il ressent. Avec mon fils, j'ai été touchée par le fait qu'il se sentait pris dans les règles et dans nos limites, émue par son sentiment d'être celui qui était pris en défaut avec ses frères, sensible au fait qu'il ne se sentait pas traité selon son âge et également sensible à l'intensité de sa colère et à son impuissance. Je lui ai dit tout mon vécu avec sincérité. Je savais, pour l'avoir vécu, que la sensibilité authentique du parent apaise la douleur de l'enfant, en plus de favoriser le maintien du lien relationnel avec lui malgré le désaccord et le conflit.

S'excuser attire le respect

Nous avons beau être à l'écoute et sensible, si ce que notre enfant nous exprime ne fait aucune différence dans notre comportement face aux besoins et aux limites exprimés, il y a des risques pour que la frustration recommence à s'accumuler en lui et qu'une autre explosion se produise éventuellement. Imaginons par exemple que quelqu'un nous marche sur le pied à chaque 30 secondes, que nous lui exprimions notre douleur, qu'il soit sensible à nous, comprenne notre colère mais continue à nous marcher sur les pieds. À moins d'être complètement soumis et incapable d'affirmation, il est facile de prévoir notre réaction éventuelle, n'est-ce pas? Quand notre enfant nous exprime avec une telle intensité ce qui le contrarie, que son discours est plutôt cohérent, et surtout si la raison de sa colère est récurrente, il y a de fortes chances que nous devions remettre en question certains détails. Quoi? À nous de le juger. Ce n'est pas parce que mon fils, par exemple, me demande de n'imposer aucune limite sur le temps d'utilisation de l'ordinateur que je dois acquiescer à son désir s'il ne correspond pas à mes valeurs ou à mes limites. Par contre, dans ce cas, il était important pour moi d'écouter ce qu'il me disait, de découvrir mes torts et de me remettre en question.

« C'est vrai que je te chicane en premier quand tu perds patience avec tes frères. C'est vrai que je n'accepte jamais de changer les règles sur le temps d'ordinateur, même si ça fait vraiment plusieurs fois que tu me le demandes. C'est vrai que, comme je n'aime pas les jeux vidéos, je ne prends pas tes goûts au sérieux. C'est vrai que je prends un temps fou à te revenir quand tu me questionnes là-dessus, parce que je ne priorise jamais ce sujet de discussion avec ton père. Là-dessus, tu as raison et je m'excuse vraiment.»

Certains parents ont des réticences à reconnaître leurs erreurs et à s'en excuser auprès de leurs enfants parce qu'ils craignent de perdre leur autorité ou leur crédibilité. Mon expérience me démontre le contraire. Je ne m'excuse pas pour tout et pour rien chaque fois que j'ai été imparfaite ou que je ressens le moindre soupçon de culpabilité. Sinon, personnellement, je m'excuserais toutes les heures! Cependant, quand on me reproche quelque chose avec raison, quand j'ai manqué de cohérence entre ce que je prône et ce que je fais ou quand j'ai blessé quelqu'un sans le vouloir, je m'excuse tout le temps avec cœur. Jamais un seul de mes enfants ne s'est servi de cette partie de mon humanité pour me manipuler ou pour me culpabiliser. Jamais je ne les ai vus en abuser. Jamais je n'ai senti que je perdais du crédit à leurs yeux, au contraire. Je me sens respectée comme mère, comme autorité et comme humaine par mes cinq fils. Je vais même jusqu'à dire que ma capacité à me montrer avec discernement dans mes erreurs avec eux contribue à m'attirer leur respect.

Prendre position et s'engager

Pour aller au bout de notre écoute de leur colère et pour apaiser leur révolte, notre rôle consiste à prendre position par rapport à leurs besoins, à leurs désirs et à leurs limites exprimés. Prendre position ne signifie pas acquiescer à tout mais répondre : dire « oui », dire « non » ou dire « *je ne sais pas encore, j'ai besoin de réfléchir, d'en discuter avec ton autre parent* ». Ce qui importe, si vous décalez le moment de votre positionnement, c'est d'indiquer le moment exact où vous donnerez votre réponse et de respecter votre parole.

Quant à la décision face aux demandes de votre enfant, elle doit également se prendre en fonction de vos valeurs éducatives, de vos limites, de vos besoins. Certaines décisions sont faciles à prendre, d'autres sont plus difficiles. Pour moi, c'était facile de dire à mon fils qu'il pourrait compter sur mes interventions quand ses frères entreraient dans sa chambre sans sa permission. Toutefois mes réticences et mes peurs face au temps passé devant les écrans rendaient son autre demande plus complexe pour moi. J'ai dû prendre du recul pour trouver le moyen de tenir compte de ses désirs, de son âge, de ses goûts sans nier nos limites, sans aller à l'encontre de ce en quoi nous croyons. **Il n'existe aucune vérité, aucune bonne réponse, aucune décision sûre quand il s'agit de déterminer le moment de dire « oui » ou celui de dire « non ». Être parent, c'est se fier à son jugement, à son intuition, à ce en quoi on croit et en l'unicité de notre enfant.** Être un parent, c'est faire une série d'essais-erreurs et espérer avoir agi pour le mieux.

Cette fois-là, nous avons choisi de changer nos règles pour l'ordinateur, car nous avons jugé bon de le faire, sans accepter toutefois de ne mettre aucune limite. Je lui ai donné notre réponse dans les délais promis. Cependant tenir compte de l'autre de cette façon ne doit jamais se faire au détriment du respect de nous-mêmes. Et être empathique, sensible, à l'écoute et compréhensif ne signifie nullement s'oublier et ne pas exister en relation avec l'enfant en colère. Quelle est donc la place de notre vécu ?

Y a-t-il finalement une place pour soi ?

Comme je l'ai mentionné plus haut, le manque de respect par des insultes, de la violence verbale ou physique ne devrait jamais être toléré. Si notre enfant glisse dans un tel comportement, je crois que nous nous devons d'intervenir et d'exiger un changement d'attitude immédiatement. Si celui-ci ne vient pas, je ne crois pas que nous devions continuer à offrir l'écoute dont j'ai parlé depuis tout à l'heure avant de constater un changement dans la manière de s'exprimer de l'enfant ou de l'adolescent. Quand le manque de respect est récurrent dans votre communication avec lui, il convient de vous poser de bonnes questions. Vous accordez-vous assez de respect de vous-même pour que votre enfant vous en manque à ce point ? Manquez-vous de moyens pour vous affirmer dans vos limites ? Quand vous communiquez avec lui, lui manquez-vous de respect d'une manière quelconque ? Êtes-vous violent verbalement ? physiquement ? Tolérez-vous une certaine sorte d'irrespect entre les membres de la famille ? Au besoin, il peut s'avérer très bénéfique d'aller chercher de l'aide de spécialistes des relations humaines et de la communication, comme celle de Thérapeutes en relation d'aide[MD] par exemple.

Néanmoins il se peut que, sans que votre enfant vous ait manqué de respect, vous soyez blessé par ses paroles ou en colère d'être perçu de façon déformée. Il est important qu'il le sache et que vous le lui exprimiez. Il ne le devinera pas nécessairement tout seul. Bien que nous devions leur apprendre à s'affirmer, cela n'exclut pas que nous leur montrions à être sensible aux autres et responsable de l'effet de leur affirmation sur l'autre. « *Quand tu m'as dit que tu vivrais n'importe où ailleurs qu'ici, ça m'a percuté. J'imagine que c'est l'intensité qui t'a fait dire ça, mais ça m'a quand même fait mal d'entendre ça.* » Et savez-vous quoi ? À force de leur montrer que nous sommes capables de nous excuser quand nous avons mal agi, la plupart du temps, les enfants intègrent ce comportement et ils s'excusent aussi. À force de nous voir sensible à eux, ils apprennent naturellement à exprimer leur sensibilité à notre égard.

Plus nous arriverons, parents, à intégrer dans notre relation avec nos enfants, les composantes de la communication authentique et respectueuse, plus nous serons nourris en retour par leur capacité à suivre les exemples que nous leur auront donnés.

N'aie pas peur de l'orage ; il n'est pas dangereux !

L'intensité de la colère d'un enfant ou la rage que vit un adolescent peut nous effrayer au point que, comme parent, nous ayons envie de tempérer cette colère qui les habite. Pourtant, cette intensité de colère peut s'apparenter à une chaude journée humide. Quand l'atmosphère est lourde et collante, quand les nuages sont bas et noirs, rien de tel qu'une intense ondée de pluie ou un orage pour retrouver un milieu agréable et paisible, et ce, même si les éclairs et le tonnerre troublent momentanément la tranquillité. Il y a quelque chose de très libérateur dans l'orage, comme il y a quelque chose de libérateur dans l'expression bien canalisée de la colère, de la révolte, de la rage, du ressentiment, de la hargne.

Alors c'est à nous d'être rassurés et de manifester une présence solide face aux orages de nos enfants. La meilleure attitude à adopter est de rester là et de nous rappeler qu'après tout ira mieux et que le soleil se lèvera de nouveau entre nous et notre enfant.

Ma sœur m'a volé mes parents !
Intervenir face à la rivalité fraternelle

Bébé est arrivé, tout le monde est content, mais pas moi !

Parmi les moments les plus émouvants que j'ai vécus en tant que mère s'inscrivent les naissances de mes enfants. Quel plaisir de voir le ou les plus âgés s'attendrir devant le petit trésor qui vient de faire son entrée dans leur vie. Je ne pouvais pas imaginer plus grand bonheur. Alors vous imaginez ma surprise quand, quelques mois après la naissance d'un de mes enfants, j'ai aperçu son frère aîné de deux ans et demi qui sautait sur son ventre. À la question « Pourquoi as-tu fait ça à ton frère ? », il a répondu « Parce que je ne l'aime pas, moi ! ».

Seul sur une île déserte nommée Jalousie

Bien que tout puisse se passer comme un charme entre frères et sœurs, il ne faut pas être surpris que se vive une réaction de cette nature, et ce, quel que soit l'âge des aînés. Heureusement les réactions ne sont pas toujours aussi troublantes ; elles sont même très souvent beaucoup plus subtiles : enfant maussade, qui se remet à faire pipi au lit, qui refuse de quitter son parent d'un poil ou, au contraire, qui s'éloigne et se réfugie dans le silence, les insultes envers l'autre ou envers lui-même, l'autosabotage, le dénigrement, etc.

Comme parent, il est instinctif de mettre le focus sur le comportement dérangeant de l'enfant en oubliant que, sous cette réaction, se cache un sentiment désagréable à vivre pour lui, un sentiment qu'il gère mal, qu'il exprime mal : la jalousie. Ce sentiment cache souvent la peur de perdre sa place, de perdre l'amour, l'attention et le besoin viscéral et urgent d'être sécurisé affectivement. Bien évidemment, une action claire et ferme doit être posée par les parents pour arrêter les comportements d'agression de l'enfant envers le bébé, l'environnement ou lui-même. Néanmoins une telle intervention resterait tout à fait stérile si elle n'était pas complétée par les trois éléments suivants : une écoute et une reconnaissance acceptante du vécu désagréable de l'enfant, une aide à la conscientisation de meilleures façons de s'occuper de ses besoins affectifs et des actions de la part des parents pour le sécuriser.

Être disponible au vécu de notre enfant
Être en contact avec le nôtre

L'écoute et l'acceptation du monde émotif de l'enfant est certainement l'étape la plus difficile à réussir. Écouter puis reprocher, écouter puis humilier, écouter puis moraliser ou encore écouter puis banaliser l'émotion, ce n'est pas difficile. Mais se rendre disponible affectivement pour écouter le sentiment de jalousie de notre enfant sans le juger ou sans chercher à faire taire ce qu'il ressent, y demeurer sensible, être attentif à la peur de l'enfant de perdre sa place dans notre cœur, comprendre vraiment de l'intérieur son besoin d'amour plus que jamais, et tout cela avec un accueil sincère, c'est un art à développer.

Pourquoi est-ce si difficile ? Parce que, inévitablement, les émotions désagréables ressenties par nos enfants nous font vivre de l'inconfort. Pour réussir à écouter et à accepter véritablement la réalité émotionnelle de l'autre, nous devons passer par l'écoute et l'acceptation de notre propre vécu. Comme l'explique bien Colette Portelance dans son livre *Éduquer pour rendre heureux* : « *Il ne s'agit pas pour l'éducateur de savoir qu'il est vulnérable mais de ressentir sa vulnérabilité au moment précis où il la vit.* »

Non au comportement inadéquat, oui au ressenti

Cette étape de l'écoute et de l'acceptation est la plus importante. Premièrement elle permet au parent de faire la distinction entre le vécu de l'enfant qui est acceptable et le comportement défensif qui, lui, ne l'est pas. Dans l'exemple cité au début de ce texte, c'est le fait de sauter sur le bébé qui est inacceptable et non le fait que l'enfant n'aime pas son frère. Il ne doit y avoir aucune confusion pour l'enfant en ce qui concerne la source du mécontentement du parent, soit le comportement inacceptable.

Si l'enfant comprend que ce qu'il ressent, sa réalité intérieure (sa colère, sa haine momentanée pour l'autre, son envie qu'il n'existe pas, sa jalousie...) n'est pas acceptée par le parent, cela risque de renforcer sa peur de ne pas être aimé tel qu'il est. Par conséquent, son insécurité affective risque aussi de s'accroître et ainsi de jeter de l'huile sur le feu de son sentiment de jalousie. Il sera, en d'autres termes, confirmé dans le fait qu'il n'a pas sa place, qu'il n'a pas d'écoute, qu'il est incorrect et qu'il n'est pas aimé tel qu'il est par ses parents.

Deuxièmement cette étape d'écoute et d'acceptation déterminera la suite de l'aide précise que le parent pourra apporter à son enfant, car elle mettra en lumière les inquiétudes spécifiques de l'enfant ainsi que ses besoins.

Le ressenti mis en mots

L'enfant jaloux de toute l'attention que ses parents accordent à un frère ou à une sœur fera tout naturellement une association de ce genre : « *Si mon frère ou ma sœur n'était pas là, j'aurais toute l'attention.* » L'être humain a cette tendance naturelle à chercher la cause de ses malaises à l'extérieur de lui. Il perd ainsi son réel pouvoir de s'occuper de ses insatisfactions. Le parent doit donc aider son enfant à décoder ce qui se passe dans son « cœur d'enfant ».

À partir du moment où l'enfant sait ce qu'il ressent et qu'il a des mots pour l'exprimer, il sera plus facile pour lui de s'occuper de façon directe de son besoin d'attention ou d'amour, par exemple, en disant « *Je suis jaloux du bébé ; je voudrais que tu joues avec moi aussi* » ou « *J'ai peur que tu aimes ma sœur plus que moi ; est-ce que tu m'aimes aussi ?* » Si la réponse du parent est sincère, qu'elle vient du cœur, qu'elle ne comporte aucune condition, qu'elle est répétée au besoin, elle apaisera l'inquiétude de fond de son enfant.

Aimer dans le vrai sens du mot

Pour nourrir l'enfant sur le plan affectif, il ne s'agit pas de répondre à tous ses désirs, bien au contraire. Ce serait confondre désir et besoin. Tomber dans ce piège d'acheter un jouet chaque fois que l'enfant en manifeste le souhait ne le comblera pas au niveau du cœur et ne calmera pas son angoisse face à la présence d'un frère ou d'une sœur. S'empêcher de donner de l'attention à son rival en sa présence ne constitue pas une solution non plus. L'enfant jaloux a besoin de sentir qu'il a sa place malgré que l'autre l'ait aussi.

Sécuriser l'enfant affectivement, c'est être capable de lui témoigner de l'amour régulièrement, de le reconnaître pour ce qu'il est, non seulement pour ce qu'il fait, de l'accepter dans ce qu'il ressent sans le rejeter; c'est aussi prendre du temps de qualité pour être avec lui, pour écouter ce qu'il a à dire; c'est pouvoir lui exprimer ce que nous apprécions chez lui sans le comparer aux autres membres de la famille. Très souvent, nous cherchons à sécuriser l'enfant de la manière dont nous aimerions l'être ou comme nous pensons qu'il devrait se sécuriser. L'art de rassurer réside dans notre capacité de parent à décoder et à entendre vraiment comment se manifeste le besoin spécifique de notre enfant envers nous. Nous pouvons passer deux heures à jouer au basket-ball dans la rue en croyant que notre enfant se sentira aimé grâce à ce temps passé avec lui, alors que 10 minutes de chatouilles et de câlins combleront son besoin. Nous pouvons croire que de lui cuisiner son dessert préféré sera suffisant, alors que le fait de dessiner en vous représentant vous et lui et en ajoutant un mot d'amour sur le dessin pour qu'il le colle dans sa chambre le sécurisera vraiment.

Personnellement, étant enfant et adolescente, j'ai vécu beaucoup de jalousie envers un de mes frères qui prenait une place que j'enviais. Ce qui m'a le plus convaincue que ma mère m'aimait et continuait de me voir, de m'accorder de l'attention, c'est qu'elle m'a écoutée calmement dans ma haine, dans mon désir que mon frère disparaisse, dans ma colère intense sans jamais tenter de me faire changer de discours ou de vécu. La place qu'elle m'offrait pour exister avec elle, cet amour inconditionnel que je recevais, son acceptation de mon intensité et des émotions négatives avaient non seulement le pouvoir de calmer ma hargne envers mon rival mais aussi de me sécuriser affectivement chaque fois que ma jalousie refaisait surface. Maintenant que je suis mère, j'ignore comment elle a fait pour m'entendre parler de mon vécu face à l'un de ses fils. Néanmoins je garde toujours en tête ce modèle d'écoute sans jugement et son effet sur moi.

Accompagner pas à pas vers la réconciliation !

Existe-t-il plus émouvante scène que celle de voir nos enfants se témoigner de l'amour entre eux, s'encourager, vivre des moments de complicité, rire ensemble, s'entraider ? Aujourd'hui et depuis longtemps, mon rival d'antan n'en est plus un. D'ailleurs, le plus drôle, c'est que lui n'a jamais su que j'étais en rivalité avec lui ! Je l'aime très intensément et nos échanges profonds comme nos séances interminables de rire sont source de grands moments de bonheur dans ma vie.

Je crois que la meilleure façon d'assurer la répétition fréquente de ces moments heureux de relation entre nos enfants qui vivent parfois de la rivalité, c'est d'accepter que la relation se construise sur des bases affectives authentiques autant quand ça va mal que quand ça va bien. L'enfant jaloux souffre. Voir au-delà de ses gestes, arrêter fermement ses comportements inadéquats tout en se rendant disponible affectivement pour écouter ce qu'il ressent et lui apprendre à l'exprimer correctement, c'est lui permettre d'ouvrir la porte à la réconciliation.

La gestion des conflits répétitifs entre enfants

« Papa, Roxane ne veut pas sortir de ma chambre ! »
« Maman, Roxane m'a encore tiré les cheveux ! »

Qui est le coupable ?

Le premier réflexe d'un parent dans ce genre de situation sera sans doute de porter son attention sur Roxane et d'intervenir pour qu'elle change son comportement, et ce, avec raison. Toutefois si aucune intervention n'est faite à l'égard du frère de Roxane, la même situation se reproduira demain et après-demain, car les deux enfants sont dans un système relationnel et chacun d'eux a sa responsabilité dans leurs conflits. Le défi du parent est de discerner la part de l'un et celle de l'autre afin de les aider tous les deux à se sortir de ce système insatisfaisant.

Qu'est-ce qu'un système relationnel ?

Un système relationnel se définit comme une dynamique relationnelle qui s'installe et se déclenche de façon inconsciente et répétitive entre deux personnes ou plus et qui mène inévitablement à l'insatisfaction des besoins affectifs de chaque individu prisonnier du système. C'est le cas, par exemple, lorsqu'un individu ressent une émotion désagréable, un manque ou une insatisfaction qu'il n'écoute pas suffisamment et que ce malaise s'extériorise par un comportement défensif ou agressif plutôt que par l'expression du malaise. Ce comportement défensif déclenche à son tour chez l'autre personne, une émotion, un manque, une peur ou une insatisfaction qui, s'ils ne sont pas reconnus, seront également extériorisés par une réaction défensive complémentaire.

Il en résulte que les comportements de défense de chacun des membres pris dans le système se nourrissent mutuellement et s'entretiennent, maintenant les personnes impliquées dans l'insatisfaction, voire dans le conflit.

Dans *Relation d'aide et amour de soi*, Colette Portelance décrit plusieurs systèmes de relations et ils sont susceptibles de s'installer de manière plus ou moins subtile entre les membres de la famille. Le système du bourreau et de la victime est certainement le plus évident à reconnaître entre deux enfants.

Le grand méchant loup et le pauvre petit agneau

On reconnaît le bourreau très facilement par les divers comportements qu'il adopte dans le but de faire peur « à ses proies ». Il s'assure de son pouvoir par ses excès de colère, ses agressions verbales ou physiques, son rejet et son mépris envers les autres, ses attitudes de domination. Ces comportements lui donnent le sentiment éphémère qu'il est digne d'exister. En fait, sous cette artillerie de réactions de répression se cache une hypersensibilité, faite principalement d'une peur de rejet et d'un manque d'amour pour l'être sensible qu'il est. Bien que rien ne porte à le croire, le « bourreau » a généralement été rejeté de façon répétitive dans sa sensibilité ou a été rendu responsable des maux et/ou des problèmes d'une personne significative pour lui. Tout cela a blessé son estime de lui-même. Alors, il rejette avant d'être rejeté et culpabilisé, et il se durcit en pensant que son insensibilité apparente lui procurera de l'amour, de l'attention et le droit à l'existence. Malheureusement pour lui, ses comportements, loin de lui attirer l'amour dont il a tellement besoin, le confronte le plus souvent à ce qu'il cherche tant à éviter : le rejet ou les reproches. À la maison ou à l'école, l'enfant bourreau est souvent puni pour son manque de respect des autres. Son fonctionnement est parfaitement complémentaire à celui des victimes, qui, elles, ont besoin d'un grand méchant loup pour se plaindre, pour assouvir leur soif d'apitoiement sur leur sort.

Si le propre du bourreau est la dureté, le propre de la victime est de faire pitié pour attirer l'attention, l'écoute, l'empathie et l'amour. À la recherche des mêmes nourritures affectives que le bourreau, la victime utilise des armes moins répréhensibles que lui mais tout aussi puissantes, soient : les plaintes, les reproches, la culpabilisation, la bouderie, la soumission et la recherche de sauveurs avec lesquels elle pourra comploter contre son méchant loup. Contrairement au bourreau qui attire l'antipathie, la victime, dans un premier temps, attire la sympathie, car elle se présente toujours dans une position de faiblesse de laquelle elle ne peut pas sortir par elle-même. La personne victime a très peu confiance en elle, car elle est habituée de façon répétée à être prise en charge et surprotégée. Face à une frustration ou à une insatisfaction relationnelle, la victime a généralement eu un sauveur pour lui enlever le déclencheur de sa souffrance. Cela l'a amenée à croire que c'est le monde extérieur qui peut lui amener le bien-être. Elle n'a donc pas développé la capacité à affirmer ses limites, à protéger son territoire physique et psychologique, à s'occuper de ses besoins. C'est une personne en attente que l'autre change ou devine ses désirs. C'est l'enfant qui se fera enlever ses jouets ou se fera attribuer le mauvais rôle dans les jeux parce que les autres sont méchants ! C'est l'adolescent qui a de mauvais résultats scolaires à cause de l'incompétence de ses enseignants !

Les cris et les reproches de la victime (seuls moyens qu'elle connaît pour exister quand ça va mal) atteignent donc la blessure du bourreau qui, lui, ne voulant pas se montrer sensible, se durcit davantage et «attaque» sa victime de nouveau. Peut-être connaissez-vous ce cercle infernal. Voici un exemple pour illustrer comment il peut se manifester dans une relation entre deux enfants.

Jacob joue tranquillement dans sa chambre avec le jeu électronique. Sa sœur Véronique arrive et lui demande de le lui prêter. Jacob refuse en ne levant même pas les yeux et Véronique, frustrée, se met à le pousser et à le menacer.

« Donne-moi ton jeu, ça fait trois heures que tu joues avec. Je vais le dire à maman que tu joues en cachette à ton jeu. »
Jacob répond par ses cris et ses plaintes habituelles :
« Maman, Véronique m'a tordu le bras et elle essaie de me voler mon jeu.
— Arrête, petit pleurnichard. T'es même pas capable de régler tes affaires sans ta petite maman. Bébé.
— Aille ! Tu me fais mal ! Maman ! (Alors que Véronique ne le touche plus).
— Arrête de crier ou je casse ta belle lampe des Canadiens ! »

Cet exemple, qui doit sembler familier à certains d'entre vous, montre bien comment l'ignorance puis les plaintes de Jacob alimentent l'attitude de bourreau de Véronique et comment les menaces et le dénigrement de celle-ci augmentent l'attitude de victime de Jacob. Si la maman monte et n'intervient qu'en faisant assumer une conséquence à Véronique en lui reprochant d'avoir fait mal à son frère, Jacob comprendra qu'il peut continuer son manège et Véronique sera confortée dans son sentiment de ne pas être importante, aimée et comprise par sa mère. La fois d'après, elle recommencera. Au contraire, si la maman intervient en ordonnant à Jacob d'arrêter de crier comme un bébé et de prêter son jeu à sa sœur, cela accentuera sa perception de victime et fera comprendre à sa sœur qu'elle peut obtenir ce qu'elle veut en mettant de la pression. Dès que nous nous plaçons en juge, nous augmentons le système relationnel dysfonctionnel. Comment intervenir si nous ne pouvons pas prendre parti ?

Le parent ne doit pas se placer en juge

Pour désamorcer un système relationnel entre deux enfants, il faut éviter de prendre parti pour un ou pour l'autre. Agir en juge en pointant un coupable puis en prononçant sa sentence entretient le comportement du bourreau (il se sent coupable donc il attaque) et celui de la victime (elle a porté plainte et a été sauvée). Évidemment nous devons intervenir quand une règle familiale fondamentale n'a pas été respectée. Par exemple, un coup a été donné, il est important de faire assumer la conséquence qui est prévue dans ce cas, mais cela ne doit pas s'arrêter là. Il faut aider les enfants à trouver une façon de communiquer autrement quand un désaccord ou une frustration survient dans leur relation. Pour ce faire, il est fondamental de voir clair dans la responsabilité des deux enfants.

Montrer à chacun sa part de responsabilité dans le conflit

Intervenir pour que le système relationnel se dénoue, c'est pouvoir montrer à notre petit bourreau comment exprimer son mécontentement, ses désirs et ses besoins par des mots clairs plutôt que par des agressions. C'est également apprendre à notre petite victime à s'affirmer efficacement quand elle est mécontente ou qu'on lui manque de respect au lieu de se plaindre, d'accuser et de hurler dans le but de s'attirer un sauveur. Vous pouvez même reprendre la scène avec eux en leur demandant d'exprimer correctement ce qu'ils ont à dire. Les enfants ont besoin que nous leur montrions comment agir. Des phrases telles que « *arrête d'attaquer quand tu parles* » ou « *affirme-toi sans te plaindre* » manquent de clarté pour eux au début. Ils ont besoin d'exemples. Indiquez à l'enfant comment il peut formuler ses phrases et sur quel ton. Dites par exemple : « *Au lieu de dire "C'est chien, tu veux jamais rien me prêter; passe-moi ton jeu ou sinon, je casse ta lampe.", dis plutôt "Ça me fâche que tu me dises souvent non. J'aimerais vraiment que tu me prêtes ton jeu s'il te plaît."* » Ou : « *Au lieu de dire "AAHHHHH! Elle veut me prendre mon jeu et briser ma lampe", dis-lui* (montrez avec quel ton) : *"Non, je ne veux pas te le prêter. Je joue avec en ce moment. Et je ne veux pas que tu touches à ma lampe."* »

Montrer la responsabilité, c'est également leur faire voir l'effet de leur comportement sur l'amplification du comportement de l'autre. Au bourreau, nous dirons que plus il attaque, plus l'autre crie, et plus lui se fait chicaner. Avec la victime nous insisterons sur le fait que plus elle se plaint et crie, plus l'autre a envie d'être « méchant » avec elle parce que cela l'attise comme de l'huile sur le feu.

Intervenir auprès d'un seul des deux enfants en jouant un rôle de juge, c'est activer la roue infernale dans laquelle ils sont prisonniers. Travailler à transformer le comportement des deux enfants est la seule voie possible pour briser le cycle de cet engrenage.

Favoriser la communication et leur laisser trouver une solution

Évidemment il est rare que la dispute se termine là. Le premier continue à vouloir le jeu et l'autre continue à refuser de le lui prêter. Souvent, notre réflexe est de choisir nous-mêmes une solution à leur conflit. Avouons-le, notre idée respectera peut-être les valeurs familiales, mais elle aura surtout pour but de calmer le conflit le plus rapidement possible ! Si nous savons que le fait d'insister pour que l'enfant prête son jouet nous fera retrouver le calme plus vite, nous choisirons donc celle-là. Si c'est plutôt le fait de prendre parti pour la victime et de priver le bourreau du jeu qui apportera la paix, nous choisirons cette solution-là. Tout cela dépend de notre tempérament, de celui de nos enfants et des dynamiques installées dans notre famille. Dans ce cas, quelle que soit notre prise de position, elle ne favorise en rien l'autonomie de nos enfants face à leur conflit. Il est souhaitable de les installer près de vous et de les inviter à se parler, jusqu'à ce qu'ils trouvent une solution à leur conflit pour que les deux soient satisfaits de l'issue. Au début, les enfants ont besoin de vous pour apprendre à le faire, mais très vite ils pourront le faire tout seuls. Faites-leur confiance, vaquez à vos occupations et n'intervenez que si vous voyez qu'un des deux prend du pouvoir sur l'autre et que l'autre se laisse faire ou encore que si une valeur familiale clairement établie n'est pas respectée (par exemple, pas d'insultes, pas de violence). Tolérez que le ton monte tant qu'il y a respect. Et n'acceptez pas qu'ils quittent leur lieu de négociation tant qu'ils ne sont pas allés au bout. Habituellement chacun veut aller vaquer à ses activités et ils collaborent assez bien pour trouver un terrain d'entente.

Évidemment il arrive qu'un des deux enfants ait comme tactique de ne pas collaborer, de dire « non » à toutes les idées proposées par l'autre, de bouder ou autre. Je vous propose de mettre un cadre clair qui insiste pour que les deux enfants jouent franc jeu et ne soient pas de mauvaise foi en adoptant ce genre de comportement. La conséquence de cette attitude pourrait être que, puisque l'un d'eux ne collabore pas, l'autre aura le choix de la solution finale, qui sera, s'il le veut, pleinement à son avantage. Par exemple, si la victime de notre exemple décidait de ne pas collaborer et de dire « non » à toutes les solutions de notre bourreau, ce dernier pourra décider qu'il la laisse jouer 30 minutes et qu'elle lui prête son jeu pendant une demi-heure. Encore là, vous aurez votre mot à dire si la solution est complètement illogique et ressemble à « tu me donnes ton jeu pour la vie ».

Comme je le mentionnais en début de chapitre, une de nos responsabilités de parent est de discipliner nos enfants afin de les aider à intégrer des comportements sains en relation avec les autres et qui mènent à la satisfaction. S'il est vrai que nous nous passerions bien des conflits entre enfants parce qu'ils brisent le calme quotidien, il ne faut pas sous-estimer l'occasion en or qu'ils nous offrent de les aider à corriger leurs travers et à acquérir des compétences relationnelles dès leur jeune âge. Qu'ils soient prisonniers d'un système relationnel de bourreau/victime, d'inférieur/supérieur, de juge/coupable, de sauveur/protégé, de dominateur/dominé ou autre, investir du temps auprès d'eux pour leur donner des nouveaux points de repère et qu'ils puissent s'affirmer en relation, n'est-ce pas un cadeau inestimable à leur offrir ?

Conclusion du chapitre 3

Aimer et comprendre ne suffisent pas pour s'attirer le respect de nos enfants et de nos adolescents. Notre rôle d'éducateur en est un d'autorité et comporte un aspect qui ne doit jamais être négligé, celui d'encadrer et de discipliner avec fermeté et impact.

Régulièrement je côtoie des parents qui craignent de brimer leurs enfants et de perdre leur belle relation avec eux s'ils leur imposent des limites ou les frustrent trop souvent. Je réponds d'abord à cela en distinguant « brimer » et « frustrer ». Nous ne brimons pas un enfant quand nous l'empêchons d'être impoli, quand nous lui imposons une heure de coucher, quand nous insistons pour qu'il travaille à l'école ou quand nous refusons qu'il hurle de mécontentement. Nous ne brimons pas un enfant quand nous l'envoyons réfléchir à la suite d'un comportement inacceptable, que nous le privons de télévision ou d'ordinateur s'il n'a pas accompli ses tâches, que nous ne retournons pas dans sa chambre quand il nous appelle chaque soir après le coucher, ou autre chose de ce genre. Nous le dérangeons. Nous le frustrons. Nous ne le brimons pas.

Brimer, c'est omettre de combler ses besoins physiques et affectifs fondamentaux de façon répétée. Brimer, c'est donc l'empêcher sans arrêt de s'affirmer, de créer ; c'est ne pas l'écouter, ne pas l'aimer, ne pas l'accepter tel qu'il est, ne pas le reconnaître ni le valoriser, ne pas le sécuriser. Brimer, c'est ne pas lui apporter les soins physiques nécessaires ; c'est le maltraiter physiquement et psychologiquement en utilisant la violence physique ou verbale. Je n'encouragerai jamais personne à brimer son enfant ni son adolescent. Cependant, pour répondre au besoin de sécurité de l'enfant, à son besoin d'être canalisé pour faire valoir son plein potentiel et qu'il gagne en estime de lui ; même pour qu'il apprenne à bien fonctionner en relation et en société, je crois fermement à l'encadrement et à la discipline tels que je les ai décrits dans ce chapitre.

À tous ceux qui ont peur de perdre l'amour et la relation avec leurs enfants, je rappelle également qu'une relation d'amour se construit dans le temps, l'amour étant un sentiment ; et qu'une relation se détruit dans le temps seulement et non avec un seul événement. Aussi, je ne connais personne qui soit bien et épanoui dans une relation d'amour où il n'y a pas de respect : ni les couples, ni les parents, ni les enfants. **Pour que la relation soit satisfaisante, le respect doit y régner en plein cœur.** Aussi, pour vivre les relations d'amour tant souhaitées avec nos enfants et qu'elles durent dans le temps, leur apprendre à nous respecter s'avère fondamental. Parfois nous devons accepter de perdre ponctuellement des moments harmonieux pour faire régner ce respect. Sans quoi, à force de trop peu d'interventions d'encadrement, non seulement nous perdrons nos moments harmonieux mais également, à petit feu, le respect de nos jeunes. Finalement nous nous rendons compte que nous n'avons pas établi de discipline pour éviter de perdre l'amour et le respect, mais que nous avons perdu l'amour et le respect parce que nous n'avons pas établi de discipline. Il faut alors reprendre ce que nous avons négligé plus tôt pour récupérer la relation.

Si, malgré toutes vos connaissances sur le sujet, vous avez encore de la difficulté à vous assumer pleinement en tant qu'autorité avec vos jeunes, posez-vous une seule question : « Est-ce que je me respecte assez moi-même pour aller au bout et me faire respecter par mes enfants ou par mes adolescents... ou non ? » En effet, notre capacité à faire respecter nos valeurs, nos limites, nos besoins, nos règles, nos échéances, nos routines prend sa force dans le respect que nous nous accordons à nous-mêmes. Sans lui, toutes les occasions seront bonnes pour ramollir, pour faire passer l'autre avant nous, pour s'oublier, pour céder, pour faire semblant de ne rien voir,... pour accepter le manque de respect.

Inspirer le respect passe donc inévitablement par se respecter soi-même. Cela nécessite également un travail continu sur soi et une remise en question afin de représenter pour nos jeunes des modèles cohérents en constante évolution.

Chapitre 4

Inspirer le respect en étant un modèle cohérent et en évolution

« Nous attacher à notre propre rééducation
est beaucoup plus utile que nous faire du souci
pour le bien-être futur
et la sécurité de notre enfant. »

KRISHNAMURTI

Nos enfants nous regardent

Pour être crédibles comme autorité aux yeux de nos enfants et de nos adolescents, nous devons être des modèles cohérents. Comment accorder du respect à quelqu'un qui nous demande de ne pas mentir alors qu'il nous ment, qui insiste pour que nous nous excusions et reconnaissions nos torts alors qu'il n'arrive pas à le faire lui-même, qui veut que nous parlions avec politesse et tact mais nous le demande en criant, qui nous talonne pour que nous transformions nos comportements inacceptables alors que lui ne travaille jamais sur lui-même ? **Sans nous demander la perfection, nous devons toutefois être conscients qu'une des plus importantes conditions pour s'attirer le respect de nos jeunes est de prêcher par l'exemple et de travailler toujours à notre propre évolution.** Nos enfants sont de fins imitateurs. Ils apprennent à partir de ce qu'ils voient de nous bien plus qu'à partir de ce que nous leur disons.

J'en ai personnellement la preuve très souvent. Pour ne citer qu'un exemple, je peux vous raconter combien un jour, en vacances, j'ai été frappée par le ton impatient que mes enfants employaient entre eux. Leurs haussements de sourcils accompagnaient leurs soupirs au moindre accrochage. Il me semblait même qu'ils s'acharnaient continuellement à déceler un reproche à adresser à un autre, comme s'ils trouvaient du soulagement à rejeter la faute ailleurs que sur eux-mêmes. J'avais beau intervenir, répéter, leur faire assumer des conséquences pour leur manque de respect, ils reprenaient de plus belle une demi-journée plus tard.

Leur comportement m'était devenu assez désagréable et mes interventions définitivement trop stériles pour que je prenne la décision d'analyser ce qui clochait. Étais-je trop molle, trop sévère, injuste ? Je revoyais mes interventions et rien de tout cela ne m'apparaissait être la source de ce problème récurrent. C'est lorsque j'ai cherché du côté de mon propre comportement que la réponse m'est apparue clairement. Au cours de l'une de leurs altercations, quelle qu'en soit la raison ou l'intensité, je me précipitais pour accabler de reproches celui ou ceux qui se trouvaient à l'origine du désaccord ou de la querelle. Je haussais les sourcils, je soupirais de plus en plus fort à chaque explication et à chaque justification, et j'éprouvais un soulagement à intervenir, à répéter et à reprocher.

Cette image de moi ne m'a pas réjouie, croyez-moi. Sur le coup, je n'ai pas eu envie de raconter ma trouvaille à personne. J'ai eu plutôt tendance à me juger. Cependant j'étais en même temps convaincue que je possédais la clé qui me manquait. J'ai vécu la suite des vacances en choisissant les moments où je devais laisser les enfants se débrouiller seuls dans leurs altercations et ceux pour lesquels il serait préférable que j'intervienne. Lorsque je choisissais de m'impliquer, je prenais quatre respirations et je tournais la langue dans ma bouche avant de me pointer sur le lieu du drame pour poser une action choisie au lieu d'exploser en réaction de jugement et d'impatience.

Chaque fois, je suis fascinée par la vitesse avec laquelle les comportements des enfants se transforment. Prisonniers eux-mêmes dans leurs réactions défensives qu'ils reproduisent par imitation, ils deviennent des éponges aussi réceptives quand ils ont sous les yeux un modèle qui leur propose des façons de s'affirmer dans le respect.

Quand un enfant adopte un comportement à transformer, une attitude à modifier ou qu'il rencontre un problème récurrent, le réflexe légitime de plusieurs parents est de chercher une façon d'intervenir pour provoquer un changement chez l'enfant. Commence alors pour le parent, qui se veut proactif dans la mise en place de solutions, une recherche de ressources : livres, rencontres avec des spécialistes, échanges avec des parents expérimentés, mise en place d'interventions, etc. Toutes ces démarches me semblent tout à fait pertinentes et très souvent aidantes. Cependant je crois qu'elles devraient être entreprises seulement après que la ressource la plus accessible et la plus efficace a été utilisée : le regard sur soi.

Loin de moi l'idée de croire ou de faire croire que nous, parents, sommes les seuls responsables de ce que sont et font nos enfants. L'idée de notre surpuissance à la base de cette certitude et du pouvoir que nous pourrions prendre sur eux me fait frissonner. Loin de moi également l'idée que nos enfants n'ont aucune responsabilité dans la création de ce qu'ils sont. Leur unicité et leurs différences si évidentes font foi de leur part de responsabilité dans la création de leur vie. Toutefois, sans nier cette responsabilité, nous ne pouvons pas faire fi de l'influence de l'environnement et de l'entourage sur leurs comportements. En tant que parents, dans la majorité des cas, nous jouons le premier rôle. C'est pourquoi le regard que nous portons sur nous-mêmes peut nous aider à découvrir à quoi réagissent nos enfants par rapport à ce que nous sommes et lesquels de nos comportements ils imitent.

Les enfants reproduisent ce qu'ils voient

L'influence des camarades d'école sur nos fils et nos filles apparaît évidente. Tout parent d'enfants d'âge scolaire a remarqué que les jeunes rapportent de l'école des attitudes empruntées à leurs amis. De plus, quel père ou quelle mère n'a pas observé chez l'un ou l'autre de ses enfants le comportement de son conjoint ou de sa conjointe ? Il est tellement plus facile de responsabiliser les autres quand l'attitude de nos enfants nous dérange. Par contre, il est plutôt flatteur d'accepter que notre jeune nous imite quand il s'agit de nos qualités. Reconnaître que notre enfant est parfois négatif et agressif, « petit boss » ou nonchalant comme nous, cela fait grincer des dents. Nous préférons chercher dans les livres ou n'importe où à l'extérieur de nous pour trouver le moyen de travailler « sur lui », pour le changer plutôt que de nous remettre en question.

Un parent peut posséder les meilleures connaissances du monde sur l'éducation des enfants, il n'obtiendra aucun résultat valable si ses actions contredisent ce qu'il prêche. Ses efforts obtiendront alors le même résultat que s'il pédale sur un vélo dont la chaîne est décrochée. Alors la prochaine fois que nous aurons envie d'exploser parce que nos deux moineaux n'arrêtent pas de se chamailler, de se blâmer mutuellement et de crier l'un contre l'autre, prenons le temps d'observer nos agissements devant leurs disputes répétées. Crions-nous ? Les blâmons-nous ? Quand nous sommes en désaccord avec notre conjoint, par exemple, comment réglons-nous nos conflits ? Il y a de fortes chances que des points communs existent entre les attitudes de nos enfants et les nôtres. Si c'est le cas, c'est merveilleux, car, mis à part, bien sûr, le petit coup donné à notre orgueil, cela signifie que la solution est à portée de main. Nous n'avons aucune autre intervention à effectuer que celle de travailler sur nous-mêmes et de changer notre façon de nous exprimer lorsque nous sommes en désaccord ou lorsque nous sommes dérangés par eux. Qu'il s'agisse de nos mésententes avec nos enfants ou avec les autres membres de la famille ou encore que ce soit celles que nous racontons, au souper, quand nous expliquons devant eux comment nous avons interagi avec un collègue lors d'une situation difficile, nos attitudes et nos comportements ont une influence directe sur nos fils et nos filles. Souvent leurs agissements ne sont que le résultat de l'apprentissage qu'ils font par imitation. Ils réagissent en reproduisant ce que nous sommes avec eux.

Les enfants réagissent à nous

Notre vie relationnelle est composée de l'ensemble de nos actions, de nos gestes, de nos paroles, de nos attitudes à l'égard des autres et de l'ensemble des réponses de ceux-ci à nos agissements. Devant les réactions des autres, nous réagissons à notre tour, ce qui crée un mouvement incessant d'actions/réactions qui se présente comme une vague, laquelle provoque une deuxième vague, qui en provoque une troisième, etc. Quand nous regardons la mer, il nous est impossible de savoir quelle vague a commencé le mouvement en premier. D'ailleurs, identifier cette vague serait inutile. **De la même façon, dans une relation, l'important n'est pas de savoir qui a provoqué la première vague, mais plutôt d'être conscients de ce que nous déclenchons chez l'autre. Seule cette prise de conscience nous donnera le pouvoir de modifier nos comportements quand cela s'avèrera nécessaire.**

Dans la relation parent/enfant, c'est au parent que revient la responsabilité de travailler à prendre conscience des mouvements de la vague qu'il crée chez ses enfants pour pouvoir les modifier s'il y a lieu. Ainsi, un parent qui devient, par exemple, méprisant face aux erreurs de son fils ou de sa fille, ou qui rabaisse son enfant quand il vit une difficulté peut favoriser le développement chez celui-ci d'une incapacité à se montrer dans l'erreur. Pour se protéger contre l'humiliation et pour éviter d'être vu dans ses faiblesses, le jeune peut mentir. Il peut aussi se vanter dans le but inconscient de rehausser son estime personnelle. Dans un cas semblable, le réflexe premier du parent est souvent d'essayer de travailler à changer les comportements défensifs de son enfant sans se préoccuper d'en comprendre la cause. En agissant ainsi, il ne fait qu'amplifier les comportements non souhaités et l'enfant continue de se protéger par des comportements répréhensibles pour éviter de se sentir méprisé ou dévalorisé.

Pour illustrer davantage ce que je veux dire, voici l'exemple de Sylvie et de sa fille Victoria. Quand Sylvie est venue me voir en thérapie, elle vivait le deuil de la relation d'antan avec sa fille de 13 ans, qu'elle désirait désespérément retrouver. Autrefois, me racontait-elle, Vic, comme elle la surnommait tendrement, lui confiait facilement tout de ce qu'elle vivait : ses conflits entre amies, ses coups de cœur pour les garçons, ses découragements face à ses notes d'examens, ses intérêts pour les arts. Elle posait des questions à sa mère, lui demandait conseil, la consultait pour des choix à faire. Cependant, lorsqu'elle était arrivée en 6e année du primaire, Victoria avait soudainement changé. Devenue distante, elle restait évasive face aux questions posées, montrait de l'impatience quand Sylvie s'intéressait à elle, rejetait même toute tentative de rapprochement de la part de sa mère. Cette dernière était anéantie, sa fille représentant ce qu'elle avait de plus précieux au monde. J'étais très touchée par l'amour de Sylvie pour sa fille, par son souci sincère de vouloir la supporter dans son passage vers l'adolescence. Elle se dévouait entièrement à son rôle de mère de cette fille unique, tant espérée. Perdre le lien si distinctif qui les unissait était inimaginable pour elle. Aussi, utilisait-elle tous les moyens pour le rétablir. Elle avait tenté de parler à Victoria de son comportement, mais celle-ci avait pratiquement ignoré sa mère. Sylvie ressentait beaucoup d'impuissance et était au bord du désespoir.

Quand je l'ai rencontrée, elle m'a d'abord exprimé sa peine et son impuissance. Puis elle m'a fait part de tous les reproches qu'elle avait à adresser aux amis de sa fille qui l'avaient certainement influencée, à la société d'aujourd'hui qui ne favorisait plus le respect des enfants pour leurs parents, au père de Victoria de qui elle était séparée et qui était lui-même un être rejetant et indifférent aux autres, etc. Selon ses dires et en toute bonne foi, elle-même ne voyait pas en quoi elle pouvait se blâmer. Effectivement, à première vue, on ne pouvait qu'admirer ses belles intentions à l'égard de sa jeune adolescente et reconnaître sa qualité de présence, sa bienveillance, son désir de l'écouter, son amour inconditionnel, sa générosité et sa disponibilité.

Comme mon métier m'a appris que la responsabilité de quelqu'un dans un problème relationnel se situe bien ailleurs que dans ses intentions, j'ai demandé à Sylvie de me donner des exemples précis de la façon dont elle écoutait sa fille, de la manière dont elle était bienveillante avec elle, des actions qu'elle posait pour la soutenir dans son passage vers l'adolescence. La première chose que j'ai pu observer, c'est que Sylvie n'écoutait pas réellement sa fille, car, dès qu'elle le pouvait, elle lui donnait un conseil que Victoria ne lui avait pas demandé. Par exemple, alors que sa fille était déprimée parce que sa meilleure amie l'avait trahie en dévoilant un de ses secrets, Sylvie lui avait recommandé de ne plus jamais faire confiance à cette fille. Puis, en passant, elle n'avait pas manqué de dénigrer l'amie en question, tout cela, dans le but louable d'éviter d'autres souffrances du genre à sa fille. Aussi, selon Sylvie, un exemple de bienveillance avait été d'écrire à l'enseignante de musique de sa fille, sans lui en parler, pour lui confier que Victoria espérait ardemment décrocher le premier rôle de la comédie musicale de fin d'année mais que jamais elle n'aurait le courage de le demander. Quand Victoria l'avait appris, elle avait gardé le silence complet avec sa mère pendant une semaine. Puis, pour la soutenir dans son passage vers l'adolescence, Sylvie insistait pour inscrire sa fille dans un cours d'autodéfense pour qu'elle se sente en sécurité.

En réalité, Sylvie était envahissante avec sa fille, empiétant sans cesse dans son territoire relationnel (face à la trahison de l'amie et avec l'enseignante), s'ingérant dans son territoire psychique (par ses conseils, la prise en charge de son goût d'avoir le premier rôle et en décidant qu'elle avait besoin d'être sécurisée par des cours d'autodéfense), la trahissant (par le dévoilement de la confidence concernant le premier rôle désiré). L'amour, la bienveillance et le souci d'aider et de protéger de Sylvie se déployaient de bien mauvaise façon, tout à fait inconsciemment. Tant que Victoria avait été plus jeune, ces fonctionnements d'envahissement et de surprotection ne l'avaient pas fait réagir. Par contre, maintenant qu'elle se trouvait au seuil de l'adolescence, elle s'en sentait fort probablement prisonnière et n'avait trouvé que le rejet, l'ignorance et l'éloignement pour se libérer intérieurement. Sylvie s'attirait inconsciemment les réactions de sa fille.

Elle a eu un choc quand je lui ai montré son fonctionnement d'envahisseur. Elle se voyait protectrice et était convaincue que, puisqu'elle agissait par amour, elle était sur la bonne voie. Elle a dû non seulement remettre en question son mode de fonctionnement avec sa fille, mais accepter de ressentir toute la souffrance que lui faisaient vivre les expériences douloureuses que son trésor traversait. Elle a eu à apprendre à vivre l'insécurité profonde qui s'éveillait en elle face à la période de l'adolescence qu'elle appréhendait (peur qu'elle se laisse influencer négativement par des amis, peur qu'elle se fasse attaquer, peur qu'elle soit trop timide pour exprimer ses désirs, etc.). Elle a dû réapprendre à être présente sans envahir, à écouter sans donner de conseils non sollicités, à faire confiance aux ressources de sa fille sans la prendre en charge. Dans ce cas-ci, il a fallu à Sylvie plusieurs mois de travail sur elle avant que sa relation avec Victoria ne commence à s'améliorer.

Dans des cas comme ceux-là, pour obtenir des résultats satisfaisants, les parents ont avantage à observer ce qu'ils provoquent chez leurs enfants. Ils pourraient ainsi transformer le mépris par l'encadrement et par une aide appropriée à leurs besoins ou remplacer l'envahissement par une présence adéquate exempte de prise en charge. **Cela dit, il ne faut pas s'attendre à ce qu'une seule vague propulsée dans une nouvelle direction produise des effets immédiats sur les réactions des enfants. Cependant il est fondamental de se rappeler que c'est la répétition de ces**

nouvelles attitudes qui entraîne une transformation chez nos jeunes. Avec la constance, les changements se produisent beaucoup plus rapidement que par les efforts stériles que nous déployons pour changer leurs réactions et leurs comportements.

Nul besoin d'être parfaits pour être de bons parents, bien au contraire. Imaginez comment nos enfants réagiraient face à des êtres parfaits devant eux. Où trouveraient-ils le droit d'être imparfaits ? **La plus grande qualité d'un bon parent n'est pas la perfection, mais l'humilité et l'ouverture à porter un regard sincère sur lui-même et à se remettre en question.** Ce regard ne donne pas toutes les réponses instantanément, mais il met, sans aucun doute, entre les mains des pères et des mères aimants, le pouvoir d'être de meilleurs parents et de développer de meilleures relations avec leurs enfants.

Saisir l'occasion qui nous est donnée par la relation à nos enfants de nous remettre en question nous permet d'évoluer sans cesse sur les plans affectif, relationnel, rationnel et spirituel, c'est être un parent cohérent, un modèle inspirant et une personne qui attire le respect. Personnellement j'aime ce que j'apprends sur moi par l'intermédiaire de mon rôle de mère. Je dis souvent à la blague que lorsque je serai passée à travers toutes les remises en question suscitées par l'éducation de mes enfants, je serai devenue presque parfaite ! Quand j'y pense, puisque j'ai eu cinq enfants, c'est sans doute parce que j'ai beaucoup de choses à apprendre avant d'y arriver !!!

Le mythe du parent idéal

Si je considère fondamental de se remettre en question et de chercher sans cesse à évoluer comme personne quand on est parent, je ne prône pas l'idée qu'il faille être un parent parfait pour inspirer le respect. En effet, il y a pour moi, une énorme différence entre un parent en évolution et un parent idéal.

Ne vous est-il jamais arrivé de piquer une crise à votre enfant pour une banalité, par exemple un verre de lait renversé ou un lit mal fait ? Puis, une fois la tension retombée ou après une bonne nuit de sommeil, vous sentir torturé par la culpabilité, vous demandant quel effet a pu provoquer cette crise et celle d'il y a deux semaines sur votre enfant ?

Vous arrive-t-il à vous aussi de vous en vouloir parce que vous refusez systématiquement de jouer aux Playmobils, le jeu préféré de votre trésor, par manque d'intérêt ?

Qu'en est-il de votre tendance à être trop parent-poule ? Vous vous doutez de certains des effets néfastes qu'aura votre insécurité mal gérée sur votre enfant. Peut-être voyez-vous déjà votre adolescent se révolter face à cela, vous en vouloir aussi… peut-être avec raison. Où en est votre degré de culpabilité ? Vous vous étiez pourtant promis de ne pas reproduire avec vos enfants ce que votre mère ou votre père vous a fait vivre.

Quoi donc ? ! Vous non plus n'êtes pas un parent parfait !

Depuis que les parents tiennent compte davantage de la psychologie de l'enfant dans l'éducation, il n'est pas rare d'entendre parler du deuil que nous avons à faire de l'enfant idéal que nous n'avons pas. Nous sommes de plus en plus conscients, en effet, qu'il est primordial d'accepter nos enfants tels qu'ils sont pour qu'ils développent une bonne estime d'eux-mêmes. Alors, pourquoi ne sommes-nous pas aussi cléments à notre égard ? Pourquoi tentons-nous d'incarner le personnage du parent parfait ?

Le mythe du parent idéal

Mise à part la peur du jugement des membres de la famille, des enseignants et de la société en général, l'une de nos plus grandes craintes comme parents est l'impact qu'auront nos imperfections sur nos enfants. Aussi, nous demandons-nous d'être toujours à leur écoute, de les encourager, de démontrer une patience sans faille, de ne cuisiner que des repas équilibrés, d'être disponible pour jouer avec eux, de sourire du matin au soir, d'être des modèles de réussite et des supporteurs ponctuels de chacune de leurs activités, d'accepter sans broncher leurs petits et leurs gros défauts, et plus encore. **Si je suis la première à prôner l'importance de nous responsabiliser comme parents et de toujours chercher à évoluer comme personne, je crois toutefois que chercher à être un parent idéal, c'est risquer de s'emprisonner dans un personnage et de déshumaniser notre relation avec nos enfants.**

L'expression « parent idéal » est un concept mental forgé par notre imaginaire. Chacun d'entre nous se crée une idée du parent parfait à partir de ses propres croyances, de ses valeurs, de ses besoins, de ses peurs et surtout à partir de ses expériences personnelles d'éducation.

Nous considérons idéales les caractéristiques de nos parents qui nous ont fait vivre des émotions agréables et que nous jugeons positives. C'est pourquoi nous voulons les re-produire avec nos enfants. Par exemple, un père voudra être affectueux avec son fils ou sa fille parce qu'il a aimé les mar-ques d'affection de sa mère ; une maman souhaitera inculquer la valeur du partage que ses parents lui ont léguée, parce que cette valeur comble sa vie d'adulte. Évidemment, à l'inverse, ce qui nous a fait souffrir avec nos éducateurs sera rejeté de notre concept de parent idéal. Une personne ayant mal vécu le manque d'encadrement de son père souhaitera en-cadrer ses enfants et leur inculquer la valeur de la discipline.

À cause de l'expérience passée, il y a donc autant de concepts du parent idéal qu'il existe de parents. Cependant, quel qu'il soit, ce concept correspondra à coup sûr à une image et non à un parent réel. Il ne peut absolument pas être intégré à la réalité, parce qu'il est fabriqué à partir des caractéristiques morcelées de nos parents. Je m'explique.

Comme je le mentionnais dans le premier chapitre de ce livre, chaque qualité cache un défaut et la réciproque est vraie. Un parent avare est généralement une personne éco-nome. Un père taciturne et renfermé peut démontrer une grande qualité d'écoute et être capable de discrétion. Une mère impulsive et bavarde peut être une personne spon-tanée et sociable. L'aspect colérique d'une personne ne se dissocie pas nécessairement de sa capacité d'affirmation. L'aspect généreux d'une autre ne se sépare pas si simple-ment de son incapacité à dire « non » et à s'occuper de ses besoins. **Les parents ne sont donc pas tout blancs ou tout noirs. Ils sont un mélange des deux. C'est pourquoi nous ne pouvons incarner le *parent idéal* que nous nous créons mentalement à partir de notre perception de nos éduca-teurs. En effet, ce concept ne tient pas compte de tous les**

aspects de la réalité. Il est abstrait et statique alors que nous vivons dans un monde concret et en mouvance.

Vouloir être un parent idéal, c'est s'engager sur une voie de déceptions perpétuelles, car c'est croire que nous pouvons vivre comme dans un conte de fées. Chercher à devenir un être idéal, c'est aussi entretenir un déchirement intérieur entre le personnage que nous voulons être et la personne que nous sommes vraiment.

Le parent idéal, personne ou personnage ?

Il existe une énorme différence entre le fait de voir nos erreurs, de se récupérer pour les corriger, de s'efforcer de cheminer en vue de devenir une meilleure personne et celui de cacher son humanité derrière un personnage pour nous faire aimer ou valoriser. Un personnage de parent idéal nous éloigne de la relation humaine authentique si sécurisante et si nourrissante pour nous et nos enfants. Mais qu'est-ce qu'un personnage ?

Nous cherchons, depuis notre plus tendre enfance, à satisfaire nos besoins affectifs fondamentaux. Dès le moment où, à plusieurs reprises, nous décodons, à tort ou à raison, que ce que nous sommes fondamentalement comme personne ne nous attire pas l'amour ou la reconnaissance, l'écoute ou l'acceptation de la part des personnes importantes de notre vie, il y a de fortes chances que, inconsciemment, nous cachions notre nature profonde derrière un personnage. Par exemple, un enfant sensible, proche de ses émotions, qui croit que sa mère rejette son monde émotif, pourrait, pour s'assurer l'amour et l'acceptation de sa mère, développer un personnage insensible et croire ainsi devenir l'enfant idéal pour sa maman. La création d'un personnage s'effectue de façon inconsciente pour combler des besoins affectifs. L'inconvénient est que cela requiert une immense dépense d'énergie pour, finalement, ne jamais combler réellement le besoin réel. En effet, recevoir des manifestations d'amour pour ce que nous ne sommes pas fondamentalement ne nous nourrit pas vraiment, que nous soyons un enfant ou un adulte.

Être idéal, ce n'est franchement pas idéal !

Il y a plusieurs désavantages à entretenir une image de perfection devant nos enfants. D'abord, nous leur communiquons inconsciemment que nous attendons d'eux cette perfection, et cela, même si notre discours affirme le contraire. Les messages envoyés par influence inconsciente sont toujours plus percutants que ceux qui sont exprimés par des mots. Par notre image de parent idéal, nous favorisons chez nos enfants la création de personnages, ce qui les éloigne de leur nature profonde, de leur vrai MOI et, par conséquent, de la satisfaction réelle de leur besoin d'amour, d'acceptation, de liberté d'être, de sécurité affective et de valorisation personnelle.

De plus, s'efforcer de montrer un personnage parfait peut susciter chez l'enfant, contrairement à ce que nous pouvons penser, un grand sentiment d'insécurité. Pourquoi ? Tout simplement parce que, comme il n'a pas accès à notre monde intérieur et sensible, il ne saura jamais quel effet réel il a sur nous. Une chose est sûre : il deviendra alors très difficile pour notre enfant de faire confiance à ses perceptions, car il sera constamment déchiré intérieurement entre ce qu'il voit et entend, et ce qu'il ressent. Par conséquent, il ne pourra établir une relation authentique avec un faux parent « parfait ». Il est donc souhaitable de construire notre relation avec nos enfants sur une base d'authenticité et d'humanité tout en respectant nos rôles différents.

Pour illustrer mes propos, voici un exemple précis de la manifestation de ma propre difficulté à rester un parent non idéal et son impact sur un de mes enfants.

Quand je repense à mon enfance et à mon adolescence, je ne peux me souvenir d'aucune fois où mes parents m'ont refusé une rencontre sociale. Est-ce complètement la réalité ou non ? Je ne pourrais le dire. Cependant, dans ma perception, tous mes amis étaient les bienvenus chez nous, en tout temps, et je pouvais accepter toutes les invitations qui m'étaient faites, à moins que nous ayons d'autres engagements. De même, la disponibilité de mes parents était telle que j'ai pu m'inscrire à tous les cours qui m'intéressaient. J'ai fait du ballet classique, du patinage artistique, du piano, du tennis, du baseball, de la gymnastique... Je ne les ai jamais entendus se plaindre du temps que leur prenait un transport ou de l'énergie dépensée pour me permettre de m'amuser avec mes amis et de m'adonner à mes passions sportives ou artistiques. Aujourd'hui parent, je suis en mesure de réaliser l'ampleur de leur générosité et je leur en suis très reconnaissante, car les heures passées avec mes amis et celles que j'ai dépensées à patiner, à danser et à frapper des balles restent gravées en moi et font partie des plus beaux souvenirs de ma vie. Évidemment, comme maman, j'ai toujours voulu offrir cette même qualité de vie à mes enfants, sans me questionner sur ma perception idéale de ce que j'avais vécu. Aussi, mon conjoint et moi courons les arénas de la Montérégie plusieurs fois par semaine pour trois de nos enfants. Nous tentons le plus souvent possible d'aller reconduire notre aîné à la station de ski, nous nous initions à la vie de gymnase avec notre plus jeune au basket-ball et nous prenons régulièrement l'automobile pour aller reconduire puis rechercher un de nos fils chez son ami Philippe, l'autre chez Dominique ou un autre chez Alexis… Sincèrement, dans la plus grande majorité des cas, je le fais avec plaisir et une générosité sans attente. Mais parfois, il m'arrive de me sentir dépassée par tous ces transports qui se succèdent indéfiniment pendant une fin de semaine. Ces fois-là, tous ces va-et-vient deviennent pesants pour moi et j'aurais envie de dire « non » à une demande d'invitation d'un ami ou à un match de hockey supplémentaire. Pourtant, au moment de dire « non », je pense à l'éventuelle déception de mon enfant et cela ne coïncide pas avec l'image de la mère idéale que j'exige de moi. Alors, même si la femme humaine que je suis ressent des limites, je ne me les permets pas et je dis « oui ». En fait, si mon enfant entend ce « oui » émis par mon personnage de la mère idéale, il reçoit un « non », de la part de la vraie personne que je suis, c'est-à-dire une mère humaine. Par conséquent, en lui s'installent des sentiments d'insécurité et de confusion mêlés à un sentiment de culpabilité qui s'avèrent bien plus désagréables à vivre que la déception qu'il aurait vécue si j'avais tout simplement assumé ma limite. Je me souviens d'un exemple où ce que je décris m'est apparu clairement avec un de mes enfants alors qu'il avait sept ans. Il m'avait demandé s'il pouvait inviter un ami. Je lui avais demandé un temps de réflexion avant de répondre, car j'éprouvais quelques réticences et je voulais être certaine que ma réponse serait en accord avec ce que je ressentais vraiment. J'emploie ce moyen quand je suis assez vive pour me protéger de ma difficulté à dire « non » dans ce genre de situation. Quand je lui ai exprimé mon accord, il m'a surpris en réagissant comme si j'avais dit un « faux oui ». « *Je le vois maman que dans le fond tu ne veux pas. Je ne l'appellerai pas parce que tu vas être impatiente après.* » J'ai été frappée par l'effet d'embrouillement qu'avaient provoqué mes doubles-messages passés. À essayer d'être sans faille sur le plan de ma disponibilité, je ne m'étais pas rendu compte que je devenais culpabilisante, impatiente et que je suscitais beaucoup d'insécurité chez lui, puisque je manquais d'authenticité. Dans cette circonstance précise avec moi, mon fils ne savait plus décoder le vrai du faux. Le message inconscient que je lui avais envoyé avait été capté et, puisqu'il contredisait mes mots, il avait brouillé le canal de notre relation.

Quand je m'y arrête, je me rends compte que le modèle que je transmets à mes enfants quand je suis dans ce personnage, c'est qu'il n'est pas légitime d'avoir des limites et que nous devons toujours dire « oui » pour ne pas décevoir les autres. Comment mes enfants arriveront-ils à se respecter eux-mêmes si je ne leur donne pas l'exemple ?

Tout enfant cherche naturellement à dépasser ses parents, et cela, non dans le sens compétitif du terme, mais dans le sens évolutif. Il intègre les enseignements de ses parents, se nourrit de leurs expériences et, ensuite, avec ce bagage, tend vers la création de sa propre vie à partir de ce qu'il est. **Avoir comme modèle parental quelqu'un chez qui on ne voit pas de failles rend ce modèle inatteignable pour l'enfant. Plutôt que de propulser son évolution, cela le démotive.** Je n'oublierai jamais la première fois que mon père a répondu « Je ne sais pas » à une question que je lui posais. Une énorme pression est tombée de mes épaules, car je me suis dit que je n'avais pas besoin de tout apprendre pour devenir une adulte.

Un parent imparfait, mais parfait comme il est

Et si être un parent idéal était simplement être la meilleure personne possible avec nos enfants à chaque minute? Si c'était de donner le meilleur de nous-mêmes, de leur faire profiter des plus beaux côtés de notre personnalité, de faire notre possible pour éviter de nourrir nos parties plus désagréables, de nous excuser sincèrement quand nous nous sommes trompés ou que nous les avons blessés? Par exemple, à 8 h, être patiente et aimante. À 9 h aussi. Plus tard, jouer avec plaisir avec eux. À midi, pour quelque raison que ce soit, ne pas tenir une promesse. À 12 h 30, s'en rendre compte, s'excuser et se récupérer. Le soir en se couchant, apprendre de nos bons moments autant que de nos moins bons. Et ainsi de suite, tous les jours, puis toutes les semaines. Enfin, toute la vie.

Les parents qui réussissent à paraître parfaits sont des personnes déshumanisées. Les enfants n'ont pas besoin d'un parent qui a subi une chirurgie plastique du caractère, mais de modèles de personnes vraies qui leur sont accessibles émotionnellement. Ils ont besoin de parents capables de se remettre en question, d'une maman et d'un papa qui les aiment vraiment, qui les valorisent, les écoutent, les acceptent comme ils sont. Ils ont besoin de parents imparfaits qui, par leur exemple, leur montrent la façon de s'excuser avec le cœur et le chemin à prendre pour devenir chaque jour une meilleure personne.

Le véritable parent parfait est en réalité comme un chêne, qui accepte qu'il n'a pas la souplesse du roseau, ou comme une marguerite, qui accepte de ne pas dégager le parfum du muguet et qui reconnaît que c'est dans sa forme et son essence de « marguerite » qu'elle accomplira le mieux sa mission de vie.

Notre passé de parent : prison pour nos enfants ?

Faire un travail sur soi par l'introspection permet évidemment de mieux se connaître. La connaissance de soi est, selon moi, un préalable essentiel quand notre rôle est d'aider des enfants à se connaître et à se reconnaître eux-mêmes. En effet, comment guider des enfants au cœur de ce qu'ils sont si nous ne savons pas qui nous sommes nous-mêmes ? Comment éviter de leur faire porter nos souffrances, nos expériences ou nos rêves, si nous ne savons pas les reconnaître en nous et ensuite en prendre la pleine responsabilité ? Comment éviter que notre passé douloureux emprisonne le présent de nos enfants, sinon par un travail sur soi ?

Un jour, mes deux plus jeunes enfants ont dû changer d'école. Bien préparée et sereine face à ce déménagement inévitable, j'étais loin de m'attendre à ce que j'ai vécu le matin de la rentrée scolaire.

Dans la cour d'école effervescente, je cherchais désespérément les enseignantes de mes enfants à travers les centaines de visages inconnus que mon regard rencontrait lorsque je me suis sentie excessivement vulnérable. Avec une boule dans la gorge et les yeux embués de larmes à peine retenues, j'ai réussi à me rendre au bout de l'épreuve. Cependant, une fois dans ma voiture, je me suis mise à sangloter longuement.

Quand le présent se confond avec le passé

À cet instant, je ne me doutais pas encore qu'une expérience passée refaisait surface dans mon présent. Je ne savais pas non plus toute l'énergie de combat que je déployais pour « sauver » mes enfants de la souffrance ni quelle influence tout cela aurait vraiment sur eux.

Nous avons tous vécu des expériences marquantes dans notre vie. Une fois devenus parents, nous nous efforçons généralement de faire revivre à nos enfants celles qui ont été propulsives pour nous. Inversement nous tentons d'éviter de les placer dans des situations semblables à celles qui nous ont fait souffrir. Seulement nous manquons parfois de discernement quand, à partir de nos expériences de vie, nous projetons notre vécu sur nos enfants. C'est ainsi qu'une mère ayant vécu le suicide de son frère pourrait imaginer que son fils vit une détresse et un isolement identiques. Un papa qui s'est vu rejeté dans sa sensibilité par son propre père pourrait penser que son fils se sent rejeté dans la sienne par ses enseignants. Une femme victime d'abus sexuel dans son enfance pourrait voir des agresseurs potentiels partout autour de sa fille. Ces parents, inconscients des raisons qui les poussent à protéger leur enfant de la sorte, s'engageront, fort bien intentionnés, dans un combat infructueux. Ils se sentiront chargés d'une mission envers leur progéniture, sans réaliser qu'à travers celle-ci ils cherchent en fait à s'occuper de leur propre souffrance passée, de leur propre peur, de leur propre vulnérabilité et non de celles de leur enfant.

L'illusion de la projection

C'est précisément le réveil d'une blessure vécue dans le passé qui s'est produit à mon insu lors de ce fameux matin de rentrée scolaire et qui m'a fait dramatiser la situation. Quand j'avais 13 ans, ma famille et moi avons quitté Rigaud, mon village natal, pour nous établir à Paris. Nous y sommes restés trois ans. Bien que cette expérience ait été parsemée de plusieurs moments de bonheur et que, au bout du compte, je la perçoive comme un grand privilège dans ma vie, il m'est toutefois impossible de nier la souffrance de déracinement que j'ai alors vécue. Pour moi, quitter mon lieu de naissance, mes amis, ma culture, mes habitudes a été une expérience traumatisante.

Quand je me suis retrouvée dans cette cour d'école avec mes enfants, j'ai revécu mes premières journées au lycée et les mois qui ont suivi. Ces visages d'élèves inconnus, ces enseignants que je ne pouvais pas distinguer des parents, c'était tous ces Parisiens à l'accent et au vocabulaire différents des miens, à la culture distincte de la mienne, à l'attitude étrangère. Ce matin-là, dans la cour de l'école de mes enfants, la pénible sensation de ce que j'avais vécu m'a prise à la gorge. Pendant les semaines qui ont suivi, j'ai été bouleversée quotidiennement, certaine que j'avais déraciné mes enfants, sûre que nous n'appartenions pas à ce milieu, convaincue que je devais les changer d'école à tout prix. Ce phénomène très courant, qui nous fait prêter à l'autre les sentiments que nous portons en nous sans même nous en apercevoir, s'appelle la projection.

Comme parent, la projection peut nous pousser à adopter des comportements inappropriés avec nos enfants, des comportements tels que la surprotection, le contrôle et, par-dessus tout, l'incapacité à répondre à leurs réels besoins. Cela a été mon cas dans cette situation. Aveuglée et certaine que mes enfants attendaient de moi que je les change d'école, je me débattais avec moi-même au point de ne pas voir leur réel besoin, c'est-à-dire tout simplement une maman présente pour les écouter et les supporter dans ce qu'ils vivaient, eux, dans leur nouvelle école. Moi qui pensais bien faire, je les ai, en réalité, un peu abandonnés.

Transmettre nos peurs

Tant que nous ne récupérons pas nos projections, nous nous activons pour prendre soin de nos trésors sans nous rendre compte qu'en fait nous sommes plutôt en train de nous occuper de nous par procuration et non pas d'eux. Nous risquons de les laisser seuls avec leurs propres besoins face à des expériences qui leur sont propres. La surprotection de nos enfants, c'est du contrôle, voire de la possessivité enveloppée dans du papier de soie. Les surprotéger, c'est les enfermer dans la prison de nos propres peurs. Puisque les enfants sont particulièrement influençables, nous leur transmettons ces peurs sans difficulté. Par exemple, si nous nous sentons inquiets ou coupables de les laisser à la garderie, nous leur transmettons cette inquiétude. Si nous avons une peur disproportionnée qu'ils soient attaqués, nous leur communiquons inconsciemment l'idée que le monde est dangereux. Par manque de conscience de ce que nous portons comme blessures de vie, nous permettons même, sans le vouloir, que certains messages comme ceux-là se transmettent de génération en génération.

Distinguer la réalité objective de notre réalité subjective

Mes enfants ont eu mal au ventre pendant les premiers jours passés à leur nouvelle école, jusqu'au jour où j'ai discerné mon passé de mon présent. Ce jour-là, mon conjoint m'a montré la réalité : les enfants n'étaient pas malheureux, ils ne vivaient pas d'insécurité par rapport à l'école, ils ne désiraient pas changer d'école ; c'était moi qui voyais mon histoire à travers eux. J'étais en train de leur transmettre mon insécurité face au changement. Quand j'ai réalisé que c'était ma blessure de déracinement qui me faisait mal et que j'ai commencé à devenir consciente de ce que je pleurais vraiment, mon attitude envers eux s'est transformée. Comme par magie, leur mal de ventre a disparu et leur adaptation s'est très bien passée.

Cet exemple montre bien l'importance de distinguer notre réalité subjective de la réalité objective et d'éviter d'interpréter les réactions de nos enfants avec les yeux de notre histoire. La mienne m'a laissée avec une vulnérabilité devant tout ce qui est changement. Ce ne sera pas obligatoirement la même réalité pour eux.

Prendre soin de notre vulnérabilité par la relation

Pour prendre soin de nos enfants quand ils font face à des situations similaires à celles de notre histoire de vie, nous devons être aptes à prendre soin de nos blessures. Nous avons encore besoin de consolation si nous les pleurons encore. Nous avons encore besoin d'être rassurés pour pouvoir avancer si nous tremblons encore. Accepter ces besoins et nous en occuper maintenant apporteront davantage à nos enfants que tous nos comportements surprotecteurs.

Personnellement plus j'arrive à être sensible à la blessure de déracinement que je porte, plus je suis douce avec moi lorsque je dois affronter des changements dans ma vie. Je réalise alors que, plus je demande qu'on me tende la main quand je tremble en dedans, plus je sais discerner le moment où mes enfants ont besoin de la mienne.

La culpabilité, obstacle au respect de soi

Approfondir notre connaissance de nous-mêmes nous amène à de plus en plus de raffinement dans notre manière de nous créer une vie qui nous ressemble, nous comble et respecte notre nature profonde. Nos besoins spécifiques deviennent plus clairs, nos limites également, nos valeurs sont revisitées, et ainsi nos relations avec tous les membres de notre famille ne peuvent qu'en être enrichies. Pourtant, bien que nous sachions souvent parfaitement ce que nous voudrions faire de notre vie, des obstacles intérieurs freinent souvent notre capacité à nous respecter. Alors, lorsque se pointent les besoins, les limites et les aspirations de nos proches, nous lâchons très facilement les nôtres au profit des leurs, abdiquant sans hésiter à tenir le gouvernail de notre vie bien en main. Générosité ? empathie ? gentillesse envers l'autre ? Pas vraiment ! Ne serait-ce pas plutôt l'œuvre de cette chère culpabilité ?

La culpabilité, une force surpuissante

Ne vous est-il jamais arrivé de vous faire une promesse, celle d'une journée de repos juste pour vous et d'y tenir au point d'en rêver ? Au programme : ENFIN RIEN !

Quand ce jour béni arrive finalement, votre petit chéri tout enjoué se pointe, deux mystérieux billets en main et vous annonce, les yeux brillants d'envie et de passion, qu'il a été l'heureux gagnant de deux entrées pour une activité bruyante à l'autre bout de la ville. À ce moment, alors que tout en vous, votre corps, votre cœur, votre tête, votre âme vous crient de dire « Non ! », vous vous surprenez à répondre : « OK ! On va y aller ! »

Quelle est donc cette force surpuissante qui vous a jeté tête première dans cet autosabotage ? La culpabilité peut-être ? C'est d'ailleurs elle qui m'a fait dériver complètement de mes priorités quand, enceinte de mon troisième enfant et avec un accouchement prévu à un très mauvais moment pour mon travail, je me suis sentie coupable de laisser tomber ma patronne dans une période extrêmement chargée. Sans même en discuter avec elle, par peur de la décevoir, de perdre sa reconnaissance, je lui avais annoncé ma grossesse en lui promettant que je ne m'offrirais que deux semaines de congé de maternité et que je prendrais le reste après le « rush ». Aujourd'hui, je vois encore cette décision comme la pire erreur de ma vie ! À l'époque, j'étais emprisonnée par la culpabilité à l'idée de décevoir.

L'autosabotage, ça rapporte !

Le sentiment de culpabilité s'éveille en nous quand nous croyons avoir fait ou pas fait, dit ou pas dit, pensé ou pas pensé quelque chose qui va à l'encontre de ce que nous croyons juste et bon. Selon notre éducation, nos expériences de vie, nos croyances, chacun d'entre nous se sent une mauvaise personne dans différentes situations.

Toutefois n'allez pas croire que le fait de ressentir de la culpabilité ne comporte aucun aspect positif. C'est parfois grâce à elle que nous nous excuserons auprès des personnes que nous avons offensées, ce qui nous permet de réparer la situation et de préserver la qualité de la relation. Par exemple, si, dans un excès de colère envers mon enfant, mes paroles dépassent ma pensée et ne correspondent pas à mes valeurs, le sentiment de culpabilité ressenti me poussera à aller m'excuser et à agir de façon à me récupérer pour ma faute.

De l'impuissance ou de la surpuissance?

Il existe une culpabilité destructrice, celle qui nous incite à prendre en charge les déceptions des autres, leurs peines, leurs manques, leurs désirs inassouvis, leurs frustrations, leurs besoins, leurs problèmes, surtout si nous en sommes les déclencheurs. Ce type de culpabilité nous amène à nous sentir soudainement surpuissants, comme le dit si bien Yves-Alexandre Thalman dans Au *diable la culpabilité.* Nous agissons comme si nous étions les seuls responsables des maux que vivent nos proches et que nous avons la capacité de leur rendre leur bonheur en pensant à leur place, en faisant le bon geste ou en prononçant le bon mot. Ce type de culpabilité qui nous porte à nous occuper du bonheur des autres au détriment de nos propres désirs nous conviendrait-il inconsciemment? Étonnamment il nous procure souvent le sentiment d'être une personne d'une plus grande valeur. J'éprouvais exactement ce sentiment d'être indispensable et irremplaçable à mon travail au moment où j'ai nié mon besoin profond de mère qui voulait être avec son bébé. Mais alors, pour reprendre en main le gouvernail de notre vie et être capable de dire «non», même quand nous savons que nous dérangerons enfant, conjoint, parent, patron, que faut-il être prêt à perdre?

Perdre pour mieux gagner

En fait, si nous sommes prêts à nous nier et à laisser la culpabilité mener notre quotidien ou encore des pans de nos vies, c'est que le risque à prendre en nous affirmant nous apparaît trop grand. Dire «non» peut signifier risquer de perdre l'amour d'une personne importante, sa reconnaissance à notre égard, son approbation. Faire respecter une limite peut nous faire perdre l'harmonie momentanément. Prôner une valeur malgré le mécontentement de l'autre peut nous valoir du jugement, du rejet, du mépris. Compte tenu de nos zones sensibles, l'autosabotage nous apparaît parfois plus tolérable que de vivre sans ce que nous nous entêtons à ne pas perdre.

Pour ma part, à l'époque, la simple pensée de décevoir ma patronne, de perdre mon sentiment d'importance dans l'équipe et peut-être de me découvrir remplaçable était invivable. Avec le recul, j'ai souvent le réflexe de me juger et de me condamner sévèrement. Pourtant ces jugements et ces condamnations sont stériles, puisqu'ils m'emprisonnent dans la roue sans fin de la culpabilité et de l'autopunition. Ce qui est primordial, c'est que je sois sensible à moi dans ces zones de vulnérabilité et que je sois consciente qu'elles font partie de moi afin d'en prendre soin, de les écouter et de m'en occuper de façon saine, sans me punir. Quand nous sommes pleinement à l'écoute de nous-mêmes et prêts à perdre, nous obtenons le plus grand gain, celui du respect de nous-mêmes.

Ne pas chercher à la taire, mais à la maîtriser

Trop souvent, quand nous souffrons, le réflexe premier est de chercher à faire taire ce qui nous indispose. Essayer de ne pas sentir la culpabilité lui donne une force de frappe plus grande encore. En effet, vous remarquerez qu'un des réflexes les plus communs quand nous nous sentons coupables et que nous n'en sommes pas conscients, c'est de culpabiliser l'autre. Toutefois cela ne mène nulle part. La meilleure façon que je connaisse pour éviter ces attaques blessantes est d'être à l'écoute de ma culpabilité, d'accepter de la vivre sans lui donner le pouvoir d'empoisonner mon existence. Dernièrement une mère désireuse d'apprendre à se respecter avec ses proches me demandait comment faire disparaître la culpabilité. Je n'ai pu que lui répondre que, si elle attendait que sa culpabilité disparaisse pour reprendre sa vie en main, elle attendrait longtemps.

Après avoir dérivé si loin du cœur de moi après la naissance de mon troisième fils, j'ai appris à reconnaître ma culpabilité quand elle surgit et à lui dire à peu près ceci : « Tu veux être là, d'accord ! Mais n'oublie pas que c'est moi qui mène. Tu es un vent sur l'océan où vogue mon bateau, mais c'est moi qui suis le capitaine ! »

Se respecter ne se fait pas toujours facilement et sans douleur. Parfois s'affirmer dans une limite pour préserver notre intégrité fait mal et fait peur. C'est le cas surtout quand ce que nous risquons de perdre en nous affirmant est important. Néanmoins il est essentiel que nous arrivions à nous affirmer dans de telles circonstances si nous voulons être en mesure d'enseigner cette aptitude à nos jeunes.

Comment aider nos adolescents à préserver leur identité?

Les filles, c'est les filles!
Les gars, c'est les gars!

Combien de fois mes amies et moi avons-nous lancé cette réponse dans la cour de l'école aux gars qui se moquaient de nos habitudes, de nos goûts et de nos particularités de filles! Cette affirmation en gang avait assez de poids pour les faire taire. Mais elle avait surtout l'effet bénéfique d'affirmer notre identité comme filles.

À l'adolescence, les besoins normaux des filles de plaire et de tester leur pouvoir de séduction peuvent ralentir bien des ardeurs d'affirmation devant les gars. C'est pourquoi nos adolescentes sont sujettes à tomber dans le piège de faire passer l'apparence avant tout et dans celui de se nier pour plaire à la gent masculine. En effet, les modèles d'hyper sexualisation qui sont proposés aux adolescents fusent de toutes parts dans la publicité, au cinéma ou à la télévision. Il est impossible de les éviter! Nos garçons sont tout aussi vulnérables face à la campagne de survalorisation de l'apparence. Par exemple, eux aussi peuvent glisser dans le piège de prioriser l'augmentation de leur musculature au détriment du développement de leur aptitude à communiquer et dans celui de voir la valeur d'une fille exclusivement dans son allure et son sex-appeal. Comme parent, nous reste-t-il un pouvoir quelconque devant la force des médias, des clips et devant la puissance d'Internet? Si oui, quel est-il? Comment pouvons-nous aider nos jeunes filles et nos jeunes garçons à conserver leur identité respective?

L'importance prioritaire des parents

Se sentant dépassés par la situation au moment où leurs enfants arrivent à l'adolescence, certains parents s'imposent radicalement et sans discernement, alors que d'autres choisissent de baisser les bras, de fermer les yeux et de croiser les doigts. Provoquer la guerre ou ignorer la réalité ne me semblent être, ni l'une ni l'autre, des solutions satisfaisantes. Entre la tendance à dramatiser, à interdire complètement l'usage d'Internet, le port de vêtements sexés ; à moraliser ; à porter des jugements qui dénigrent les jeunes dans ce qu'ils sont d'une part, et le « laisser faire » d'autre part, il existe une troisième voie beaucoup plus satisfaisante. Comme parents, il est important que nous nous impliquions. En regardant la situation de nos filles et de nos garçons en face, chacun de nous pourra voir s'il a tendance à se nier ou non, à se perdre dans l'image ou non, à se respecter lui-même et à respecter les autres ou non. Cette observation nous permettra de choisir d'intervenir et de déterminer comment les aider tout en les respectant. Notre rôle est indéniable bien que délicat, car nous ne pouvons nier l'influence qu'ont sur eux leurs amis, la mode et les médias.

Notre retrait comme personnes responsables de leur éducation est un drame. Il laisse beaucoup de place à des sources d'influence qui ne sont pas toujours bénéfiques à nos enfants. Lorsque nous nous taisons, nous demeurons victimes des valeurs qui sont véhiculées en dehors de la famille, parce que nous ne proposons pas les nôtres. Malgré leur attitude parfois rebelle, les adolescents ont besoin de limites et d'un cadre clair. En tant que parents, nous avons, même à cet âge, non seulement le droit de dire « non », mais le devoir de le faire. Cependant il est important que ces « non » soient cohérents et non défensifs, qu'il y ait beaucoup de place pour les « oui » et surtout que le dialogue demeure présent dans notre relation avec nos jeunes.

SOS ! La culture du dialogue est en voie d'extinction !

La culture du dialogue et de la relation est en voie d'extinction. Pourtant, c'est la voie royale à emprunter pour garder un lien significatif avec nos adolescents. Encore là, trop d'excuses bidon nous donnent bonne conscience par rapport au manque de communication avec nos filles et nos garçons, des excuses comme celles-ci : « *Elle ne veut rien savoir de moi* », « *On ne se rejoint plus* », « *Il a toujours une émission de télévision à écouter quand moi je suis libre.* » Les vraies raisons ne sont-elles pas plutôt : « *J'ai peur d'aborder le sujet de la sexualité avec lui ou elle* », « *Je manque d'habileté relationnelle pour les rejoindre* », « *Je ne sais pas comment lui parler sans lui faire la morale ou lui adresser un reproche* », « *J'ai peur qu'on se chicane et je veux la paix.* » Être franc envers nous-mêmes représente le premier pas à franchir pour arriver à cultiver une belle et riche relation avec nos adolescents.

Le deuxième pas consiste à provoquer des rencontres avec eux, en entrant par leur porte, c'est-à-dire en s'intéressant à ce qui les passionne et non en attendant que ce soit eux qui tentent de se rapprocher. Trop souvent, j'entends des parents dire qu'ils ne sont plus sur la même longueur d'ondes que leurs ados, que ces derniers ne veulent plus rien savoir d'eux. Et vous, quels pas faites-vous pour vous approcher d'eux ? Cherchez-vous vraiment la bonne fréquence pour débrouiller les ondes ?

Tous les sujets peuvent être abordés avec nos jeunes. Cependant parler avec eux demande du temps, une disponibilité affective, une ouverture à écouter et à entendre leur point de vue avec respect. **Si nos adolescents ne bénéficient pas de notre respect et de notre écoute, ils iront les chercher ailleurs.** Il ne faut pas oublier que nos jeunes sont prêts à accepter des compromis lorsqu'ils reçoivent de la considération et qu'ils se sentent respectés. Pour plaire, nos filles iront même jusqu'à se vêtir ou se dévêtir, sans tenir compte de leurs véritables goûts, et nos garçons calqueront les modes de fonctionnement de leur groupe d'amis pour rester dans le coup, sans tenir compte de leurs propres besoins ou valeurs. Certains nieront leurs propres désirs et leurs propres limites pour paraître «hot» et pour se sentir aimés et reconnus. Alors pensons-y! S'ils ne reçoivent pas l'écoute et le respect dont ils ont besoin de notre part, comment voulez-vous qu'ils aient envie de nous écouter et de nous respecter?

Es-tu toi-même avec tes amis?

Pour aider nos adolescents à rester eux-mêmes, nous devrions leur poser souvent l'une ou l'autre des questions suivantes : « *Qu'est-ce que tu as appris de toi-même aujourd'hui? Arrives-tu à rester toi-même avec tes amis? Quels sont tes réels besoins? As-tu respecté tes limites dans cette relation-là?* » En répondant à ces questions, nos adolescents apprendront à se connaître et à respecter ce qui est sacré en eux : leurs besoins, leurs limites, leurs malaises, leurs valeurs, en un mot leur identité. Croyez-moi, si leur besoin de plaire était exprimé, si leur besoin d'être reconnus et de se sentir uniques était identifié; si leur limite à se laisser ridiculiser par un ami était dénoncée; si leur malaise d'aller à l'encontre de leur valeur était validé; si leur peur d'être rejetés était entendue; si leurs sensations corporelles étaient nommées; si leurs désirs, sexuels ou non, étaient pris au sérieux, nos filles et nos garçons seraient plus forts intérieurement pour affirmer qui ils sont, à quoi ils sont prêts et ce qu'ils ne veulent pas.

Même si les questions ci-dessus ne sont pas « à la mode », il n'est jamais trop tard pour commencer à créer un rapprochement pour arriver à les poser à nos adolescents. Cela donnera un ton d'intimité à nos discussions avec eux. Quand un parent s'intéresse à ce qui est le plus intimement lié à l'identité de ses enfants, ces derniers ne peuvent pas faire autrement que de sentir que ce qu'ils sont est précieux et que cette identité personnelle doit être préservée.

Tu peux toujours jaser…

Nous pouvons toujours présenter les plus beaux discours et démontrer les meilleures habiletés relationnelles avec nos adolescents, comme je l'ai déjà dit, rien n'est plus fort que notre attitude envers eux pour les influencer. Il est donc essentiel que nous questionnions notre rapport à l'importance que nous-mêmes donnons au regard des autres sur notre vie. **Il est fondamental que nous observions nos comportements dans notre relation avec les personnes de sexe opposé et que nous questionnions aussi notre rapport à l'apparence, à l'affirmation ou à la négation de nous-mêmes** Par exemple, si vous-mêmes, mesdames, niez vos limites ou étouffez vos désirs pour plaire ; si vous-mêmes, messieurs, parlez de la femme comme d'un objet ou jugez celle qui refuse les avances, vos adolescents seront inévitablement influencés en ce sens.

Quand nous souhaitons un changement dans le comportement de nos enfants, le chemin le plus court, mais le plus confrontant, est celui de changer ce qui nous dérange en nous-mêmes. Les ingrédients nécessaires pour y arriver peuvent égratigner notre ego. En effet, une bonne dose d'humilité et d'acceptation est requise pour nous remettre en question. Donc, nous, les mères, si nous souhaitons que notre fille se respecte, cherchons dans tous les recoins de nous-mêmes si nous manquons de respect à la femme que nous sommes. Vous, les pères, observez le regard que vous posez sur les femmes. Il est évident que si vous leur manquez de respect, vos filles le sentiront. Avec nos garçons, en tant que mères, sommes-nous capables de donner de la valeur à la galanterie? Nous exprimons-nous si nous sommes blessées par des propos dévalorisants à l'égard des femmes? Valorisons-nous la virilité de l'homme, sans lui donner toute la place et sans la dénigrer? S'il y a en nous des blessures non cicatrisées, il est certain que notre discours sera teinté de jugements sur les hommes. Pour vous; les pères, y a-t-il de la place pour la reconnaissance des gestes tendres de vos gars? Arrivez-vous, vous-mêmes, à accepter et à vivre votre sensibilité d'homme sans perdre votre identité masculine devant vos enfants et avec votre conjointe? Comme parents, quel est notre genre de relation de couple? Y a-t-il respect à la fois de l'identité féminine et de l'identité masculine dans leurs particularités? Si, en tant que parents, nous n'effectuons pas ce travail sur nous-mêmes, nos adolescents ne trouveront pas de modèles favorables à la formation de leur personnalité pour contrecarrer ceux qui leur sont imposés à l'extérieur du foyer. Ils douteront constamment d'eux-mêmes et ne sauront pas quel chemin prendre pour préserver leur identité.

Dans la période de l'adolescence, nos jeunes cherchent puis affirment leur style parmi les autres, leurs amis deviennent le centre de leur univers, les relations amoureuses prennent de plus en plus de place dans leur vie, ils découvrent leur pouvoir de séduction, vivent leurs premières expériences sexuelles. Inutile de dire que ces premières expériences relationnelles risquent de teinter la suite de leur vie affective. Aussi, sans dramatiser la situation actuelle concernant l'hyper sexualisation des jeunes, n'avons-nous pas raison, comme parents, de nous demander si, dans les mots « relation sexuelle », le mot relation tient une place de choix pour eux ?

Alors, le mot le plus important à retenir pour nous guider dans notre rôle de parents d'adolescents est aussi le mot « relation ». Plus nous serons capables de rester fidèles dans notre relation à nous-mêmes en tant que femme ou en tant qu'homme et plus nous chercherons à rester engagés, respectueux et capables d'intimité dans la relation à nos adolescents, plus nous saurons trouver au cœur de nous l'inspiration pour les aider à préserver leur identité personnelle dans leurs relations.

Les conflits dans le couple

Le couple que forment les parents d'un enfant, qu'ils vivent dans la même maison ou qu'ils soient séparés, reste un modèle de premier ordre pour lui sur d'innombrables plans. Entre autres choses, la façon dont sont vécus les désaccords entre ses parents aura sur l'enfant une influence inconsciente certaine sur sa façon de vivre ses propres conflits et de s'affirmer en relation quand il vit un malaise quelconque. Existe-t-il un moyen de bien se disputer en couple ?

Évidemment il serait merveilleux de pouvoir vivre une vie de couple exempte de tout désaccord, de toute mésentente, de tout conflit ! Cependant nous savons tous que c'est impossible, parce que la vie quotidienne avec notre partenaire est à l'image de la nature : souvent il fait soleil, mais nous ne pouvons pas éliminer à volonté les jours de pluie ni même les orages. Que faire alors pour traverser ces tempêtes quand nous avons des enfants ? Est-il préférable pour eux que nous nous cachions quand arrive la discorde entre nous, que nous endurions en silence, que nous fassions semblant ou, au contraire, que nous leur en parlions et que nous vivions nos « chicanes de couple » ouvertement devant eux ? Pour répondre à ces questions, il est important de s'arrêter aux éléments suivants :

1. ce qu'est un conflit ;
2. la colère : une émotion mal aimée ;
3. les non-dits et leurs effets sur la famille ;
4. la dispute créatrice ;
5. se disputer devant les enfants ou dans la chambre à coucher ?

Ce qu'est un conflit

Le Petit Robert définit le conflit comme «*une rencontre d'éléments, de sentiments contraires, qui s'opposent*». **Le mot essentiel dans cette définition est le mot «rencontre».** Les problèmes qui surviennent entre deux individus qui vivent un conflit sont générés par la façon dont ils gèrent cette rencontre. Il est impossible d'être toujours sur la même longueur d'onde que notre amoureux, à moins d'être en fusion totale avec lui, c'est-à-dire complètement dépendant. En réalité, il est irréaliste de croire que nous puissions nous compléter parfaitement et ne jamais ressentir de frustration dans notre relation de couple. Malheureusement de nombreux conjoints cherchent à éviter le conflit quand il se présente, donc à fuir la rencontre quand il y a opposition. Pourtant, si nous souhaitons rester nous-mêmes et nous épanouir en relation avec l'être aimé, nous ne pourrons pas éviter continuellement les désaccords, les manques affectifs et la colère qui se trouvent à l'origine des conflits.

La colère, une émotion mal aimée

Les conflits font souvent peur, car ils sont accompagnés très régulièrement par l'émotion «mal aimée» par excellence: la colère. Ressentir cette émotion est aussi normal que de ressentir toutes les autres émotions qu'un être humain peut vivre : la joie, l'excitation, l'enthousiasme, le plaisir, la peine, la peur, l'inquiétude, la frayeur. Toutes ces émotions représentent des ingrédients qui surgissent à un moment ou à un autre dans une relation affective significative comme la relation de couple. Nous oublions que les émotions sont des guides essentiels dans l'affirmation de nous-mêmes et que c'est dans cet oubli que réside le problème. Les émotions nous aident à déceler les dangers, à déterminer ce qui nous est bénéfique, à prendre les bonnes décisions et à communiquer authentiquement. Elles nous aident aussi à connaître nos limites et nos besoins. Elles nous servent d'antennes pour que nous nous occupions de nous-mêmes et que nous passions à l'action. Se couper de l'une ou de l'autre de nos émotions parce que nous la jugeons « anormale » ou « mauvaise », c'est nous priver d'une ressource intérieure irremplaçable. La colère ne fait pas exception. Elle a autant besoin d'être vécue et exprimée que tous nos autres ressentis. Le problème ne réside donc pas dans sa présence occasionnelle dans notre psychisme, mais dans le comportement défensif que nous adoptons quand nous la ressentons.

La colère est souvent associée à l'agressivité, voire à la violence, car trop peu de personnes arrivent à chercher à l'intérieur d'elles la source de leur vécu. Elle est certes déclenchée, comme toutes les émotions, par des éléments extérieurs (personnes ou situations). Si, par exemple, notre conjoint nous reproche continuellement notre personnalité intense et passionnée, son comportement peut susciter en nous de la colère. Il importe alors de comprendre que notre conjoint n'est pas responsable de notre colère. Il en est le déclencheur. En effet, quelque chose en nous est touché qui était déjà là et qui vient de nos expériences passées. Ainsi, la colère peut cacher un manque douloureux de se sentir aimé et accepté dans une partie de nous-mêmes. Elle peut être l'expression d'une grande vulnérabilité aux reproches.

Quelle que soit la blessure de fond qui la provoque, elle nous montre qu'une partie de nous a été dérangée, atteinte, blessée et que nous devons nous occuper de certains besoins ou de certaines limites dans la relation. Dans ces moments-là, notre pouvoir se situe en nous-mêmes. Le problème est que, trop souvent, nous tournons le regard vers l'autre plutôt que vers nous-mêmes. Nous cherchons à changer le déclencheur par toutes sortes de manières : reproches, jugements, manipulations, chantages, vengeances, agressivités, harcèlements, violences ou, plus silencieusement, bouderie, attitude de martyr, fausse indifférence, fuite. Quand nous réagissons ainsi, il n'y a pas rencontre mais confrontation. Le but que nous recherchons inconsciemment est le changement de l'autre, la destruction de l'ennemi et non la construction de nous-mêmes et du couple que nous formons. Nous oublions que le pouvoir de trouver le bien-être ne se trouve pas entre les mains du conjoint, mais entre nos propres mains.

Apprendre à bien exprimer ce qui nous habite quand nous sommes en désaccord ou blessé, à bien écouter l'autre également et s'engager à trouver ensemble des moyens d'être respectueux envers soi et envers notre conjoint, voilà où réside la richesse d'une communication créatrice. Cet apprentissage à la parole qui favorise la rencontre passe toutefois par l'expression parfois difficile des non-dits.

Les non-dits et leurs méfaits dans la famille

Souvent, pour garder la paix intérieure et maintenir une atmosphère de sérénité dans la famille, nous choisissons de taire nos malaises face à notre conjoint. En optant pour ce choix, nous accumulons les non-dits dans la relation, ce qui, à long terme, mène à l'éloignement plutôt qu'au rapprochement. Il n'en reste pas moins que, malgré notre intention louable de préserver la tranquillité, nous créons des problèmes au lieu de les résoudre. En effet, les contrariétés accumulées, les malaises non exprimés, les manques de respect de soi additionnés laissent leur marque non seulement à l'intérieur de la personne concernée, mais dans le couple. À la longue, ils créent une distance dans la relation, parce qu'ils nourrissent des ressentiments inconscients qui sont cause de paroles ou d'actes vindicatifs que nous faisons par la suite subir à notre partenaire. Cette marque, causée par le refoulement des non-dits et l'apparence que tout va bien, a un effet sur les enfants, qui ressentent les tensions bien au-delà des mots entendus. Il n'y a rien de plus insécurisant que de sentir un malaise sans pouvoir en identifier clairement la source. Nos enfants apprennent ainsi, par influence inconsciente, qu'ils ne peuvent pas se fier à leur ressenti, puisqu'ils n'y trouvent aucun écho dans nos paroles et dans nos gestes. Ils souffrent sans savoir pourquoi et se sentent complètement seuls et démunis. Comme les sujets sensibles qui mènent facilement à la dispute dans une relation de couple ne manquent pas, il vaut mieux apprendre à gérer nos mésententes d'une façon créatrice plutôt que de tenter de les refouler.

La dispute créatrice

Il a encore mis des serviettes blanches avec les draps bleus dans la brassée de lavage ! Elle n'a jamais envie de faire l'amour ! Il faut encore aller à une énième rencontre de famille chez la belle-famille ! Il écoute encore son sport à la télévision ! Pas encore des dépenses pour l'ordinateur ! Quand comprendra-t-elle qu'on ne parle pas comme ça à notre enfant ? Arrêtera-t-il de se lever la nuit chaque fois que le petit pleure un peu ? Qui est cette fille du bureau avec qui il correspond par Internet ?

Les sujets de disputes dans un couple sont loin d'être denrée rare. Puisque nous nous retrouvons dans une relation affective intime, nos blessures psychiques y sont plus facilement éveillées, nos manques relationnels y sont plus à vif, notre territoire physique et psychologique encore plus important à sauvegarder.

Dans tout conflit, un déclencheur précis doit toujours être nommé pour situer l'autre face à ce qui nous dérange tant. Cependant, une fois pointé, ce déclencheur ne doit pas être au centre de la discussion. C'est le vécu éveillé par ce déclencheur qui doit l'être. Par exemple, si une femme est fâchée parce que son mari ne l'a pas appelée pour l'aviser de son retard, l'essentiel de son expression doit porter sur ce qu'elle vit face à cela et non sur le fait qu'il n'y ait pas eu d'appel.

Évidemment, dans ce vécu, l'expression de la colère reste importante. Encore s'agit-il de ne pas décharger sa colère sur l'autre, car cette pratique, en plus de mettre de l'huile sur le feu, éloigne les partenaires et finit par user l'amour. Pour éviter cette forme d'expression défensive, il importe de se responsabiliser face à l'émotion et de la porter comme un vécu qui nous appartient totalement, sans quoi elle sera parsemée de reproche, de blâme, de jugement sur l'autre. De plus, la responsabilité va bien au-delà de commencer techniquement nos phrases par « je ». En effet, si l'intonation, l'attitude, le regard et l'intention de la personne qui s'exprime portent le message de l'attaque, une phrase parfaite sur le plan de la structure aura le même effet destructeur sur l'autre qu'une phrase accusatrice.

L'expression d'un reproche avec agressivité donne une fausse impression d'affirmation, puisqu'elle affirme des

choses sur l'autre et non de soi. La véritable affirmation est exempte de blâme, de jugement, d'accusation, de contrôle, de dénigrement, de mépris, de violence. Elle est formée de l'expression de nos émotions (la colère et celles qui sont sous-jacentes à la colère) qui mène à l'expression de nos limites, de nos besoins et de nos demandes.

Un des grands problèmes rencontrés lors des disputes, c'est que, justement, l'étape de l'expression des émotions, y compris de la colère, ne mène à rien d'autre : d'abord parce qu'il est difficile pour le partenaire d'écouter simplement, d'entendre les émotions exprimées et de les valider. Les soupirs, la justification, les reproches, la rationalisation, la banalisation de l'événement et l'envie irrésistible de parler tout de suite de soi avant de laisser l'autre aller au bout de son expression font office de réponses. Ces défensives nous empêchent également de dire simplement à l'autre que nous avons bien entendu sa colère, sa peine de ne pas avoir été respectée dans sa demande ou sa peur de ne pas être prise au sérieux, l'inquiétude qu'elle a vécue... Une fois entendues véritablement, les émotions s'apaisent et devraient guider la personne en colère vers l'expression de demandes, de vérifications, de limites ou de besoins, ce qui aura comme but d'aider la personne à s'occuper d'elle-même dans la relation à l'autre. À cette étape, les mêmes concepts que ceux que j'ai développés dans la section de ce livre intitulée « *Encadrer l'expression de la colère* » s'appliquent.

Par exemple, si le mari est en colère parce que sa femme a effectué des dépenses avec leur argent sans lui en parler, il pourra éventuellement ressentir le besoin de mettre une limite aux dépenses de sa femme ou de proposer un mode de fonctionnement différent face à la gestion de l'argent dans le couple. Là s'engage une discussion créatrice pour que les deux membres du couple puissent trouver un terrain d'entente en relation.

Toutes ces étapes ne se déroulent pas comme dans un conte de fée. **« Se rencontrer » quand on est en opposition demande beaucoup de temps, d'engagement de la part des membres du couple et de pratique de la communication authentique responsable.** Il est normal que le ton monte, que des larmes coulent, que des silences planent et que, malgré notre bonne volonté, nos défensives ressurgissent encore et encore. Dans ce cas, parfois, la technique du « time-out », c'est-à-dire du recul pour quelques heures ou parfois une journée, est nécessaire pour laisser la poussière retomber, pour permettre à chacun de voir clair en lui, pour préciser les émotions ressenties, les besoins, les demandes ou les vérifications à faire, les limites à poser ainsi que la part de responsabilité que nous avons et que nous devons récupérer en relation pour permettre la « rencontre » plutôt que la confrontation.

Pendant tout ce temps, nos enfants peuvent nous entendre, nous voir ou du moins ressentir quelque chose. Comment vivre nos conflits de couple quand nous avons des enfants ?

Se disputer devant les enfants ou dans la chambre à coucher ?

Il ne s'agit pas de toujours régler les conflits devant les enfants, bien que ce ne soit absolument pas grave qu'ils entendent nos discussions corsées, à moins qu'ils soient concernés par nos désaccords. L'important est de ne jamais les inclure à nos conflits de couple, c'est-à-dire de ne jamais accepter qu'ils y jouent un rôle de médiateurs ou de juges. S'ils ont cet élan, notre rôle est de les entendre dans ce qu'ils vivent puis de valider qu'il y a effectivement un conflit, un différend, qu'effectivement un des deux est fâché, que l'autre a de la peine si c'est le cas, d'accepter qu'ils posent des questions sur le sujet. Toutefois il importe surtout de les rassurer et de leur expliquer que c'est normal que cela arrive et que vous faites ce qu'il faut pour traverser la tempête. Vous pouvez également leur dire que les chicanes entre parents ressemblent aux disputes qu'ils ont avec leurs frères et sœurs ou avec d'autres enfants et qu'ils se résolvent de la même façon. Les enfants n'ont toutefois pas à être mis au courant des détails ou de la cause du conflit.

Il est fondamental de résister à la tentation de rabaisser, d'accuser subtilement ou très clairement le conjoint aux yeux des enfants. Ces derniers ne doivent jamais être pris en otages et nous ne devons jamais, à aucun prix, chercher leur appui contre notre conjoint. Néanmoins, leur dire que nous ne sommes pas d'accord, que nous devons discuter de quelque chose, que nous nous sommes fait de la peine et que nous devons nous parler pour réparer l'offense est profondément bénéfique pour nos enfants, en plus d'être véritablement éducatif. Ils apprennent ainsi qu'une relation est faite de bonne entente et de mésententes, et que les disputes ne conduisent pas nécessairement à la séparation. La solution se trouve dans la communication respectueuse des deux parties impliquées.

L'harmonie à tout prix n'aide pas nos enfants à s'épanouir. C'est l'authenticité des parents devant un conflit et leur capacité à le régler de façon saine qui apportent à nos fils et à nos filles non seulement la véritable sécurité intérieure dont ils ont tant besoin pour s'épanouir, mais aussi l'occasion d'apprendre comment s'affirmer dans le respect de soi et des autres sans nuire à la relation.

« Râler » pour tout et pour rien, c'est combattre sans pouvoir

Se respecter passe sans contredit par l'affirmation de soi. Trop souvent, certains confondent le fait de maugréer sur tout et sur rien avec l'affirmation.

Critiquer son conjoint, ses enfants, son patron, la vie lorsque tout ne se passe pas comme nous le voulons, vous connaissez ? **Le « râlage », ce sport national, n'est pas une ressource, c'est une arme stérile !**

La vie comporte son lot d'obstacles pour tout le monde. Personne n'échappe aux contraintes extérieures que nous ne choisissons pas délibérément. Que ce soit pour faire face à une contrariété quotidienne (comme un verre de lait renversé, une mauvaise décision de l'arbitre au match de notre enfant, un compte que notre tendre moitié a oublié de payer) ou pour affronter une plus rude épreuve (comme la maladie d'un des nôtres ou un congédiement), chacun de nous se débat avec ce qu'il peut pour garder le sourire et la maîtrise de sa vie.

Parmi les attitudes les plus répandues pour composer avec les imperfections de nos proches et celles de notre vie, le « râlage » tient une place de choix. Que nous apporte-t-il vraiment ?

Évacuer avant que ça saute !!

Quand nous avons passé une nuit blanche pour nous occuper d'un enfant malade et que pendant la journée rien n'a marché comme nous le voulions, que notre conjoint nous a encore laissé la casserole collée dans l'évier, que notre enfant a oublié pour la troisième fois son cahier de devoir et que nous ne savons pas comment payer la carte de crédit, la tension en soi peut devenir dangereusement élevée.

Parfois, trop c'est trop pour une seule et même personne ! Avant d'exploser et de déverser notre tension sur les autres ou, aussi pire, d'imploser en refoulant, se plaindre un bon coup, cela peut faire du bien ! Même si c'est gauche et maladroit, même si, souvent, nos paroles dépassent nos pensées, du moment que notre façon de nous exprimer ne détruit personne, l'effet libérateur ressenti après l'évacuation du trop-plein témoigne de certains de ses bienfaits. Nous reconnaissons le bénéfice de ce bon « râlage » par l'élan créateur qu'il suscite ensuite quand, immédiatement après ou quelques jours plus tard, surgit une idée pour que nous nous occupions de nous dans la situation : « *J'aurais avantage à me coucher plus tôt le soir* », « *Je dois faire plus d'activités physiques* », « *Je dois mettre une telle intervention en place avec mon enfant* », « *J'ai besoin d'aide.* »

Cependant ce genre d'évacuation de tout le négatif de notre vie peut s'avérer tout à fait stérile et même destructeur, surtout quand nous le dirigeons contre les autres.

Le « râlage », arme stérile et destructrice

Lorsque j'étais une adolescente professionnelle-en-critique-de-la-Terre-entière, je me souviens que ma mère me disait de façon humoristique : « *On a le droit de râler cinq minutes par jour. Plus que ça, c'est interdit !* » Elle parlait de ce type de décharge verbale plus ou moins longue qui culpabilise quelqu'un ou quelque chose de nos petits et grands malheurs, mais qui ne dérange personne parce que nous le faisons consciemment et seuls pour nous libérer nous-mêmes du trop-plein de tension. Cependant il n'en est pas de même pour ces plaintes répétitives qui accusent l'extérieur de ce qui ne tourne pas rond dans nos vies lorsqu'elles se prolongent et laissent croire que le vrai problème vient des autres ou de la vie. Nous reconnaissons facilement cette attitude chez le jeune qui critique son professeur parce qu'il a échoué à un examen, que nous voyons aussi chez notre beau-frère qui n'est jamais satisfait de ses enfants, et chez notre cousine, notre voisin et notre plus jeune: ce « râlage », si facile à détecter chez les autres, n'en est pas moins très dérangeant. Si nous sommes honnêtes, nous verrons que ce que nous critiquons chez les autres peut nous amener à certaines prises de conscience à propos de nous-mêmes.

Quelles imperfections de nos vies ou de nos proches nous enlisent dans une attitude de victime ? Notre enfant qui ne réussit pas à l'école ? Notre conjoint qui ne nous comprend pas ? Notre patron qui nous refuse des privilèges ? Le manque d'argent ? le manque de temps ? une limite physique ? la température ? les embouteillages ? notre horaire chargé ? le verre de lait renversé ? Réfléchissons bien. Demandons-nous à qui nous faisons le plus de tort, sinon à nous-mêmes, quand nous nous adonnons à cette pratique de défoulement.

Bien que le moment de décharge donne une illusion de puissance, une impression de posséder du pouvoir et de mener un combat, lorsqu'il n'en finit plus, ce regard tourné vers l'extérieur nous empêche de trouver le moyen de modifier véritablement notre vie pour la rendre plus satisfaisante. De plus, l'effet de nos critiques sur les autres est dévastateur pour nos relations avec nos enfants. Par exemple, **un jeune qui reçoit continuellement des reproches**

finit par se sentir un moins que rien, coupable de tout et méfiant envers les autres. Il y a fort à parier qu'il fermera son cœur devant son parent qui ronchonne tout le temps à son sujet. Même si, comme parents, nous nous pensons en pleine possession de notre pouvoir, nos cris demeurent vains lorsque nous nous adressons à un cœur sourd. Personne n'aime recevoir les éclaboussures des échecs des autres sur lui-même. Aussi pour se protéger contre nos « râlages » récurrents, notre enfant ou notre conjoint risque fort d'adopter le même comportement de reproche envers nous. Œil pour œil, dent pour dent ! Et la guerre, que nous déplorons tant quand elle se passe dans les autres pays, se vit dans notre maison, déclarée par nul autre que nous-mêmes.

En bref, « râler » de cette manière, c'est nous donner des excuses pour ne pas avancer vers nos rêves, pour négliger de travailler nos relations, pour omettre de mieux équilibrer notre vie, pour oublier d'évoluer.

Conquérir la paix du cœur

« Râler » est une expression défensive de notre mal-être. Quand nous nous voyons dans ce fonctionnement ou encore quand nous avons la chance que quelqu'un de proche nous informe qu'il est inconfortable avec nos reproches incessants ou notre attitude de victime, c'est le signal que nous ne nous sommes pas occupés adéquatement de certains besoins dans notre vie.

Cette habitude, acquise dans notre famille d'origine, à l'école, en écoutant la radio, en marchant dans la rue, ne disparaîtra pas toute seule. Devenir conscient de notre comportement et reconnaître que nous nous défendons par des critiques, des reproches et des jugements constituent les premières étapes vers un changement. Cependant l'étape suivante demande un effort, de la volonté et beaucoup de persévérance. Comme pour les conflits dans le couple, elle consiste à nous poser un interdit à nous-mêmes et à choisir d'exprimer nos besoins, nos désirs et nos limites d'une manière plus créatrice.

Le réflexe quand nous nous sentons mal est de chercher à l'extérieur de soi ce qui pourrait nous procurer un bien-être et tenter de contrôler les autres ainsi que les situations. Quel combat épuisant et inutile ! Je n'oublierai jamais une phrase que j'ai entendue de Frédéric Lehrman, qui parlait de l'attitude à adopter devant l'obstacle : « *Soyez comme l'eau qui rencontre un rocher. Elle cherche à poursuivre son chemin et non à déplacer le rocher.* »

Alors, devant votre prochain rocher ou le moindre caillou, avant même d'ouvrir la bouche, cherchez la source de votre mal-être à l'intérieur de vous. Le vrai conquérant n'est-il pas celui dont la quête est celle de la paix du cœur ?

La *responsabilité, clé de la paix du cœur*

« *Est-ce que je peux avoir la paix ?* », disons-nous parfois en espérant que notre enfant, notre conjoint, le téléphone, la Vie nous entendront et que le monde autour de nous changera pour nous communiquer ces sentiments de paix, de tranquillité, de sérénité auxquels nous aspirons tant. Comme je viens de l'écrire, le problème se situe dans notre réflexe de penser que cette paix viendra de l'extérieur, alors qu'en fait elle se cultive souvent à l'intérieur de nous-mêmes, par la capacité à se responsabiliser de notre attitude face aux désagréments extérieurs.

La paix est semblable à une fleur qui ne s'épanouit que lorsqu'elle prend racine dans l'amour de nous-mêmes et le respect de notre nature profonde. Ensuite, elle dégage un parfum puissant qui, lui, exerce l'influence tant attendue sur l'extérieur. En voici un exemple.

Un jour, je suis partie en voyage sans mari, sans enfants, dans le but de me ressourcer. Je souhaitais en profiter, notamment, pour méditer sur les raisons de nos petits accrochages et trouver des solutions. Quoi de mieux que de sortir du tourbillon de la vie quotidienne pour élaborer une vision globale de ce qui s'y passe ? La première étape de ma réflexion pour retrouver la paix a été la plus facile, mais la plus stérile : trouver tout ce que les autres devraient changer pour que je vive dans la paix. « *Si l'un était plus travaillant, l'autre moins pleurnichard, un autre, plus loquace ; si lui me faisait moins de reproches, si ceci et si cela.* » Évidemment tout aurait été plus paisible dans mon quotidien si les miens avaient été faits sur mesure pour moi. Mais quelle utopie ! Je me suis rendu compte que trop souvent je dépensais mon énergie à vouloir contrôler mes enfants et mon conjoint pour qu'ils changent. Bien sûr, chacun avait sa part d'améliorations à apporter pour contribuer à une plus grande paix dans notre famille. Cependant mon seul véritable point d'ancrage était, et est toujours, de transformer ma propre attitude plutôt que de me placer en grande juge de la situation en disant à chacun quoi faire ou comment être.

Marche à suivre pour susciter la guerre

« Tu as encore laissé la vaisselle dans l'évier ! »
« Tu ne m'as pas appelée parce que ça ne te dérange pas que je m'inquiète ! »
« Tu es un égoïste ! Tu ne vois pas que j'ai besoin d'aide ! »

Travailler fort pour changer l'autre quand nous sommes mal ou insatisfaits, en le criblant de reproches, en portant des jugements sur ce qu'il est ou n'est pas, en interprétant ses actions ou ses paroles comme des attaques dirigées contre nous est un comportement qui ouvre la porte à la guerre. Ce comportement agresse la personne qui le subit et suscite chez elle une réaction défensive ou une contre-attaque. Il en résulte une cascade interminable de coups verbaux ou non verbaux sournois. Les effets sont bien connus : le conflit ou la fermeture à l'autre.

Faire un pas vers la paix, c'est d'abord prendre conscience des moments où nous utilisons ces armes de destruction en relation. Ensuite il est nécessaire d'accepter humblement que ces attitudes sont bien les nôtres. Une fois ces pas franchis, il reste à nous responsabiliser et à choisir, à chaque instant, de baisser nos armes.

Baisser les armes pour cultiver
ce qu'il y a de bon en nous

Pour avoir la paix, il faut d'abord être en paix avec nous-mêmes, avec ce que nous sommes et avec ce que nous portons de meilleur en nous. Il est plus facile de laisser les éléments extérieurs décider de notre attitude. Il est plus simple aussi d'aborder nos relations familiales par du œil pour œil, dent pour dent : il crie, je crie ; il reproche, je reproche ; il perd patience, moi aussi.

Ainsi, les vagues de reproches et de blâmes fusent de toutes parts. Ces vagues, devenues monnaie courante dans beaucoup de familles, témoignent en grande partie d'un manque d'amour de soi et d'un manque d'acceptation de nos besoins affectifs, de nos limites, de nos préférences et de nos désirs. La première bataille se passe donc à l'intérieur de chacun d'entre nous. Par exemple, si j'ai besoin d'être sécurisée par un appel téléphonique et que je ne m'occupe pas de ce besoin parce que je ne veux pas envahir l'autre, il est fort probable que je transforme mon besoin en accusations. Si j'en ai assez de me faire reprocher sans cesse tout ce que je fais et que je m'empêche de l'exprimer, il se peut que je finisse par réagir avec agressivité, voire avec méchanceté quand je serai trop tendue. Si je préfère les films d'amour aux films d'aventures et que je ne l'exprime pas par peur d'être jugée « fleur bleue », je serai frustrée à la longue et deviendrai intolérante à tout.

Ces exemples nous montrent que, en négligeant de nous occuper de nos besoins, en attendant que ce soit l'autre qui nous donne droit à la satisfaction de nos désirs et de nos limites, en espérant qu'il les devine et s'en occupe, inévitablement nous devenons impatients et constamment insatisfaits. C'est cette insatisfaction qui nous pousse à l'attaque.

Vivre en paix dans notre famille demande donc une capacité à vivre en paix avec ce que nous sommes comme personne unique, avec nos forces, nos vulnérabilités, nos rêves, nos limites physiques ou psychiques, nos valeurs et nos goûts. **Vivre en paix avec notre famille, c'est d'abord nous aimer suffisamment pour nous affirmer sans avoir besoin d'ouvrir le feu.** Lorsque nous sommes en paix avec nous-mêmes, le réflexe de nous battre pour nous faire accepter de l'autre et nous faire respecter par lui s'amoindrit beaucoup. Nous nous positionnons simplement, paisiblement et clairement, quel que soit ce que l'extérieur nous propose ou nous impose.

Mon fils Auguste a intégré cette philosophie de façon remarquable quand il était préadolescent. Tout d'abord, laissez-moi vous dire que ce qui caractérise Auguste, c'est le fait qu'il soit apprécié et respecté de tous : juste retour des choses pour lui, qui sait apprécier et respecter chacun. Il émane de lui une force tranquille et une confiance qu'il nous laisse découvrir sans faire d'éclat, modestement. Un soir, lorsque je suis arrivée dans sa chambre pour notre rendez-vous quotidien, après un souper et une soirée particulièrement agités, j'ai été surprise de ne pas le trouver en train de lire. Il était assis en position de lotus sur son lit, les deux mains posées sur ses genoux, pouces et majeurs reliés et pointés vers le ciel, yeux fermés. Il m'a entendue entrer et a ouvert les yeux, puis m'a souri le plus naturellement du monde. Quand je ai lui demandé ce qu'il faisait, il m'a répondu qu'il méditait. Puisque ni mon conjoint ni moi ne méditons de cette façon, vous imaginez ma surprise ! Devant ma curiosité, il m'a simplement expliqué que, lorsqu'il se sent stressé par ce qui se passe autour, il s'éloigne et médite pour rester calme en-dedans de lui. Il a eu cette idée-là tout seul, m'a-t-il dit. Il m'a également appris qu'il méditait presque tous les jours, plusieurs fois par jour parfois, à la maison ou dans la cour d'école quand l'ambiance ne lui convient pas. Il m'a même expliqué que certains de ses amis le suivent et que, de cette façon, il évite de créer des conflits. J'ai été à la fois estomaquée et impressionnée par tant de sagesse.

Quelque temps plus tard, des amis des enfants sont venus à la maison. Nous avions passé une très belle journée dehors. Quand nous sommes entrés, les jeunes se sont re-groupés dans la chambre d'un de mes fils au sous-sol, tandis que je me suis occupée à autre chose. À un certain moment, j'ai senti que quelque chose se passait en bas. Mon sixième sens de maman a détecté une tension. Les minutes qui ont suivi ont donné raison à ma perception. Le ton montait, les bruits s'accentuaient, l'ambiance semblait perturbée ; j'ai décidé de descendre pour voir. Arrivée au bas des escaliers, j'ai aperçu, à l'extérieur de la chambre, assis sur une chaise, dans un calme qui contrastait avec le tumulte qui battait son plein dans l'autre pièce, Auguste qui méditait. « *Ils n'arrêtent pas de niaiser, personne n'écoute personne. J'avais besoin de calme. Je retournerai plus tard.* »

Je n'ai pu que me sentir inspirée par lui. Je savais un peu ce qui m'attendait de l'autre côté de la porte, alors j'ai res-piré profondément pour rester calme en dedans. Puis je suis entrée dans la zone de turbulence.

Vivre en paix dans notre famille, c'est aussi nour-rir les parties de nous que nous voulons voir émerger et c'est refuser de nourrir celles qui nous mènent au conflit. Vivre en paix, c'est arriver à rester centré et branché à

notre source, à notre âme ; c'est rester en harmonie avec nos valeurs profondes et notre humanité et les incarner dans l'ici et maintenant, quoiqu'il arrive.

Quand je suis revenue de mon voyage, j'étais bien décidée, par amour pour moi, à nourrir ces parties en moi qui correspondent à mes valeurs profondes, soit ma capacité d'affirmation, d'acceptation et de respect de l'autre, mon aptitude à aimer tout en respectant mes limites et en continuant à encadrer mes enfants comme je le crois bon. De retour dans mon quotidien, j'ai fait face à des enfants qui souffraient de gastro-entérite et à un bébé qui terminait sa phase aiguë de varicelle. Mon conjoint avait une pneumonie et était complètement vidé. Leur patience n'était pas au rendez-vous et tout ce que j'aurais voulu qu'ils changent dans la première phase de mon voyage se présentait de façon exacerbée. Forte de mon repos et déterminée à rester en paix avec moi, j'ai mis mes énergies à naviguer à travers la tempête en refusant le chemin du reproche ou du jugement de l'autre, pour alimenter la personne d'amour que je suis. J'ai encadré, discipliné mais sans lever les armes. Tout le monde a été surpris de mon attitude paisible. Contrairement à ce que j'aurais pu m'imaginer, j'ai attiré beaucoup de respect de leur part. Surtout, en quelques jours, les différentes mini-tempêtes qui faisaient rage dans la maison se sont transformées en ambiance de paix et de tranquillité.

Parce qu'elle se communique, la paix intérieure comporte effectivement une force aussi grande que les comportements d'attaque. Alors, devant le grand drame des guerres dans le monde, notre humble pouvoir n'est-il pas de nous efforcer à cultiver l'amour de soi et des autres ainsi que le respect de notre nature profonde et de celle de nos proches ?

Le rôle des grands-parents

Les parents ne représentent pas le seul modèle pour les enfants. Toutes les personnes significatives dans la vie d'un enfant le sont. Leurs enseignants, les adultes qui les entourent à l'école, leurs entraîneurs, leurs tantes, leurs oncles, certains amis exercent une influence incontestable sur eux. La plus grande majorité des notions développées dans ce livre s'adressent aussi à eux, dans la mesure où ils arrivent à s'en servir dans le respect de leur rôle et dans le respect du territoire des parents. Et que dire des grands-parents qui jouent souvent un rôle très significatif dans la vie de leurs petits-enfants ?

« Grand-mère, raconte-moi mon histoire... »

Ma grand-mère maternelle est morte tragiquement dans un incendie. Bien qu'elle ait eu à l'époque 87 ans, je la croyais, bien naïvement, éternelle.

C'est encore parfois difficile pour moi de croire qu'elle n'est plus là, car ce que j'ai vécu avec elle, ce qu'elle était et ce qu'elle m'a légué est encore tellement vivant... surtout quand vient l'été et que s'ouvrent les pivoines.

Passion transmise de grand-mère à petite-fille

Ma grand-mère possédait un immense potager et de multiples plates-bandes fleuries dont elle était immensément fière. C'est d'abord chez elle que j'ai été témoin des miracles que donne la terre, surtout quand *« elle est engraissée chaque année, car le secret d'un jardin qui produit, c'est la terre... »*, me disait-elle avec fierté.

Sans même le savoir, elle m'a transmis sa passion. La regarder être, la sentir vibrer, l'aider dans ses récoltes aura suffi. Elle vivait sa passion et moi j'ai été touchée. Si elle avait l'intention de me transmettre son art, rien n'y paraissait. Tout s'est fait par le temps passé avec elle alors qu'elle m'hébergeait les week-ends et durant les vacances d'été. Certes, le rôle des grands-parents est considérable. Non seulement ceux-ci contribuent à la transmission des passions, mais leur rôle est aussi celui de gardien de la mémoire familiale.

Trait d'union entre le passé et le futur

L'être humain aime savoir d'où il vient. Connaître l'histoire de notre famille répond à un besoin d'appartenance et de filiation. Quand nos grands-parents nous racontent des histoires de familles, leurs propres réussites, leurs échecs, leurs déceptions ; lorsqu'ils nous relatent des anecdotes sur nos parents, comment ces derniers étaient extraordinaires et quels défis ils leur ont fait vivre, tout cela contribue à nous rendre conscients de nos racines et de nos origines, ce qui est très important pour la construction de notre identité.

Savoir d'où l'on vient et de quelles influences nous sommes pétris nous aide tout d'abord à trouver notre place dans l'univers familial, puis à nous projeter dans le futur. Nos grands-parents sont en quelque sorte le trait d'union entre notre passé et notre futur. C'est souvent grâce à nos visites chez eux que nous sommes initiés, enfants, aux rituels familiaux. Chaque famille possède des rituels qui lui sont propres et qui représentent, pour chacun de ses membres, les marques distinctives du clan. Dans cette vie faite de changements et de nouveautés, ces rituels sécurisent. Ils nous définissent également comme famille, comme groupe.

Chez ma grand-mère paternelle, depuis aussi loin que je me souvienne, toute la famille se regroupe à Noël. Les multiples petits rituels qui se répètent d'année en année rendent cette fête exceptionnelle pour petits et grands. Nous sommes plus de quatre-vingt-dix à nous réunir autour de grand-maman Claire dans cette grande fête de l'amour. Et c'est cet amour, ce sens de la famille et du plaisir, legs de mes grands-parents paternels, que je laisserai à mon tour derrière moi.

Grand-mère, comme tu as de grandes oreilles ! C'est pour mieux t'écouter mon enfant.

Les grands-parents peuvent aussi remplir un rôle très précieux et très concret, celui de confident pour leurs petits-enfants. En effet, comme ils n'ont pas les mêmes responsabilités que les parents, leur écoute est différente. Davantage capables de relativiser les choses, et souvent, grâce à leur expérience et à leur sagesse, ils sont moins enclins à la dramatisation. Ils peuvent donc écouter sans culpabiliser ni sans conclure la discussion par une morale ou une recommandation.

Aussi, quand les grands-parents sont rendus à une période de leur vie où ils sont moins ensevelis sous les tâches, ils ont un temps de qualité à offrir. Ils peuvent donc répondre au besoin d'attention de leurs petits-enfants par une écoute patiente, en se montrant réellement intéressés par les 1001 petits détails qui passionnent les enfants.

Le piège du sauveur

Il n'est pas rare que les enfants se confient à leurs grands-parents quand ils vivent un conflit avec leurs propres parents.

À ce moment-là, ils tendent un piège très tentant à leurs aïeux, celui de prendre parti... Quand nous sommes touchés affectivement, il est très facile de prendre parti pour celui qui a mal. **Dans le but d'aider leurs petits-enfants et parce qu'ils les aiment, certains grands-parents peuvent se donner le rôle de sauveur. Toutefois prendre parti signifie prendre une place qui ne leur revient pas ; c'est s'ingérer dans la relation parents-enfants alors qu'ils n'ont entendu qu'une version, celle de l'enfant ; c'est aussi enlever la chance à leurs petits-enfants de devenir plus autonomes dans la résolution de leurs conflits.**

À moins que la sécurité des petits-enfants ne soit mise en cause et que ce qu'ils vivent soit grave et demande l'intervention d'un adulte responsable, il est très important que les grands-parents ne dévoilent jamais les confidences de leurs petits-enfants. Le lien de confiance serait rompu ! Les grands-parents seront beaucoup plus aidants à long terme s'ils invitent les enfants à parler à leurs parents et s'ils les aident à trouver des solutions pour améliorer leur relation avec eux. Bref, c'est en travaillant à rapprocher l'enfant de ses parents plutôt qu'en participant, sans le vouloir, à l'en éloigner que les grands-parents contribueront le mieux à resserrer les liens familiaux.

Le temps des pivoines

Quelques mois après la mort de ma grand-maman, sa maison a été vidée pour être vendue... avec le jardin. J'en ai pleuré à gros sanglots, comme si on m'arrachait des bouts de vie, comme si cette terre était un peu moi-même. Puis, doucement, je me suis consolée. Je sais que je porte ma grand-mère en moi. Ce qu'elle était, nos conversations et son amour de la terre font partie à jamais de la personne que je suis.

Grâce à elle, j'ai appris que vivre, c'est, notamment, faire de notre passage sur la Terre un trait unissant ceux qui nous ont précédés à ceux qui nous suivront. En effet, nous sommes tous interreliés et nous devons être conscients de l'influence de ceux qui nous ont précédés – et les en remercier – tout comme nous devons être conscients de la marque que nous voulons laisser dans le cœur de ceux qui nous succéderont.

Merci grand-maman pour tout ce que tu as été et pour ce que tu m'as inspirée à être. Tant que fleuriront les pivoines, je prendrai soin de mon jardin en ta mémoire. À mon tour, je tenterai de léguer à mes enfants et à mes futurs petits-enfants un héritage aussi empreint d'amour et d'affirmation de sa différence que celui que tu m'as légué.

Conclusion du chapitre 4

Aucun éducateur n'est parfait ni ne devrait espérer l'être un jour, puisque aucun enfant ou adolescent ne pourrait apprendre à être lui-même et à se respecter en côtoyant des êtres déshumanisés par leur manque d'authenticité.

De plus, contrairement à ce que certains pourraient penser, nous ne suscitons que très peu de respect de la part de nos jeunes quand ils perçoivent que nous leur présentons un personnage. En effet, ce personnage que nous tentons de façonner à l'image de notre idéal reste en partie inaccessible de cœur pour eux ; alors qu'une vraie personne est imparfaite, certes, mais humainement atteignable, ce qui n'a pas de prix. Une relation éducative, pour laisser une empreinte, se doit d'être une relation affective et authentique. Alors, comme parents, plus nous travaillerons à devenir conscients de nous-mêmes, en harmonie avec ce que nous sommes fondamentalement comme personnes, proches de nos émotions et vrais, plus nos interventions avec nos enfants toucheront le cœur de leur être et moins elles seront brouillées par des messages remplis d'incohérences. Démêler notre histoire passée de leur vie à eux, reconnaître nos propres obstacles intérieurs au respect de nous-mêmes, se questionner sur l'effet de nos gestes sur eux, améliorer nos compétences relationnelles et prendre la totale responsabilité de notre vie ne pourra que nous guider pour éduquer nos enfants dans la conscience et le respect d'eux-mêmes, de leur environnement et des autres.

Pour inspirer le respect à nos jeunes, nous devons prêcher par l'exemple, autant dans nos demandes quotidiennes que dans les valeurs de base que nous voulons leur transmettre. Inspirer le respect passe définitivement par notre engagement fidèle face à notre évolution personnelle ainsi que par notre capacité à cultiver le bonheur au quotidien dans nos vies.

Chapitre 5

Inspirer le respect en communiquant le bonheur

« Manifester son bonheur est un devoir ;
être ouvertement heureux
donne aux autres la preuve
que le bonheur est possible. »

Albert Jacquard

Couple heureux, enfants heureux !

Le couple, une priorité

Tous les parents du monde veulent rendre leurs enfants heureux. Certains vont jusqu'à s'oublier complètement eux-mêmes et négliger leur relation de couple pour y arriver. Pourtant, s'il est un besoin que l'enfant porte inconsciemment, c'est bien celui d'avoir des parents qui s'aiment, qui s'accordent du temps pour être ensemble et qui savent communiquer authentiquement. Malheureusement ce modèle de couple heureux ne fait pas partie de l'expérience de la plupart des enfants du xxıe siècle.

« Ils se marièrent, eurent des enfants et vécurent heureux jusqu'à la fin des temps. » Pour un enfant, une fin de conte de fées comme celle-là est non seulement satisfaisante, mais souhaitable. Par contre, pour nous, les adultes, avec nos yeux de parents et d'amoureux à la fois, ce type de conclusion ne tient plus la route. Nous ne sommes plus dupes de cette facilité magique. Nous cherchons plutôt avidement des moyens concrets pour agir sans baguette magique et alimenter notre couple. Quand les temps d'intimité sont devenus denrée rare, quand les heures de sommeil par nuit sont parfois moins nombreuses que les jours de la semaine, quand le principal sujet de conversation tourne autour des stratégies à prendre pour concilier savamment le travail et la famille et que nos discussions sont interrompues par la multitude infinie des besoins et des désirs de notre marmaille chérie, comment faire pour nous occuper de notre relation de couple ? En somme, nous cherchons des moyens pour que notre couple vive sainement dans ce tourbillon qui n'a rien de magique et qui est, au contraire, profondément humain et concret.

La question fondamentale est la suivante : comment trouver un équilibre pour le couple dans la fascinante vie de famille d'aujourd'hui ? Je répondrai à cette question en développant les trois sujets suivants :

1. Le piège de la vie moderne pour les couples-parents ;
2. L'amour, un sentiment qui se cultive ;
3. Des moyens concrets pour favoriser la complicité amoureuse.

Le piège de la vie moderne pour les couples-parents

Le piège dans lequel tombent beaucoup de couples de la vie contemporaine, surtout quand ils sont parents, c'est de négliger leur relation. Cette négligence s'installe subrepticement. D'abord, nous oublions la Saint-Valentin pour une très bonne raison, puis nous nous occupons de moins en moins de notre apparence en présence de l'autre parce que cela fait tellement de bien de se sentir vraiment à l'aise. De plus, pour nous libérer de nos tensions, nous réagissons à l'être aimé en lui manquant de respect. Nous nous parlons de moins en moins à table, la petite a tellement de choses à raconter. Tous ces événements banals pris séparément peuvent sembler bien inoffensifs pour le couple. Pourtant, quand ils se répètent un nombre incalculable de fois, ils agissent chez chacun des conjoints comme une bombe à retardement et finissent par effriter le sentiment amoureux au lieu de le cultiver.

L'amour, un sentiment qui se cultive

Il est bien naïf de penser que l'amour est garant de la survie du couple. L'amour est un sentiment qui dure dans

le temps à condition qu'il soit alimenté par certains ingré-dients fondamentaux, dont l'investissement, le respect, la communication authentique et des espaces d'intimité.

Cultiver l'amour, c'est s'investir en se donnant du temps en couple. Cet investissement peut s'actualiser par des activités de loi-sirs à deux, des conversations intimes, des temps de repos ensemble, des petits rituels ou des moments pour élaborer des projets communs. L'important est que ce temps en soit un de qualité et qu'il soit aussi précieux que celui que nous donnons à nos enfants.

Qu'ils s'installent spontanément ou qu'ils soient prévus longtemps à l'avance, l'essentiel est que les moments consa-crés à la relation amoureuse des couples-parents soient nombreux et réguliers. De la même façon que nous ne devons pas attendre que nos plantes perdent toutes leurs feuilles avant de nous décider à sortir l'arrosoir, notre couple a besoin que nous nous occupions de lui de façon continue. Il est fondamental que nous demeurions vigilants et pré-voyants à cet égard et que nous évitions de tomber dans le piège de toujours donner priorité aux nombreuses deman-des de notre progéniture au détriment de notre relation.

Cultiver l'amour, c'est également se respecter mutuel-lement, car le respect est le fondement sur lequel l'amour peut s'épanouir. Le manque de respect tue l'amour à petit feu. Il se présente sous différents visages : des critiques ou des blâmes, des commentaires qui diminuent l'autre dans sa valeur, des insultes, des promesses brisées, des limi-tes transgressées. À la longue, ces comportements corrom-pent lentement et progressivement les racines de l'amour à l'insu du couple. Se respecter passe aussi par l'aptitude à donner de la valeur aux différences de l'autre. En tant que partenaires dans le rôle de parents, il peut devenir très difficile de nous entendre sur l'éducation que nous voulons donner à nos enfants. Pour cette raison, la communication doit rester une priorité entre les conjoints.

Pour cultiver l'amour, il est aussi fondamental de communiquer franchement, autant sur les sujets qui nous enchantent que sur ceux qui nous enlèvent le sourire. Garder en soi un malaise en lien avec l'autre pour éviter des conflits, par peur de déranger ou de perdre son amour, c'est choisir, comme je l'ai déjà dit, de s'éloigner de la personne de qui nous voudrions être le plus proche. Inévitablement, quand les non-dits entre amoureux s'accumulent, un fossé de plus en plus profond se crée dans la relation. Apprendre à parler de soi, à écouter l'autre et à en tenir compte est vital pour le couple.

En résumé, cultiver l'amour, c'est s'engager et s'investir dans la relation amoureuse par des moyens concrets.

Des moyens pour favoriser la complicité amoureuse

Le temps n'étant souvent pas la ressource première des couples-parents, voici quelques moyens à intégrer dans le quotidien pour attiser le feu de la complicité amoureuse.

Rire ensemble

Le rire rapproche en l'espace de quelques secondes. Souvenez-vous de ce qui vous faisait rire au début de votre relation; chatouillez-vous; regardez une émission qui vous fait rire tous les deux en vous collant l'un l'autre; abordez avec humour vos manques et vos défauts.

Déjouer la routine

La spontanéité, la créativité, la nouveauté sont l'oxygène du couple. À tour de rôle, une fois par mois, soyez responsables d'une activité qui sort de l'ordinaire : une nuit dans le salon dans une maison faite en couvertures; une sortie-surprise au cours de laquelle vous amènerez votre amoureux les yeux bandés. Vous pouvez aussi impliquer les enfants en leur demandant de vous préparer un souper d'amoureux.

Faire une carte de vos objectifs communs

Découper des images de ce que vous voulez vivre comme couple : intimité, voyage, sexualité vivante et satisfaisante, sport, méditation ensemble, nouvelle maison, etc. Collez ces images sur un grand carton, écrivez des mots qui vous inspirent, comme le mot « communication ». Ajoutez-y des photos de vous deux que vous aimez. Accrochez votre carte bien en vue dans votre petit nid. Ainsi, elle agira sur votre inconscient à votre insu.

Complimenter l'autre et le remercier

Il est tellement plus facile de noter les défauts de l'autre que d'insister sur ses qualités. Sans nier ses petites faiblesses, ne les dénoncez pas tout le temps. Sachez mettre l'accent sur ses forces et les aspects positifs de ses différences. Surtout, dites-le-lui souvent. Remerciez-le aussi pour la vaisselle rangée, la poignée de porte réparée, le sourire du matin, la ponctualité d'hier...

Choisir ses batailles

Vous n'avez sûrement pas un conjoint parfait. Être en couple exige certaines concessions. Si vous faites un drame pour tout ce qui vous dérange, très vite, votre vie de couple ressemblera à un champ de bataille. Choisissez donc vos batailles.

Se séduire encore et toujours

Souvent, parce que nous tenons l'autre pour acquis, nous cessons de nous servir de nos charmes pour le séduire. La séduction contribue à garder le couple en vie.

Célébrer votre relation par des rituels

Le café-journal du samedi matin, les dimanches soirs sacrés et consacrés uniquement aux couples-parents, les anniversaires de votre rencontre ou de la Saint-Valentin alimentent l'amour. Chaque couple a ses préférences pour se réjouir d'être ensemble et donner de l'importance à sa relation.

Dans beaucoup de cas, avoir un enfant témoigne, pour les conjoints, de leur engagement, de leur amour et de leur foi en leur couple. Pourtant, paradoxalement, c'est trop souvent le fruit de leur union qui leur fait négliger la construction de leur bonheur à deux. Or, rien ne vaut la richesse de l'investissement dans notre couple, car un couple heureux et en santé est le cœur d'une famille saine et épanouie, et l'âme d'un foyer où il fait bon vivre.

Le défi de l'équilibre personnel !

Notre vie quotidienne change énormément quand nous devenons parents. Nos petits comme nos plus grands ont besoin de nous. S'il est vrai que notre rôle demande que nous nous rendions disponibles pour les nourrir physiquement et affectivement, je suis persuadée de la nécessité pour un parent de prendre soin de lui-même et de se ressourcer. Apprendre l'équilibre personnel quand nous avons des enfants représente cependant tout un défi !

Je me souviens d'un jour où l'un de mes fils a pris un engagement avec un ami sans m'en parler, en supposant que je m'occuperais du transport. J'ai explosé ! Sans une seule seconde pour voir venir la charge émotive qui m'a envahie à ce moment-là, je me suis retrouvée pleurant de rage et déblatérant sur la lourdeur de mon horaire. Mon fils ne m'avait pas considérée, j'en conviens ; il n'a d'ailleurs eu aucun mal à le reconnaître et à se récupérer à la suite de son erreur. Mais pourquoi une telle explosion de ma part ? D'où venait toute cette intensité relâchée soudainement ? Pourquoi ces pleurs, ce sentiment d'urgence à poser mes limites et à être comprise ?

La réponse se trouvait dans le déséquilibre des semaines précédentes : conjoint absent pour son travail, préparation des activités pour l'anniversaire de l'un, course pour aller aux trois matchs du tournoi de hockey de l'autre, engagements professionnels, train-train habituel, etc. J'ai rempli toutes mes obligations, tout le monde a été comblé et ils ont bénéficié de ma bonne humeur. Je croyais n'avoir oublié personne. Cependant, quand je me suis vue réagir si fortement à un déclencheur qui, sans être banal, n'était toutefois pas un drame, j'ai réalisé que j'avais oublié une personne très importante : moi-même.

Se rencontrer au quotidien

Ma responsabilité de parent est celle qui me tient le plus à cœur dans la vie. Une des images qui symbolisent pour moi ce rôle est celle de la terre nourricière. Nous avons beau placer notre fleur au soleil, contrôler la force du vent qu'elle reçoit, placer un tuteur et l'abreuver de l'eau la plus pure, si la terre dans laquelle elle est plantée est appauvrie, notre fleur en souffrira.

Pour donner autant de temps, d'énergie, d'amour, de patience, de compréhension, d'écoute, de valorisation, d'encouragement, de présence chaleureuse et bienveillante, de soins, de bons repas, d'argent de poche, de transport ; pour raconter une belle histoire ; pour arriver à l'heure chez le dentiste ; pour acheter les aliments sains et pour beaucoup plus encore, nous devons nous-mêmes être nourris.

Il est vital pour nous tous, êtres humains, de jouir d'espaces/temps pour des activités qui nous font du bien, qui nous procurent du bonheur, qui nourrissent notre pulsion de vie, qui alimentent notre joie, qui nous permettent de vivre nos passions. Nous avons besoin de moments de rencontre avec nous-mêmes, d'instants où nous choisissons de nous faire plaisir en lisant un bon livre, en faisant de l'exercice, en relaxant, en voyant un ami, en restant seul en silence ou encore en allant au théâtre. Un moment pour soi chaque jour, est-ce si irréaliste ? Une chose est certaine, si nous ne priorisons pas ces rencontres avec nous-mêmes, personne ne le fera à notre place.

Le pouvoir de choisir

J'ai cinq enfants et je travaille quatre ou cinq jours par semaine. J'ai parfois l'impression d'une course contre la montre! S'il est une chose que je ne nierai pas, c'est le fait que tous, qui que nous soyons, nous devons respecter certaines contraintes. Toutefois il est difficile de prendre soin de nous quand nous sommes parents et que nous travaillons. Difficile! mais pas impossible.

Si nos horaires de travail rigides, si le manque de temps, d'argent, de participation de notre entourage aux tâches sont des faits réels, nous ne devons pas nous servir de ces réalités comme excuses pour éviter de prendre soin de nous-mêmes. C'est beaucoup plus facile de voir les choix que nous ne pouvons pas arrêter que ceux que nous pouvons faire. Pour éviter de devenir victimes de notre situation, il est fondamental que nous récupérions notre pouvoir de choisir. Nous avons, en effet, le pouvoir de re-choisir notre emploi, même s'il nous impose de lourds horaires, parce qu'il nous permet de nous réaliser ou qu'il nous apporte une sécurité financière que nous ne voulons pas perdre. Nous pouvons toujours re-choisir ce qui habite notre temps.

Il y a quelques années, dans une période de déséquilibre personnel, quand mes proches me donnaient des conseils et m'encourageaient à m'occuper de moi, je leur répondais toujours avec un ton d'évidence : «Je n'ai pas le temps!» Si bien que, au bout de quelques mois, n'en pouvant plus moi-même de m'entendre me plaindre, j'ai décidé de mettre en pratique le «truc» que je donne aux autres pour récupérer leur pouvoir de choisir. Au lieu de dire «Je n'ai pas le temps.», j'ai commencé mes phrases par les mots «je choisis de...» ou «je choisis de ne pas...». Ainsi, plutôt que de m'entendre répéter que je n'avais jamais de temps pour moi, j'ai dit : « *Je choisis de ne consacrer aucune minute de mon temps à ma santé.* » L'impact de ces paroles sur moi a été puissant et rapide. Je me suis mise à intégrer de façon régulière l'exercice dans mon quotidien. Comment ? En donnant la première place à mes priorités et en me disciplinant.

La discipline mène à la liberté

« *La seule différence entre les gagnants et les perdants, c'est que les gagnants passent à l'action* », écrit Antony Robins.

Ce qui est difficile, ce n'est pas d'être dans l'action, mais d'être dans une action choisie. Nous pouvons courir toute la journée sans accomplir d'actions justes et bénéfiques pour nous-mêmes. Nous pouvons fuir la satisfaction de nos besoins personnels en nous justifiant et en nous plaignant, parce que nous avons appris à « faire » pour le bien des autres et à agir d'une manière automatique pour gagner notre vie et pour être un soi-disant bon conjoint et un bon parent. Par exemple, un jour, alors que je bénéficiais enfin d'un moment de répit et que j'aurais pu prendre du temps pour moi, je me suis mise à laver toutes mes fenêtres ; identifier nos fonctionnements et apprendre à résister à ceux qui nous excluent de nos priorités est très aidant pour changer. Il s'agit de bien identifier ce qui nous fait plaisir et ce qui nous fait du bien, de le placer en première place dans la liste de nos priorités et de nous discipliner dans le passage à l'action.

Nous croyons que la discipline nous emprisonne. Elle a, au contraire, le pouvoir de nous libérer quand nous nous en servons pour remplir notre vie de ce qui nous rend plus sains et plus heureux. Parfois, sur le moment, elle nous agace, car elle nous demande de briser nos automatismes ou même de perdre un plaisir à court terme pour profiter d'un autre à long terme. Pour ne pas oublier les avantages que la discipline me procure, j'aime me souvenir de cette citation de Jim Rohn : « *Il y a deux grandes douleurs dans la vie. L'une est la douleur de la discipline, l'autre est la douleur du regret.* »

Être en équilibre, c'est être en mouvance

La recherche d'équilibre personnel représente un défi quotidien. Ce processus de création nous garde toujours en mouvance. Comme le funambule sur son fil, si nous arrêtons le mouvement du retour vers nous-mêmes, nous perdons cet équilibre, parce qu'il est fragile. Pour le garder, il importe de choisir l'action juste à chaque instant.

Il n'existe pas de conditions pleinement idéales ni de meilleur moment que maintenant pour poser un geste d'amour envers vous-mêmes. Mettez donc en priorité un moment de rencontre avec vous quotidiennement. C'est la seule façon que vous avez de devenir une meilleure personne pour les autres, spécialement pour vos enfants.

Prendre le temps de s'aimer en famille

Concilier notre vie professionnelle, notre vie familiale et notre vie personnelle est tellement exigeant que l'efficacité semble être la qualité la plus importante à développer pour réussir à harmoniser ces trois composantes de notre réalité quotidienne. Cependant, pour être efficace, il faut s'activer et accorder au « faire » la priorité sur l' « être ». Nous courons donc du matin au soir et terminons très souvent nos journées épuisés et insatisfaits, en espérant les vacances et la retraite pour pouvoir enfin nous reposer et trouver cet équilibre tant convoité. Et si l'un des principaux atouts de cette conciliation était la capacité à prendre le temps de vivre maintenant ?

L'illusion de la réussite

Comme beaucoup de parents, j'ai un agenda rempli de rendez-vous, d'engagements, d'activités de toutes sortes et de tâches à accomplir pour assurer la qualité de mon travail, pour la bonne organisation de ma vie familiale, pour m'occuper de chacun de mes enfants, pour nourrir ma vie de couple et pour prendre en main mon épanouissement personnel. Structurée et organisée, je me lève le matin avec, en tête, tout ce qui doit être fait, complété, réalisé dans la journée de manière que ma vie continue à être fonctionnelle. Je dresse une liste de ce que j'ai à « faire » et celle-ci me sert de guide essentiel pour ne rien oublier. Mon système marche parfaitement bien. J'accomplis beaucoup de choses et j'en ressens même parfois une certaine forme de gratification.

Cependant, malgré cela, je termine fréquemment mes journées avec un étrange sentiment de n'avoir rien réalisé et, surtout, de ne pas avoir eu une minute pour souffler. Je me sens un peu comme si j'avais voyagé dans un train à grande vitesse, que j'avais vu défiler à la fenêtre plusieurs paysages, de nombreuses villes différentes, des centaines de personnes sans avoir eu le temps de les identifier. À la sortie de ce train, j'arrive à destination, mais sans avoir profité du trajet. La performance et l'adrénaline secrétée par le sentiment d'urgence ainsi que ma rapidité d'exécution me maintiennent ainsi, des heures durant, dans l'illusion de la satisfaction. Ces jours-là, j'accomplis un nombre considérable d'actions facilement visibles à l'extérieur, mais qui ne me nourrissent pas à l'intérieur. En d'autres mots, le manque d'harmonie entre le « faire » et l' « être » me laisse avec le sentiment d'être passée à côté de l'essentiel.

J'ai mis du temps à comprendre que la vraie réussite ne se mesure pas nécessairement par le nombre d'activités accomplies, mais par le degré de satisfaction profonde ressentie à l'intérieur de soi à la fin de chaque journée.

Ralentir nous fait gagner du temps

Évidemment les courses à l'épicerie ne se font pas toutes seules, ni le paiement des comptes, ni la tonte du gazon. Toutefois, **dans l'activisme, nous perdons tous les cadeaux qui viennent avec la lenteur parce que, à force de courir après le temps, nous oublions de véritablement l'habiter.**

Ralentir n'est pas un mot à la mode. Au contraire, « prendre son temps » est vu comme un luxe ou comme de la paresse. C'est dommage, car ralentir nous permet de devenir plus conscients de ce qui se passe en nous et autour de nous. Cette conscience de soi, de ceux qui nous entourent et de notre environnement semble déjouer la montre.

Le fait de nous concentrer sur ce que nous sommes en train de vivre nous permet de le goûter et de mieux nous en nourrir. C'est comme laisser une gorgée de vin ou une bouchée de bon chocolat rouler plus longtemps dans notre bouche pour en décupler la saveur et nous combler davantage de plaisir. Ce faisant, nous éprouvons moins le besoin de manger ou de boire de grandes quantités et nous voulons jouir davantage de chaque saveur.

Cet exemple s'applique à toutes nos actions. Plus nous sommes dans la conscience de nos actes, de notre vécu, de notre entourage, moins nous avons besoin de nous étourdir dans l'action, parce que la conscience du moment présent et de ce qui le compose nous permet d'identifier nos véritables besoins et ce qui nous fait vraiment envie. Au lieu d'accomplir des gestes inutiles, nos actions deviennent alors plus justes et tellement plus satisfaisantes intérieurement. Nos minutes se remplissent plutôt que de s'écouler. Le temps ne nous file plus entre les doigts comme le sable dans le sablier, puisque nous l'habitons pleinement.

Sortir du tourbillon des tâches et des obligations, et passer de la cinquième à la première vitesse s'avère primordial pour la réussite d'une vie de famille épanouissante.

Un soir, au cours des 15 minutes quotidiennes que je passe avec chaque enfant individuellement avant le début de leur nuit, mon fils Auguste m'a confié qu'il n'avait pas hâte d'être adulte. Quand je lui ai demandé pourquoi, sa réponse m'a foudroyée : « *On a trop de responsabilités. On ne fait que travailler. On n'a jamais le temps de voir ses amis, de jouer ou de relaxer.* » Il venait de me décrire comme adulte, j'en étais trop consciente. J'ai donc pris une grande respiration avant de lui répondre : « *C'est un choix d'être adulte comme je le suis. C'est moi qui ai du mal à arrêter. Je dois apprendre à le faire. Mais on peut être adulte, avoir des responsabilités d'adultes et relaxer, voir plus souvent ses amis et jouer. Tu choisiras le genre d'adulte que tu veux être, Auguste. »*

À partir de ce jour où mon fils, sans le vouloir, m'avait fouettée, je me suis engagée envers moi-même à arrêter un peu plus souvent pour vivre en famille. De nature raisonnable, responsable et disciplinée, je me suis servie de ces atouts à bon escient et j'ai tenté de mettre en haut de ma liste matinale des temps pour m'amuser avec le reste de la famille. Grâce à cela, je peux me délecter du souvenir de notre fameuse balade dans un parc régional quand nous avons vu huit chevreuils, de notre mémorable joute de hockey dans la rue quand les voisins sont venus se joindre à nous, de notre pique-nique sur le gazon dans notre cour, de notre partie de Clue jamais terminée parce que nous faisions tous des gaffes à tour de rôle, de nos compétitions de bras-de-fer de plus en plus difficiles à gagner, du conte époustouflant que mon plus jeune et moi avons inventé, du fou rire de l'un qui me relatait la fois où son ami a eu l'air le plus fou ou de celui de l'autre quand il imitait son professeur de mathématiques si sympathique. Ces souvenirs heureux ont été rendus possibles parce que j'ai accepté une invitation à aller jouer, même si j'avais quelque chose à finir, ou parce que j'ai provoqué ces moments en choisissant d' « être » avec les miens plutôt que de « faire » pour eux.

Quand la toupie s'arrête, on en découvre la beauté !

Autant la discipline, l'organisation et les routines sont importantes dans la vie familiale, autant sortir des repères habituels, se poser et prioriser les temps d'arrêt le sont aussi. C'est dans ces moments de calme, dans cette présence à soi, aux autres et à ce qui nous entoure que quelque chose d'important émerge. **Il y a toujours une surprise dans l'arrêt, du jamais-vu, du jamais-vécu, une nouveauté qui se crée dans le moment présent.**

Dans ces espaces de temps habité, enfin, nous pouvons écouter vraiment ce que notre enfant a à nous dire; savoir comment il vit ses journées; entendre ce qui le préoccupe, ce qu'il pense de tel ou tel sujet; découvrir en quoi il a confiance en lui et de quoi il a peur. Dans ces moments de temps pleinement vécus, où les obligations prennent la deuxième place, nous saisissons l'occasion d'observer nos enfants et notre conjoint avec un regard neuf, comme si nous les découvrions pour la première fois. Dans ces instants-là seulement, nous pouvons distinguer les vraies couleurs de chacun des nôtres, apprécier leurs différences et leurs ressemblances, bref, profiter de leur unicité. Dans ces minutes habitées véritablement, nous vivons ce qu'il y a de plus précieux dans la vie de famille, du temps de qualité pour la relation.

La relation, avec et sans les mots, avec et sans les gestes, est le mortier qui nous unit pour que nous construisions une famille solide et unie. C'est par la relation intime et profonde que se transmettent les messages les plus importants, les valeurs les plus précieuses. C'est dans ce temps de qualité habité que nous goûtons aux bonheurs de la vie familiale. Le renard l'a si bien dit dans son secret au Petit Prince :

« C'est le temps que tu mets pour ta rose qui fait ta rose si importante. » (Antoine de Saint-Exupéry)

Le matin au réveil, je veux bien avoir toutes mes listes prêtes pour n'oublier aucune de mes activités. Mais pour bien guider mes choix dans ma journée, j'ai besoin de prendre le temps de me souvenir d'une chose essentielle afin d'éviter de me coucher le soir, le cœur vide :

« *Le temps que l'on prend pour dire je t'aime, est le seul qui reste au bout de nos jours.* » (Gilles Vigneault)

L'engagement envers soi-même

Un jour, alors que mon mari, en attente d'une greffe cardiaque, luttait pour sa vie et que, une fois de plus, un de mes enfants me confiait en pleurant qu'il avait peur de perdre son père, j'ai été mise face au fait que, quoi que je fasse, je n'arriverais jamais à préserver mes enfants de la souffrance ni des coups durs. Je me suis dit qu'il valait donc mieux que je me consacre à les outiller pour qu'ils sachent les affronter.

Le choix de notre attitude

Chaque épreuve, chaque souffrance, quelles qu'elles soient, ne sont pas les bienvenues de prime abord dans nos vies. Elles sont difficiles à accepter parce que nous ne les choisissons pas. En effet, personne ne décide de mettre consciemment des bâtons dans les roues de son bonheur. Toutefois notre choix réside dans notre façon d'aborder nos épreuves, notre attitude face à elles, le sens que nous leur donnons. Que ce soit une séparation, la perte d'un être cher, une maladie, la perte d'un emploi ou quelque autre drame personnel, quand une personne proche ou la vie semblent nous laisser tomber, l'occasion est bonne pour nous tourner vers l'engagement envers nous-mêmes.

Cacher notre souffrance nous enfonce davantage

Quand la foudre s'abat sur notre vie, qu'elle détruit une partie de nos repères, il est normal de traverser des périodes d'obscurité, de doutes, de méfiance, de manque de confiance en soi, de révolte, d'insécurité profonde. **Rares sont ceux qui se permettent de pleurer à fond pendant** ces périodes, d'avouer leur peur, d'admettre ne plus savoir quoi faire, de reconnaître leur sentiment d'être déstabilisés et dépassés. **Ces états et ces émotions ont mauvaise presse et sont vécus souvent dans un isolement dévastateur.**

Pourtant, ce n'est qu'en franchissant ce tunnel de souffrance, de questions sans réponses que nous finissons par atteindre l'autre rive, là où des réponses jaillissent, où les élans de vie reviennent. Je ne dirai jamais assez combien il est important, dans ces moments difficiles, de s'entourer de personnes qui savent nous écouter, nous accepter et nous aimer quand nous nous sentons vulnérables et défaits. L'isolement accentue la détresse. La relation saine nous aide à émerger de cette souffrance et à retrouver notre route quand nous l'avons perdue de vue.

Passer de la girouette au capitaine de son propre bateau

Quand nous cherchons une nouvelle route, par insécurité, nous avons tendance à nous activer intensément pour trouver un semblant de paix. Dans ces cas-là, à l'image de la girouette, nous ne choisissons pas notre direction, c'est le vent qui la choisit à notre place. Pourtant, nous sommes toujours en mouvement, mais qui dit « action » ne dit pas nécessairement « engagement envers soi ».

Le réel engagement envers nous-mêmes se produit quand nos talents, nos ressources, notre capacité à faire des choix et à prendre des risques sont mis au profit de l'être unique que nous sommes. Nous nous engageons envers nous-mêmes quand nos actions sont canalisées vers un objectif qui répond à l'un de nos besoins spécifiques;

quand nos choix sont effectués dans le but de respecter nos limites personnelles, quand nos talents sont mis au service de la réalisation d'un de nos rêves. Faute de quoi, nous passons des journées entières à travailler fort, sans l'impression d'avoir été en accord avec ce que nous sommes.

Parfois le coup dur qui nous atterre peut nous servir d'occasion de nous remettre sérieusement en question. Avons-nous laissé la barre de notre vie à quelqu'un d'autre, à nos peurs, aux vents du large? Avons-nous oublié de nous occuper de quelque chose ou de quelqu'un d'important pour nous? Il est peut-être temps de reprendre le gouvernail et de devenir le capitaine de notre vie pour nous créer une existence qui nous ressemble et qui nous comble, et ce, en dépit des vents qui soufflent. Pour arriver à prendre la barre, il existe une condition essentielle : bien nous connaître.

Aider nos enfants à se connaître pour qu'ils s'engagent envers eux-mêmes

Le mot « connaître » fait souvent référence à l'activité mentale. Pourtant quand nous prenons le temps d'observer comment les choses se passent à l'intérieur de nous, nous nous rendons bien compte que la première étape par laquelle nous devons passer pour nous connaître, c'est de ressentir, donc d'être attentifs à nos sensations, à nos émotions, à nos sentiments. Ce n'est qu'après avoir ressenti le plaisir de les manger que j'ai pu identifier un jour que j'aimais les sushis. Il en est de même pour mes besoins, mes limites personnelles, mes rêves. Un rêve se ressent de l'intérieur et ne se décide pas par un effort rationnel.

Or, l'importance de la dimension rationnelle de l'humain est surévaluée depuis déjà trop longtemps! Rares sont les personnes qui ont été éduquées à accorder de l'importance à ce qu'elles ressentent. Nous accueillons un enfant qui revient de l'école par des phrases qui valorisent le « faire » et le « savoir ». *« Qu'est-ce que tu as fait aujourd'hui ? »*, *« Qu'est-ce que tu as appris à l'école ? »*, leur demandons-nous. Pourquoi ne pas leur demander plutôt : *« Qu'est-ce que tu as vécu aujourd'hui ? »*, *« Es-tu arrivé à rester toi-même avec tes amis ? »*, *« Qu'est-ce que tu as appris sur toi ? »*

Se brancher sur notre ressenti

Quand mes enfants avaient peur, avaient de la peine ou encore quand ils étaient révoltés face à l'état de santé de leur papa, nous avons pleuré ensemble. Puis, à la question *« Qu'est-ce qu'on va faire s'il meurt ? »*, les seuls mots qui me sont venus sont *« On pleurera ensemble et, ensuite, on trouvera, c'est sûr. Là, tout de suite, qu'est-ce qui te ferait du bien ? »* Et la réponse ne pouvait venir que de l'intérieur de leur cœur : *« Je veux être près de lui et qu'il sache que je l'aime. »*

Pour rester engagés envers eux-mêmes, surtout quand les vents soufflent très fort, nos enfants ont besoin de savoir ce qu'ils aiment, comment ils sont rassurés, de quoi ils ont besoin, par qui ils se sentent aimés, avec qui ils arrivent à croire en eux, qu'est-ce qui leur donne envie de se lever le matin et quel chemin ils doivent défricher quand ils font face à une épreuve. S'ils savent ressentir, puis écouter leur voix intérieure, s'ils savent que c'est au service de cette voix qu'ils doivent accorder leur temps et dépenser leur énergie, ils seront alors outillés pour affronter toutes les tempêtes de leur vie.

Perdre le Nord sans faire naufrage : la puissance du lâcher-prise

Être parent, c'est être le capitaine de tout un bateau. Et diriger ce bateau et nos matelots dans la direction des valeurs familiales choisies, garder le Nord quand une tempête se lève entre les membres de l'équipage, assumer notre rôle de capitaine alors que cela ne convient pas à tout le monde, garder le sourire et nourrir la joie de vivre de tous, c'est déjà une défi quand tout va bien dans notre vie personnelle. Alors, dans les moments de notre vie où rien ne va plus, il est d'autant plus difficile de continuer à avancer, à s'occuper de soi et à être là pour les enfants. Notre période difficile peut être due à un coup dur qui vient de s'abattre sur nous brutalement et qui nous enlève tous nos repères, nos espoirs, le sens de notre vie. Un trop-plein de petits problèmes peut également devenir insurmontable et créer en nous la sensation d'étouffer sous un tas de pierres. Ou encore, nous tournons en rond depuis trop longtemps dans un fonctionnement destructeur et insatisfaisant, et notre quotidien nous apparaît de plus en plus insupportable malgré tous les efforts déployés pour nous en sortir. Alors comment faire pour garder le cap quand nous sommes mal en dedans et que nous perdons le sens de notre vie ? Comment continuer à éduquer nos enfants quand nos croyances sont ébranlées ? Comment les guider quand nos propres valeurs sont questionnées ?

Naviguer de nuit

Si, à certaines étapes de notre vie de parents, la direction que doit prendre notre vie est claire et notre vision du futur se trouve en harmonie avec nos actions, nos valeurs, nos pensées du présent, à d'autres moments, nous perdons le Nord. Parfois un événement extérieur déclenche ces périodes plus sombres, alors que, d'autres fois, rien n'a changé à l'extérieur. C'est à l'intérieur de nous-mêmes que se trouve le chaos. Nos repères habituels ne nous apportent plus les réponses sécurisantes d'avant, nos idées sur la vie ou nos choix sont remis en question et certaines de nos valeurs ne réussissent plus à éclairer notre route. Ce qui nous rendait heureux auparavant a subitement perdu ce pouvoir. C'est la confusion totale.

Dans une telle situation, le réflexe de la plupart d'entre nous est de nous démener pour retrouver au plus tôt l'équilibre d'antan, soit en nous accrochant au connu que nous ne voulons pas quitter, soit en cherchant désespérément et de façon uniquement rationnelle la direction à suivre. Il est très difficile d'accepter de vivre de manière paisible et confiante une telle incertitude, autant d'angoisse et tant d'incompréhension. Pourtant, dans le processus de changement créateur de nos vies, cette étape fait partie de celles que nous devons traverser. Elle correspond aux moments où nous sentons que rien ne va plus, sans toutefois savoir ce qui nous rendrait plus heureux.

Pour mettre cette réalité en images, je la comparerai à quelqu'un qui vivrait heureux sur la rive d'un immense lac depuis des années et qui se rendrait compte un jour qu'il n'y est plus bien. Accepter de laisser la sécurité connue et quitter la rive en nageant sans apercevoir l'autre rive, sans même savoir s'il y en a une, est difficilement envisageable. De toute façon, se débattre dans l'eau, nager au-delà de ses forces pour arriver plus vite quelque part ne mènerait à rien d'autre qu'à l'épuisement psychologique et physique. Que faire alors pour nous-mêmes? Comment gagner notre bataille? Contre qui se fait cette lutte?

Quand lutter nous fait perdre l'épreuve

Comme vous sans doute, j'ai vécu des périodes pendant lesquelles je me suis sentie complètement anéantie devant les épreuves que je devais affronter. Me revient facilement à l'esprit l'événement que j'ai relaté dans les pages précédentes. J'étais à peine sortie de l'inquiétude et de l'épuisement vécus pendant un an et demi à cause d'une maladie qu'avait traversé notre troisième enfant lorsqu'un nouvel orage a éclaté dans ma famille. Mon conjoint, dont la grave maladie cardiaque avait progressé, devenait invalide, en attente d'une greffe cardiaque, son seul espoir de survie.

Comme pour tous les autres défis de ma vie, j'ai retroussé mes manches, prête pour cette bataille. Munie de mes armes habituelles, le courage, la discipline, la force, le sens de l'organisation, l'efficacité, l'énergie physique et le désir de passer à travers, je me suis démenée pour relever, sans mon partenaire, les défis du quotidien. J'ai résisté de toutes mes forces à l'effondrement qui me guettait, je me suis acharnée pour que mes quatre enfants ne manquent de rien et que mon travail n'en souffre pas. J'ai lutté comme si j'avais été sur un ring. Après plus d'un an de ce combat, sur le bord du K.O., épuisée physiquement et émotionnellement, je me souviens avoir défié la Vie, avec des larmes de rage sur les joues. « *Tu veux que je tombe, hein? Tu veux ma peau? Mais tu ne m'auras pas! Je vais rester debout! Je ne flancherai pas!* »

Je croyais vraiment que la Vie me testait, qu'elle était devenue mon ennemie et qu'elle agissait contre moi. Je me sentais de plus en plus petite et impuissante. J'étais sur le point de perdre cette lutte contre mon adversaire imaginaire, sans me douter toutefois de ce que j'allais y gagner en jetant les armes.

Accepter l'impuissance pour accéder à notre puissance

« *En combattant la réalité, nous bloquons l'énergie vitale et, par conséquent, nous sommes privés de nos ressources profondes. Ainsi affaiblis, nous sommes amoindris par la lutte contre ce qui est, contre ce qu'on est ou contre les autres. (…) ce qui fait naître en nous un profond sentiment d'impuissance* », écrit Colette Portelance1.

Il est vrai que, face à l'impuissance, nous travaillons souvent en résistance contre ce qui est. Dépourvus et apeurés, nous tentons de retrouver le pouvoir sur notre vie qui s'écroule en cherchant à prendre du contrôle sur les éléments extérieurs. Notre enfant vit une injustice dans un processus de sélection? Nous entamons un combat contre quelqu'un. Nous vivons une surcharge de travail depuis des années? Nous cherchons des solutions pour acquérir plus d'efficacité, plus d'organisation, plus de performance dans les tâches. Nous vivons un deuil ou une séparation? Vite, nous cherchons des conseils pour passer au travers! Bien que toutes les qualités relatives à l'action soient essentielles pour surmonter nos défis, il vient un moment où ces qualités deviennent inefficaces et nous enfoncent davantage dans l'impuissance si l'activisme nous éloigne de l'acceptation de la réalité, de l'écoute de soi, de la partie en nous qui sait intuitivement.

Aussi incohérent que cela puisse sembler, la véritable solution dans les moments où nous croyons nous noyer n'est-elle pas d'accepter vraiment de traverser cette étape en faisant l'étoile sur le dos plutôt qu'en nous débattant dans l'eau sans connaître la direction à prendre ? Lorsque cela arrive, **nous ne devons pas oublier que les réponses viennent de l'intérieur et que, pour les percevoir, nous devons demeurer dans un état de calme et de disponibilité.** Nous énerver et lutter contre « ce qui est » ne nous est d'aucune utilité dans les circonstances. Une écoute sensible et fine de ce qui se passe en nous sera alors essentielle pour que nous sentions et comprenions la direction à suivre.

Plusieurs d'entre nous éprouvons de la difficulté à nous fier à nos voix intérieures. Nous avons souvent appris à valoriser les réponses qui viennent de l'extérieur ou qui s'expliquent logiquement. Le plus grand piège est alors de chercher conseil auprès des autres. Si nos amis, les membres de notre famille, nos collègues sont toujours remplis de bonnes intentions, rares sont ceux qui résistent à la pulsion de nous suggérer quoi faire. Notre entourage et/ou les spécialistes de la relation d'aide psychologique à qui nous choisissons de nous confier doivent pouvoir nous guider vers notre phare et non le leur.

Conseiller peut laisser sous-entendre que l'autre ne possède pas en lui les ressources nécessaires pour trouver ses réponses. **Conseiller, c'est risquer de guider l'autre vers la voie qui nous fait du bien à nous et non vers celle qui le rendra heureux.** Le véritable soutien dont nous avons besoin quand nous traversons les eaux tumultueuses du doute est une présence chaleureuse, un accueil de tous nos états intérieurs, un support affectif réconfortant, une écoute attentive, une foi sincère en nous et surtout un respect total des éléments de réponses qui émanent de notre propre personne. Celui qui nous accompagne doit donc être doté d'une capacité à vivre avec son propre sentiment d'impuissance.

Cela dit, quand nous affrontons cette confusion, il serait bénéfique que nous nous entourions de gens capables de nous offrir un support adéquat. Au contact de certaines personnes, nous ressentons une plus grande liberté d'être qu'avec d'autres. Nous aurons alors avantage à nous entourer de ces gens-là, ceux qui nous aiment vraiment pour ce que nous sommes. Même si celles-ci ne possèdent pas le pouvoir de nous fournir des solutions miraculeuses, elles peuvent cependant nous communiquer leur confiance en notre capacité à retrouver le Nord. L'important est qu'elles nous accompagnent dans l'accueil de notre impuissance ponctuelle.

Accueillir l'impuissance vécue face à une situation et lâcher prise ne signifie pas que nous cesserons bientôt d'agir mais que nous nous engageons à cesser de lutter *contre*, pour trouver ce que nous ferons *avec*. « ... *le lâcher-prise nous guide très souvent vers l'action. Il est merveilleux de constater que l'action vers laquelle il nous conduit est une action juste parce qu'elle est inspirée par la sagesse intérieure* », poursuit Colette Portelance.

Accueillir, accepter, lâcher prise. Ces trois actions nous demandent de nous détacher des réponses familières à nos questions, des actions qui fonctionnent depuis toujours, bref, de nos repères habituels sécurisants. Accueillir, accepter et lâcher prise ouvrent la porte à la confiance en soi, à la confiance en la Vie et à la confiance au fait que nous sommes reliés à cette Vie.

Danser avec la Vie

Ce sont généralement les peurs de perdre le contrôle, de se tromper, de manquer de quelque chose, de souffrir, etc. qui sont à l'origine de notre réflexe de lutter contre ce qui est. Pourtant, quand nous arrivons à pratiquer le lâcher prise, qui met en lumière une nouvelle route à suivre ou une action juste à poser, il est fascinant d'observer comment la Vie nous supporte : en plaçant sur notre route la personne, le livre ou la conférence qu'il nous fallait; l'argent nécessaire, l'occasion en or... C'est ce qu'on appelle la synchronicité. Celle-ci ne peut pas s'obtenir par un effort de volonté, ni par de la discipline, ni par le contrôle sur les autres. Elle vient de notre danse *avec* la Vie.

Pendant les mois d'attente de la greffe de mon mari, je me répétais chaque jour pour m'armer de courage : « *Quand il sera greffé, je me reposerai.* » Puis, acculée au pied du mur par mes limites physiques et psychiques, entre mes visites quotidiennes à l'hôpital, mon travail et mon rôle de maman, j'ai pris du temps pour moi. J'ai jardiné quelques heures par jour, les mains dans la Terre-Mère. Sans penser, en silence et reliée à la Vie, j'ai accepté de ressentir ce qui était au cœur de moi, j'ai pleuré sans rage et j'ai écouté sans combattre. Puis j'ai compris. La Vie m'avait poussé jusque dans mes plus grands retranchements pour que j'en arrive à comprendre ce que je n'avais pas compris avant : « *N'attends plus pour prendre soin de toi et pour écouter tes limites, même si les autres ont besoin de toi.* »

J'ai su que, malgré ma peur de manquer d'argent pour nos besoins, je devais travailler moins d'heures/semaine, ce qui paraissait inimaginable à la femme forte et responsable que je suis. J'ai accepté de faire confiance à ce message qui venait de ma sagesse intérieure et j'ai tout mis en place avec mon employeur et ma famille. Tout s'est harmonisé avec tout le monde, sans obstacles. En plus, j'ai pris des vacances.

Le cadeau du lâcher-prise

C'est en plein milieu de ces vacances que la Vie m'a offert mon cadeau ultime. Un cœur pour mon amoureux. Un cœur qui bat encore et qui me rappelle tous les jours l'importance de faire confiance à la Vie qui travaille pour moi et pour les miens.

Quand mes enfants rencontreront leurs propres défis, je m'assurerai qu'à leur volonté d'action s'unira leur foi. Pour qu'ils expérimentent que, même si nous n'en saisissons pas toujours le sens sur le moment, la Vie nous aide toujours à retrouver le Nord en nous guidant inévitablement vers ce qui est le mieux pour notre évolution.

Préparer nos enfants au bonheur

Je me souviens d'une certaine soirée de décembre. J'avais cinq ans. Ce soir-là se tenait la fête de Noël à l'école où ma mère enseignait. Pour rien au monde j'aurais choisi de manquer ce rendez-vous annuel pour lequel je me parais de mes plus beaux atours, alors que maman passait de longues minutes à faire onduler au fer la pointe de mes cheveux qui s'entêtaient à rester raides. Des jours d'avance, je me réjouissais en pensant combien je me sentirais belle en arrivant dans le gymnase de l'école où je m'amuserais avec les autres enfants jusqu'au moment tant attendu : l'arrivée du Père Noël et de sa Fée des Étoiles. Juste à y penser, mon cœur s'emballait. Cette année-là pourtant, les choses se dérouleraient tout autrement. En effet, quelques jours plus tôt, j'avais subi une chirurgie mineure et, pendant une semaine, il m'était formellement interdit de sortir, ne serait-ce qu'une minute. Ma mère et mes frères se rendraient donc à la fête sans moi pendant que mon père resterait avec moi à la maison. Quoi ? Cela m'était tout simplement inconcevable. Le Père Noël nommerait mon nom et je ne serais pas là ?! Je ne pourrais pas le voir, m'asseoir sur ses genoux ni recevoir son cadeau ?! C'était un vrai cauchemar ! Un mélange de peine, de révolte, de sentiment d'injustice m'habitait. Pour moi, ce n'était rien de moins qu'un drame que personne n'aurait pu calmer par un pitoyable « tu ne t'en souviendras plus le jour de tes noces ».

J'ai tout essayé pour que mes parents changent d'idée. J'ai déployé mon arsenal de stratégies. J'ai proposé un mode de transport spécial dans lequel je serais parfaitement emmitouflée, j'ai fait des promesses que je n'aurais pas pu tenir, j'ai tenté de faire pitié, j'ai boudé, j'ai menacé... j'ai supplié. Rien à faire. J'ai vu mes frères partir avec ma mère au pays du bonheur, sans moi. J'avais le cœur en mille miettes. Même les encouragements de mon père, qui me promettait la soirée du siècle, ne me consolait pas. À cet instant, mon papa tant aimé n'arrivait pas à la cheville du Père Noël. Mes larmes étaient intarissables.

Je ne me rappelle pas combien de temps j'ai pleuré. Ma mémoire rattrape ce souvenir au moment où j'étais attablée dans la salle à manger et où je jouais avec mon père. J'avais le cœur léger, j'étais détendue et mon aptitude d'enfant à vivre dans le moment présent me permettait de profiter de cet instant de bonheur simple avec mon papa.

Il était tard ; aussi, c'est avec étonnement que j'ai entendu le carillon de la porte. « *Qui vient ici la nuit ?* », ai-je demandé à mon père. Pour que j'obtienne ma réponse, il m'a invitée à aller ouvrir.

Quand je l'ai aperçu par le carrelage de la porte, j'ai eu le souffle coupé. Je me souviens très bien avoir reculé de trois pas. Mes genoux avaient ramolli, j'étais paralysée. Il était là. Le Père Noël était là. En chair et en os. Devant ma stupéfaction, c'est lui qui a ouvert la porte et il est entré. Tout naturellement, il m'a raconté que, comme il ne m'avait pas vue à la fête, il s'était informé de moi. Quand il avait su ce qui m'arrivait, il avait décidé de venir lui-même me porter mon cadeau et me souhaiter de guérir vite. J'étais estomaquée. À cette minute, rien n'aurait pu me faire plus plaisir. Un courant électrique parcourait tout mon corps, comme si toutes les cellules de mon être s'étaient mises à rire d'un seul coup. Je me sentais la plus choyée et la plus importante du monde. Soudainement, devant le Père Noël qui ne m'avait pas oubliée et qui avait fait un détour pour moi, j'ai ressenti de la gratitude et une joie intense. Toutes ces émotions ont jailli de moi et j'ai pleuré de bonheur sous l'œil attendri et satisfait de mon père.

Ce moment de bonheur, je l'ai vécu de tout mon corps et de tout mon cœur. Si bien qu'il m'a rendue heureuse non seulement pendant les semaines qui ont suivi mais, encore aujourd'hui, chaque fois que je me le remémore. Mes sens et mes entrailles se souviennent et je vibre encore à y repenser. Évidemment j'éprouve une gratitude immense pour les deux complices du Père Noël qui avaient préparé avec tant d'amour et d'empathie ce moment inoubliable. Cependant, c'est surtout de m'avoir appris à ressentir et à vivre le bonheur dont je leur suis le plus reconnaissante.

Donner du bonheur à notre enfant et le préparer à vivre heureux sont deux choses complètement différentes. Je peux offrir un moment de bonheur à mon enfant, en être l'instigatrice quand, par exemple, je lui prépare son repas préféré. Toutefois sa capacité future à vivre le bonheur de savourer un repas, je ne peux pas la lui donner.

Je ne peux que la lui transmettre en préparant un terrain fertile qui lui apprendra à être heureux. La meilleure façon de réussir à atteindre cet objectif est de prêcher par l'exemple. En effet, il n'existe pas de recettes miracles : nos enfants ont besoin de nous voir heureux pour apprendre à l'être.

Mais que signifie « être heureux » et comment pouvons-nous offrir à ces êtres que nous aimons tant un modèle de bonheur ?

Que signifie être heureux?

Quand nous cherchons à définir le bonheur, à philosopher et à théoriser sur le sujet, nous pouvons difficilement le réduire à une description courte et simple. Le bonheur, vu par la raison, est rempli de nuances. Cependant les réponses à la question c'est quoi le bonheur? deviennent très simples quand nous en cherchons la réponse dans nos expériences vécues.

« Le bonheur, c'est avoir une maman, un papa et quatre frères. » (Ulysse, sept ans)

« Le bonheur, c'est faire du sport, être avec mes parents et installer ma cabane à oiseaux avec papa. » (Salomon, neuf ans)

« Le bonheur, c'est manger un bon pâté chinois. » (Auguste, 12 ans)

« Le bonheur, c'est jouer au hockey et m'amuser avec mes amis. » (Isaac, 14 ans)

« Le bonheur, c'est écouter de la bonne musique. » (Léonard, 16 ans)

« Le bonheur, c'est faire un tour d'auto dans le village après le souper en famille. » (Marie, huit ans)

« ... c'est lacer mes patins en soirée quand il neige doucement, marcher dans cette neige jusqu'au rond de glace derrière chez moi, m'élancer et entendre le son des lames sur la glace illuminée par les lampadaires. » (Marie, 11 ans)

« Le bonheur, c'est voir mon fils me cueillir des pissenlits et courir vers moi, heureux, parce qu'il sait qu'il va me faire plaisir. » (Marie, 40 ans)

À la lumière de ces expériences vécues, le bonheur est partout et il est simple à atteindre, parce qu'il découle de l'aptitude à être pleinement conscient et habité, dans l'instant présent, de la moindre petite chose qui nous rend heureux. Et bonne nouvelle, cette aptitude se cultive.

Comment devenir des parents heureux ?

Mon expérience m'a appris que, pour devenir des parents heureux, nous devons notamment :

- questionner nos croyances par rapport au bonheur ;
- ouvrir nos sens et notre cœur ;
- ressentir les émotions du moment présent ;
- cultiver notre âme d'enfant ;
- identifier nos besoins et nos passions et les rendre légitimes.

1. Questionner nos croyances par rapport au bonheur

Le bonheur est inaccessible si nous croyons qu'être heureux signifie vivre dans un monde idéal sans imperfection, sans douleur, sans souffrances. Cette conception n'existe que dans les contes de fées. De plus, il est illusoire de penser que le bonheur apparaîtra toujours, comme par magie, après un moment d'inconfort ou une épreuve de la vie. Croire qu'il arrivera plus tard, après, dans le futur, quand telle épreuve sera passée ou quand tel problème sera réglé est utopique. Finalement, croire qu'il serait présent si le passé avait été différent, c'est tenter de construire une vie sur quelque chose qui n'existe pas.

Aussi paradoxal que cela puisse paraître, le bonheur peut cohabiter avec l'imperfection, l'inconfort et la souffrance, parce qu'il ne se trouve ni dans un monde idéal, ni dans le futur, ni dans le passé. Il est inatteignable quand nous le cherchons dans l'absolu, mais il est d'une désarmante simplicité et tout proche de nous quand nous arrivons à profiter du moment présent, car il se trouve dans une multitude de petites choses souvent toutes simples et facilement accessibles. Le secret pour le vivre, c'est de développer la pleine conscience de ce qui nous rend heureux dans l'instant même où les événements se produisent et d'ouvrir nos sens et notre cœur à ce qui est.

2. Ouvrir nos sens et notre cœur

C'est par l'ouverture des sens et l'ouverture du cœur que le bonheur entre en nous. Si nos sens sont endormis, nous ne verrons pas la beauté du ciel ni n'entendrons le rire des enfants; nous ne sentirons pas l'odeur des feuilles mortes et humides sur le sol et nous ne frissonnerons pas quand notre amoureux nous effleurera d'une caresse.

Si notre cœur reste fermé, nous ne ressentirons pas toute l'émotion qui vibrera en nous quand notre adolescent sera fier d'être accepté à l'école de son choix; nous resterons insensibles au sourire de la caissière qui nous remettra notre monnaie, nous serons inatteignables quand la personne que nous aimons le plus au monde nous dira à quel point nous sommes importants pour elle.

C'est par cette ouverture des sens et du cœur que nous pouvons entrer en relation avec nous-mêmes, avec les autres et avec notre environnement. Dans ces moments de relation, le bonheur naît et existe. Cependant ce n'est que dans la pleine conscience du moment présent que nous pouvons créer cette relation qui fera de nous des parents heureux.

3. Ressentir les émotions du moment présent

Les actions, les dépassements de soi, les défis relevés sont très valorisés dans notre société, c'est bien connu. Même les questions spontanées que nous nous posons ou qu'on nous pose à la fin de notre journée en témoignent : « *Qu'est-ce que tu as fait aujourd'hui ?* » « *Qu'est-ce que tu as appris de nouveau ?* »

Bien rares sont ceux qui nous demandent : « *Comment se sont passés tes moments de pause aujourd'hui ?* » Cela semblerait même plutôt bizarre, voire cocasse, n'est-ce pas ?

Pourtant, c'est dans l'arrêt du tourbillon des activités et des pensées que nous pouvons atteindre la pleine conscience du moment présent et, par conséquent, goûter au bonheur.

Ce n'est pas le fait de savoir que quelqu'un nous attend à la maison après le travail qui nous rend heureux, mais le fait de ressentir à l'intérieur de nous-mêmes le bien-être, le sentiment de plénitude, l'amour que nous ressentons pour celui qui nous attend et de ressentir aussi le sentiment d'être aimé et attendu.

Il y a quelques semaines, un matin, à l'heure où j'étais la seule personne réveillée dans la maison, à l'heure où tous mes *trésors* dormaient encore, je m'apprêtais à aller réveiller le plus jeune quand une image s'est imposée à mon esprit. L'image de mon enfant dormant paisiblement s'offre à moi tous les matins depuis que je suis mère. Cette vision, tous les parents du monde l'ont eue un jour ou l'autre, tous les parents du monde ont vécu cette scène.

Ce matin-là, je n'étais pas pressée par un rendez-vous ni par un lever trop tardif. J'ai donc pu prendre du temps pour un moment d'arrêt, un moment exempt de stress et où je n'éprouvais aucune angoisse devant ce qui m'attendait dans la journée. Je n'étais pas envahie non plus par la culpabilité et le sentiment de perdre du temps. Il n'y avait donc pas de place pour alimenter le tourbillon de mes pensées. J'étais totalement présente à ce qui était et à ce que je faisais. Je me souviens encore de l'effet bienfaisant de cet arrêt d'une minute à peine, qui m'a semblé durer à la fois quelques secondes tellement j'aurais voulu le prolonger indéfiniment et une éternité tellement je me sentais hors du temps. En le décrivant, il me semble déjà réduire ce moment, car il était si plein et si riche. J'étais envahie par la plénitude de mon amour pour mon fils et mon élan de tendresse envers lui me donnait des frissons; j'étais remplie de ce qu'il représente pour moi, de ce que je suis pour lui; je me sentais intensément vivante et ma vie me semblait soudainement me révéler tout son sens. Cet instant en a été un de pur bonheur. Bien que je puisse le vivre tous les matins de ma vie, c'est ma disponibilité totale à m'arrêter un instant et à prendre conscience de ce qui vibrait en moi à ce moment précis qui a rendu ces secondes mémorables.

4. Cultiver notre âme d'enfant

Plus ils sont jeunes, plus nos enfants possèdent l'aptitude à vivre pleinement le moment présent. Ils s'émerveillent devant une fleur avec autant de présence qu'ils pleurent leurs peines. Ils éclatent de joie aussi intensément qu'ils hurlent leurs peurs. Ils sont là, dans l'instant. En grandissant, avec les responsabilités qui s'accumulent et les « il faut » qui se multiplient, ils finissent par oublier d'« être », tellement ils ont de choses à « faire ». Ils se décentrent petit à petit du présent dans le but de préparer leur futur. Progressivement ils négligent les petits bonheurs du moment, ceux qui rendent vraiment heureux, parce qu'ils sont trop préoccupés à courir pour atteindre au plus vite « quelque chose de mieux ». Comme nous, ils agissent comme des assoiffés qui s'essoufflent à se rendre au puits lointain sans voir les gouttes de pluie accumulées au creux des feuilles des arbres qu'ils croisent en chemin. Ils perdent jour après jour leur cœur d'enfant. Le présent perd à leurs yeux toute son importance au profit du résultat à atteindre.

Pourtant, il y a tellement d'avantages à cultiver notre âme d'enfant. Observons les petits pour nous en convaincre. Même s'ils sont en route pour Walt Disney, ils voudront s'arrêter chaque fois qu'ils verront une simple balançoire pour profiter de tous les instants du voyage. Plus encore, quand ils sentent et savent ce qu'ils aiment, ils cherchent spontanément à se placer eux-mêmes sur la route qui les rend heureux et à s'en nourrir. Ils agissent sans se poser les questions qui entretiennent le doute et l'hésitation qui nous font tourner en rond, nous, les grandes personnes.

Mon plus jeune fils, Ulysse, est un exemple de quelqu'un qui met sa passion dans toutes les étapes de son quotidien. Il adore les costumes, les déguisements, les histoires, les jeux de rôle. Son personnage préféré a longtemps été Jack le pompier, puis ce dernier a été remplacé par Spiderman, puis D'Artagnan ou Jack B le pirate. Mon fils voit une poignée d'épée dans un rouleau de papier de toilette, un outil inestimable dans un bout de corde mis à la poubelle, une cape dans un morceau de tissus, un abri dans un recoin de sa chambre et un coffre aux trésors dans le fond de sa garde-robe. Il peut passer des heures à se fabriquer des costumes, des accessoires et à se faire des mises en scène.

Il n'entretient aucun doute dans son esprit. Il recherche toutes les occasions de satisfaire sa passion pour l'incarnation de personnages.

Personnellement j'adore jouer au basketball ou au hockey dans la rue avec mes enfants, j'adore marcher dans la forêt, j'adore lire tranquillement dehors au soleil ou devant un foyer, j'adore préparer des soupers thématiques, essayer de nouvelles recettes. J'ai des enfants, des équipements de sports, une forêt, des livres, un foyer et des recettes à portée de main. Pourtant, avant de m'autoriser à en profiter, trop fréquemment je me demande si j'ai assez travaillé, si j'ai le temps, s'il ne serait pas préférable que j'occupe mon temps autrement.

S'il est vrai que je n'ai aucune difficulté à me discipliner, à être responsable et fiable quant à mes activités, il est plus difficile pour moi de donner de la légitimité à mes besoins de plaisir et de détente.

5. <u>Identifier nos besoins et nos passions et les rendre légitimes</u>

Savoir identifier ce que nous aimons et connaître nos besoins n'est pas toujours simple pour nous, adultes. Pourtant il est nécessaire de sentir ce que nous voulons à l'intérieur de nous pour agir dans le sens de ce qui nous rend heureux. Pour ce faire, l'ouverture du cœur est fondamentale. Toutefois, pour que nous soyons toujours en mesure de communiquer nos besoins, il importe que nous leur accordions de la valeur et que nous les considérions comme essentiels à notre équilibre psychique.

Pourtant plusieurs d'entre nous n'avons pas appris à donner de l'importance à nos besoins. Dans mon travail, je vois très souvent des parents qui ne savent même pas qu'ils ont des besoins personnels ou des besoins relationnels avec leurs enfants. Je me souviens d'une mère en particulier qui participait à un de mes ateliers et qui tombait des nues de voir qu'elle pouvait exprimer ses besoins : obtenir de l'aide pour la vaisselle, être respectée quand elle pleurait, pouvoir être écoutée sans être interrompue, profiter d'un peu de temps sans être dérangée dans la journée pour lire en toute tranquillité ou bénéficier d'une soirée pour sortir... Elle se voyait complètement dévouée aux besoins de ses enfants mais sans possibilité de s'occuper des siens autrement qu'après le coucher de sa progéniture. Pourtant, pour pouvoir donner autant, nous devons aussi recevoir et nous nourrir. De plus, nos enfants bénéficient alors du fait d'avoir des modèles de personnes qui s'occupent de leurs besoins. Ils apprennent ainsi à prendre soin des leurs et à respecter ceux des autres.

Je pense ici à une de mes collègues, Magda, maman de six enfants. Elle m'a raconté que, lorsque ses enfants étaient petits et qu'elle avait besoin d'un moment de tranquillité, elle plaçait une pince très distincte dans ses cheveux. Les enfants étaient avisés que l'apparition de cette pince signifiait qu'ils ne devaient pas déranger leur mère, sauf pour une urgence, parce qu'elle était en train de s'occuper de son besoin de repos. Quel beau modèle !

Trop souvent, comme parents, nous banalisons les plaisirs de nos trésors et nous ne prenons pas au sérieux certains de leurs besoins parce que nous n'écoutons pas les nôtres. Pourtant, pour choisir de se placer sur le chemin du bonheur, un enfant doit pouvoir considérer ses besoins comme légitimes. Son besoin d'être écouté vraiment est aussi important que celui d'être respecté par ses amis.

Son besoin de trouver du réconfort quand il rencontre un obstacle mérite autant de considération que celui d'être regardé par ses parents quand il présente un spectacle. S'il aime le sport, il souhaitera à juste titre être validé dans son goût ; s'il aime apprendre, il appréciera notre encouragement. S'il aime le calme, le mouvement, la vie sociale, s'il aime cuisiner, peindre, bâtir, cela doit avoir de la valeur à nos yeux, puisque ces intérêts le guideront sur le chemin du bonheur. Une personne qui aime jardiner sera heureuse si elle choisit un chemin où elle pourra semer et cultiver. Une autre qui a besoin de se sentir aimée pour ce qu'elle est dans sa relation amoureuse aura avantage à cultiver assez d'amour d'elle-même pour choisir la personne qui lui convient.

Le meilleur moyen et le plus efficace pour transmettre l'aptitude au bonheur à nos enfants, c'est de le développer nous-mêmes. Ainsi, nous aurons en nous les bonnes ressources pour les aider à trouver ce qui les fait vibrer et les aider à découvrir leurs besoins. Le chemin le plus sûr à emprunter pour nous intéresser à leur amour de la vie est de savoir ce qui nous rend heureux nous-mêmes. Par ce moyen, nous ne pourrons pas leur servir la félicité sur un plateau d'argent, mais nous saurons leur apprendre à devenir autonomes dans la création de leur aptitude à aimer la vie. Nous pourrons, par exemple, rehausser la valeur qu'ils accordent à ce qui les rend joyeux en nous ouvrant réellement à ce qui les intéresse, en écoutant véritablement leurs besoins, en les incitant à les exprimer quand ils ne le font pas naturellement. Nous pourrons également tenir compte de leurs confidences en ce qui concerne leurs besoins par rapport à nous. Bien que nous ne possédions pas le pouvoir de leur garantir le bonheur, nous avons celui de renforcer leur capacité à choisir le chemin qui les rend vivants en portant un regard d'admiration sur eux chaque fois qu'ils agissent dans le sens de ce qui les rend heureux.

À cet égard, j'aimerais relater un moment de relation tout simple vécu avec un de mes enfants, mais qui s'est révélé être une leçon de vie pour moi.

Pendant mes vacances d'été, j'avais entrepris de faire le grand ménage de la maison et de me débarrasser de tous les objets devenus inutiles qui s'entassaient dans chaque garde-robe. La veille du passage dans sa chambre, j'avais prévenu mon fils Ulysse, spécialiste des déguisements-maison, que le lendemain, nous ferions un tri dans ses bacs de costumes et de jouets pour faire de la place dans son armoire. Le lendemain, munie de sacs de vidange et animée par une énergie débordante, j'ai rapidement expliqué à mon fils mon plan d'action, lui faisant comprendre que le but était de remplir de nombreux sacs, certains qui iraient aux ordures et d'autres qu'on donnerait à des enfants plus jeunes. J'avais des arguments très convaincants et surtout très logiques. « *Quand tu ne joues pas beaucoup avec, c'est que tu peux les donner* », « *Quand c'est très abîmé, on peut le jeter* », « *Quand c'est un jeu de petit, on va l'offrir à tes cousines plus jeunes que toi.* » Le ménage allait bon train. Je pointais un jouet, un élément de costume ou un toutou en peluche et quand je pensais que mon fils ne le voulait plus, je l'aidais à choisir de le mettre dans le sac plutôt que dans son bac. Même chose pour les épées en papier journal, les armures en papier, les boucliers en carton... Après environ une demi-heure de travail, nous avions rempli deux sacs et je commençais à voir le fond de l'armoire lorsque j'ai ressenti une baisse d'énergie chez mon fils. J'ai levé les yeux, suis sortie de ma tâche et j'ai aperçu mon petit bonhomme, assis sur sa chaise, l'air impuissant et abattu.

« *Qu'est-ce qui t'arrive, mon chéri ?* », ai-je demandé.

Les yeux plein d'eau, il m'a répondu :

« *On jette tout. On donne tout. Il y a plein de jeux que j'avais quand j'étais petit et là, parce que je ne joue pas souvent avec, tu me dis de les donner. Je ne peux même pas les garder, même si c'est un souvenir pour moi.* »

Puis, les sanglots dans la voix, il a continué :

« *Qu'est-ce qui est le plus important pour moi, tu penses : garder les jeux qui sont précieux pour moi ou avoir de la place dans une armoire ?* »

Je me suis arrêtée, émue par mon fils. Depuis les dernières minutes, mon enfant était bousculé par mon propre désir effréné de ménage ; il se sentait forcé de se détacher trop vite, n'était pas encore prêt à donner autant et il gardait toute sa peine dans la gorge. Je n'avais rien vu, car j'étais complètement aveuglée par ma tâche. Dans tout cela, le plus important m'avait échappé. Heureusement, lui, il s'est affirmé et s'est fait entendre. Par sa capacité à « être », il m'a sorti du « faire » et il m'a fait reprendre contact avec ce qu'il y avait de plus important dans le moment présent.

« *Je suis désolée. Je ne me suis pas rendu compte que c'était difficile pour toi. C'est toi qui as raison. Le plus important, ce n'est pas d'avoir de la place dans ton armoire, c'est de conserver tes jouets les plus précieux.* »

Nous avons vidé tous les sacs par terre et nous avons recommencé le tri. À la fin, la garde-robe était plus en ordre, mais presque aussi pleine qu'au début. Pourtant ce n'était plus cela le plus important. Le plus précieux, c'était le sourire et la joie d'un enfant qui s'était affirmé dans son besoin et qui avait su me faire comprendre la valeur que représentait pour lui le fait d'avoir accès à sa passion en ouvrant tout simplement les portes de son armoire.

Alors, soyons francs ! Nous avons beaucoup de choses à apprendre à nos enfants. Mais, en ce qui concerne l'aptitude à vivre pleinement le moment présent, il faut bien nous avouer que ce sont eux nos maîtres.

Il faut les regarder rire aux éclats devant une grimace, s'émerveiller longtemps devant un tracteur en action, s'investir corps et cœur pour faire un bonhomme à la première neige ou s'abandonner sous nos câlins pour saisir ce qu'est la pleine conscience du moment présent. Nous pouvons bien leur montrer comment chasser les papillons, mais c'est à leur côté que nous pouvons le plus découvrir la beauté des papillons. C'est en les regardant vivre pleinement l'ici et maintenant que nous pouvons apprendre à être heureux et, par conséquent, à leur donner le cadeau de l'aptitude au bonheur.

La gratitude, culture du bonheur

Après une journée particulièrement exigeante avec mes enfants, j'ai un jour téléphoné à mes parents. Sans amertume ni rancœur, j'avais, pendant un instant, été pleinement consciente de l'ampleur de la générosité d'un parent et j'éprouvais beaucoup de gratitude pour les miens.

Il n'est jamais trop tard pour remercier !

C'est ma mère qui a répondu au téléphone. « *Maman, j'appelle pour te dire merci pour tout ce que tu as fait pour moi depuis ma naissance. Merci de m'avoir cousu ma robe de première communion, merci de n'avoir jamais manqué un de mes spectacles, merci de m'avoir payé les dispendieux cours de patinage artistique, merci de m'avoir écouté, merci d'avoir continué à me prêter ton auto même après que j'ai eu un accrochage avec... Aujourd'hui, crois-moi, j'en mesure la valeur.* »

Même si les enfants ne peuvent pas réaliser toute la valeur des moindres de nos gestes à leur égard, cela ne nous empêche aucunement de leur apprendre à exprimer de la gratitude à leur niveau, dès leur plus jeune âge.

Un merci ressenti est un merci qui nourrit le donneur et le receveur !

La gratitude se définit comme un sentiment de plaisir ressenti pour un bienfait reçu. Pour que les enfants développent l'habitude d'exprimer leur gratitude avec sincérité, ils doivent donc apprendre à s'arrêter pour prendre conscience de ce qu'ils reçoivent et pour ressentir en dedans leur appréciation. Pour les y inciter, il est souhaitable de s'entraîner soi-même à voir la valeur de tout ce que nos enfants et la vie nous offrent chaque jour. Ainsi, lorsque nous insisterons pour qu'ils nous disent « merci » quand nous leur servons un verre de lait ou que nous les reconduisons chez un ami, ce ne sera pas uniquement pour qu'ils soient polis ou, pire, pour qu'ils se sentent redevables, mais pour qu'ils apprécient vraiment l'abondance cachée dans chaque don, s'en nourrissent et nourrissent l'autre en retour. En effet, un merci vraiment ressenti en est un qui comble autant celui qui le reçoit que celui qui l'offre. Raison de plus pour cultiver notre gratitude.

Le rituel de la gratitude, ouverture sur le bonheur

C'est bien connu, les enfants apprennent par imitation et intègrent plus facilement ce qui les touche. S'ils nous entendent apprécier toutes les chances et les satisfactions que nous connaissons, si nous exprimons notre gratitude avec émerveillement et avec cœur, ils auront l'instinct de nous imiter. Aussi, quelle que soit la situation, sans nécessairement nier ce qui les fait souffrir, ils accéderont instantanément à des moments de bonheur. De même, pour utiliser une expression bien connue, la gratitude nous fait mettre le focus sur le verre à moitié plein malgré qu'il soit également à moitié vide.

J'ai expérimenté d'une façon particulière ce pouvoir que nous avons tous, dans un moment plutôt pénible de ma vie. Quand mon conjoint, atteint de sa maladie cardiaque incurable, n'a eu d'autre choix pour sa survie que celui d'attendre une greffe de cœur, je me suis retrouvée presque seule avec quatre enfants, dont un bébé d'un mois, pendant plus d'un an. Comme je l'ai déjà mentionné, m'occuper de la marmaille, de la maisonnée tout en continuant à travailler à temps plein n'était que la moitié du défi auquel je faisais face ; l'autre étant de vivre avec l'incertitude quant à la suite des événements et la peur de perdre mon conjoint. Tout naturellement, lors de cette période de vie tumultueuse, j'ai cherché à cultiver ma foi en la vie et ma reconnaissance envers ce que j'avais de beau et de bon. C'est par un rituel de gratitude que cela s'est concrétisé. Tous les matins, dans ma douche, je remerciais pour tout ce que j'avais de bon dans ma vie, en prenant soin de ressentir la plénitude que cela me donnait, la joie et la sérénité que cela me faisait ressentir. Les yeux fermés, l'eau coulant sur ma tête, j'imaginais un immense panier qui recevait des bouquets de fleurs pour chaque merci que je disais et ressentais profondément. « *Merci pour mes merveilleux enfants. Merci pour mon amoureux si fidèle et si courageux. Merci pour la belle relation que j'ai avec mes parents et mes frères. Merci pour ma santé et celle de mes enfants. Merci pour ma maison. Merci pour la belle conversation avec mon amie. Merci pour l'aide que j'ai reçue hier...* » Pendant les quelques minutes que duraient mes remerciements, mon panier imaginaire se remplissait de fleurs de toutes les couleurs. Mon rituel se terminait ainsi : le panier rempli se dirigeait au-dessus de la maison de la famille inconnue d'un possible donneur d'un cœur pour mon amoureux ; il se déversait lentement sur eux pendant que je les remerciais de leur éventuel don. Puis je prononçais, pour nourrir l'espoir et l'espérance que je ressentais au plus profond de mon être : « *Le bon cœur, au bon moment.* » C'est en paix et avec un sentiment d'être la personne la plus choyée du monde que je commençais chacune de mes journées.

J'ai conservé ce rituel avec mes enfants. Au moment du coucher, nous remercions pour les trois choses les plus nourrissantes de notre journée. Au début, les enfants remerciaient pour des choses comme : « Merci pour mon but au hockey et merci pour le spaghetti au souper. » Au fil du temps, j'ai été surprise et émerveillée d'entendre leur gratitude « pour ma santé », « parce que mon père et ma mère sont vivants », « pour mon enseignante de première année », « pour ne pas mourir de faim comme d'autres enfants », « pour notre pays qui n'est pas en guerre ».

Nous n'avons pas le choix des événements qui parsèment notre vie et celle de nos proches et nous ne pouvons pas éliminer la souffrance. Mais nous avons le choix des émotions et des pensées que nous entretenons et que nous alimentons. Nous pouvons cultiver la désespérance et ce qui nous fait mal comme nous pouvons cultiver la foi et le bonheur. Plus je ressens et j'exprime la gratitude, plus j'expérimente qu'elle contribue à la culture du beau et du bon dans ma vie. La transmettre comme un mode de vie à mes enfants, c'est pour moi les guider vers une des portes qui donne accès au bonheur.

Donner au suivant !

Malgré leurs mercis sincères, leurs sourires francs et leurs yeux pétillants, nos enfants ne peuvent connaître complètement la valeur de ce qui leur est offert avant de devenir parents eux-mêmes ou, à tout le moins, adultes. Nous devons leur donner énormément, sans attente.

Quand j'ai remercié ma mère au téléphone, je lui ai exprimé comment j'aurais voulu avoir apprécié toute sa générosité plus tôt. Elle m'a répondu : « *Tu l'as fait à ta mesure quand tu étais enfant et tu le fais encore maintenant. Pour le reste, toi, tu vas redonner à tes enfants ce que tu as reçu de ton père et moi. Eux, ils le donneront à leurs enfants. Et ainsi de suite. Ça, c'est le cycle de la vie !* »

Conclusion du chapitre 5

Nous respectons plus souvent les personnes que nous admirons. Et nous admirons les gens qui nous semblent réussir dans un domaine ou dans un autre. Susciter l'admiration de nos enfants pour notre aptitude à bien vivre notre vie contribue à les inciter à nous respecter.

Il est vrai que nos enfants peuvent admirer la force de leur père parce qu'il est capable de déplacer un piano ou le talent de leur mère parce qu'elle joue merveilleusement bien de ce piano. Pourtant une des choses les plus inspirantes n'est-elle pas de voir une personne heureuse, qui réussit sa vie parce qu'elle la crée à son image, qui sait sortir grandie des épreuves inévitables rencontrées, qui vit ses passions et les communique, et qui sait profiter de ce qu'elle a?

Un des ingrédients primordiaux pour inspirer le respect à nos jeunes est de nous appliquer quotidiennement à construire notre propre bonheur et à le communiquer pour déclencher en eux une irrésistible envie de nous suivre.

Conclusion

Je termine ce livre avec, dans le cœur, la vibration d'un souvenir récent, celui d'une conversation mémorable avec mon fils aîné. Préoccupée par une attitude répréhensible et récurrente d'un de ses frères plus jeune, craignant de me montrer trop dure et de ne pas saisir comment celui-ci pouvait se sentir face à son père et à moi, j'ai demandé à mon aîné de me décrire ce qu'il avait lui-même ressenti face à nous au même âge, dans des situations semblables. Sa transparence et sa vision globale des problèmes relationnels m'avaient plus d'une fois sidérée auparavant. J'avais donc confiance en sa capacité de discernement.

« *Maman, chaque fois que vous êtes intervenus papa et toi, vous aviez raison de le faire. Moi, j'essayais de vous faire douter par tous mes moyens, en espérant que vous alliez céder pour que je n'aie pas à vivre avec les conséquences de mes choix. Quand je sentais que j'avais un espace pour passer, j'y passais, un terrain pour manipuler, je manipulais, c'est tout! Vous n'étiez pas trop durs. Le problème ces fois-là, c'était votre manque de… de…*

— *De constance ?*

— *Exactement ! De constance !* »

La constance, la règle d'or numéro 1 ; celle que j'enseigne à chaque séminaire, que je nomme dans chacune de mes conférences sur le sujet, que je rappelle à chaque parent qui me consulte. Cette règle, je la connais, je la chéris, je l'encense ! Malgré ce savoir et mes convictions, comme vous sans doute, dans certaines situations, je ne l'applique pas toujours. Pourquoi ?

Parce que, dans ces moments-là, une brèche se creuse dans mes certitudes, une fissure faite de doute ou de peur, ou encore de la culpabilité, de l'impuissance, un manque d'énergie, peut-être d'incapacité à vivre avec l'éventuelle réaction de mon enfant ou de manque de considération pour moi-même. Ces obstacles intérieurs qui nous empêchent parfois de rester constants dans nos interventions, nous les connaissons tous parce qu'ils sont fidèles et tenaces. C'est pourquoi nous devons en tenir compte continuellement si nous souhaitons assumer notre leadership parental avec nos enfants et nos adolescents. En effet, si nous ne les détectons pas, par l'écoute de nous-mêmes, nos enfants, eux, les détecteront. Ils deviendront rapidement des spécialistes des failles de « maman », de celles de « papa » et encore plus de celles du couple-équipe que nous formons. Ils joueront très habilement avec nos faiblesses, quel que soit leur âge. Tout cela, sans méchanceté, seulement avec l'idée de se sortir des contraintes, dans le but de ne pas perdre le plaisir, la liberté de faire ce qu'ils veulent ou par instinct de laisser libre cours à leurs pulsions.

Il nous revient donc à nous, éducateurs, de ne pas nous manquer de respect avec nos jeunes. Ne confondons pas « être dur » avec « être ferme ». La dureté résulte de la fermeture du cœur, du manque d'amour et d'un irrespect à l'égard de l'autre comme à l'égard de nous-mêmes. Elle est une expression de la faiblesse de notre nature humaine.

La fermeté vient au contraire d'une force intérieure nourrie par le respect et l'amour de soi d'abord, puis par l'amour profond, véritable que nous vouons à notre enfant. Elle est fondée sur notre certitude qu'il vaut bien plus que la médiocrité, sur notre foi en ses ressources et sur notre respect pour lui. Alors que la dureté envers un enfant témoigne d'un manque de contrôle, la fermeté quant à elle exige un contrôle de soi affiné et mature.

Nos enfants et nos adolescents ont besoin de notre fermeté d'éducateur. Ils reçoivent par elle une sécurité essentielle à leur développement et ils reçoivent aussi notre amour. Au fond, c'est l'amour et rien d'autre qui nous guide quand nous assumons avec maturité notre leadership parental ; c'est lui qui nous insuffle la force de demeurer constants en éducation. C'est cet amour qui nous donne le courage de dire « non » quand il serait tellement plus facile, à court terme, de dire « oui ».

Inspirer le respect à nos enfants exige de les aimer certes, mais pas toujours en leur donnant des câlins, des permissions, des compliments ou en leur faisant plaisir. C'est assumer jusqu'au bout nos règles, nos valeurs, nos limites, nos besoins quand nous savons qu'ils sont justes, même si nos trésors nous boudent, nous jouent l'Acte V-scène 7 d'une pièce de Shakespeare, menacent de ne plus nous aimer, ne nous parlent plus pendant un certain temps, argumentent pour gagner leur point et même s'ils nous rejettent. C'est à nous de nous tenir debout en leur faisant assumer les conséquences de leurs choix avec constance, en ne nivelant pas nos exigences vers le bas, en ne nous laissant jamais et pour aucune considération traiter avec insolence ou mépris, Nous ne devons jamais attendre l'approbation de notre enfant ou de notre adolescent, car il ne sera jamais en accord avec une limite qui le prive de ce qu'il veut ni avec une conséquence désagréable à assumer. Être un parent qui se fait respecter, c'est pouvoir vivre avec le mécontentement de nos enfants à certains moments, avec leurs nombreuses frustrations, avec le manque de manifestation de leur amour, avec leur colère à notre égard, leurs désaccords franchement exprimés et avec leurs peurs, leurs déceptions, leurs pertes et leurs douleurs. Être un parent qui se fait respecter, c'est être habité par la certitude que, si nous avons agi avec amour et respect, un jour, ils apprécieront que nous n'ayons pas cédé à leur manipulation.

En agissant ainsi, en plus de leur transmettre la valeur du respect d'autrui, nous devenons chaque jour pour eux un modèle d'une personne qui se respecte elle-même. Que nous le voulions ou non, qu'eux le désirent ou pas, nous avons, parents, une grande influence sur nos enfants, quel que soit leur âge.

Au cœur de mon objectif, qui est d'inspirer le respect à mes enfants, à mes adolescents et de leur transmettre cette valeur fondamentale, se trouve l'espoir que chacun d'entre eux intègre ce qu'est le véritable respect de lui-même. En vous présentant à vous, chers lecteurs, les qualités à développer et les moyens à prendre pour relever ce que je considère être le défi éducationnel de ce siècle, je souhaite contribuer à ce que le respect soit de plus en plus au cœur des relations que vous entretenez avec les êtres qui vous sont chers : vos enfants, vos adolescents, vos adultes, vos élèves, vos neveux et nièces et vos petits-enfants.

Ainsi, par le miracle du cycle de la vie, se transmettra de génération en génération le legs du respect réciproque. En toute humilité, j'espère de cette façon participer avec vous à construire un monde meilleur.

Bibliographie

BENOIT, Joanne. *Le défi de la discipline familiale*. Outremont : Quebecor. 1997, 221 p.

BRAZELTON, T. Berry et Stanley GREENSPAN. *Ce dont chaque enfant a besoin, ses sept besoins incontournables pour grandir, apprendre et s'épanouir*. Paris : Marabout. 2000, 348 p.

COVEY, Stephen. *Les Sept habitudes des familles épanouies*. Paris : Éd. Générales First. 1998, 470 p.

DE ANGELIS, Barbara. 1951- *Les moments vrais : Vivre le présent intensément*. Traduit de l'anglais par Nathalie Pacout. Alleur (Belgique) : Marabout Pratique. 1996, 350 p.

DOLTO, Françoise, 1908-1988, Catherine DOLTO et Colette PARCHEMINIER. *Paroles pour adolescents. Le complexe du homard*. Paris : Hatier. 1989, 186 p.

FABER, Adèle et Élaine MAZLICH. *Parler pour que les enfants écoutent et écouter pour que les enfants parlent*. Cap Pelé (Nouveau-Brunswick) : Relations Plus. 2002, 347 p.

FABER, Adèle et Élaine MAZLICH. *Parents épanouis, enfants épanouis : Cultivez le bonheur dans votre famille*. Cap Pelé (Nouveau-Brunswick) : Relations Plus. 2001, 289 p.

FABER, Adèle et Élaine MAZLICH. *Jalousies et rivalités entre frères et sœurs : Comment venir à bout des conflits entre vos enfants*. Paris : Stock.1987, 214 p.

Filiozat, Isabelle. *Au cœur des émotions de l'enfant : comprendre son langage, ses rires et ses pleurs*. Paris : JC Lattès. 1999, 318 p.

Gardner, Howard. 1943- *Les intelligences multiples : La théorie qui bouleverse les idées reçues*. Paris : Retz, coll. Petit Forum. 1996, 236 p.

Goleman, Daniel. 1946- *L'intelligence émotionnelle : Comment transformer ses émotions en intelligence*. Paris : Robert Laffont. 1997, 419 p.

Greenspan, Stanley et Nancy Thorndike-Greenspan. *Le développement affectif de l'enfant. Premières émotions, premiers sentiments*. Paris : Payot. 1986, 318 p.

Jung, Carl-Gustav. 1875- 1961. *Psychologie et éducation*. Traduit de l'allemand par Yves Le Lay. Paris : Bucher/Chastel, 1963, 226 p.

Lerède, Jean. 1923-1988. *Suggérer pour apprendre*. Québec : Les Presses de l'Université du Québec, 1980, 311 p.

Lozanov, Georgi. 1926- *Suggestologie et éléments de suggestopédie*. Traduit du bulgare par Pascal Boussard. Montréal : Éditions Sciences et Culture Inc. 1984, 388 p.

Miller, Alice. 1923- *L'avenir du drame de l'enfant doué*. Paris : PUF. coll. Le fil rouge. 1999, 118 p.

Peters, Dr R. « *Don't be afraid to discipline* ». New York : Golden Books. 1997, 205 p.

Phaneuf, Yvan. 1964- *Un couple fort, une famille unie*. Montréal : Éd. du CRAM. 2009, 285 p.

Portelance, Colette. 1943- *Relation d'aide et amour de soi*. Montréal : Éd. du CRAM. 4e édition, 5e tirage. 2007, 452 p.

Portelance, Colette. 1943- *La communication authentique : Approfondissez vos relations intimes*. Montréal : Éd. du CRAM. 2e édition, 3e tirage. 2007, 216 p.

Portelance, Colette. 1943- *Éduquer pour rendre heureux*. Montréal : Éd. du CRAM. 1re édition, 2e tirage. 2007, 332 p.

Portelance, Colette. 1943- *Vivre en couple et heureux, c'est possible*. Montréal : Éd. du CRAM. 1re édition, 2e tirage. 2007, 286 p.

PORTELANCE, Colette. 1943- *La guérison intérieure par l'acceptation et le lâcher-prise.* Montréal : Éd. du CRAM. 2008, 305 p.

ROBERT, Jocelyne. *Le sexe en mal d'amour.* Montréal : Éd. de l'Homme. 2005, 226 p.

ROGERS, Carl. 1902-1987. *Liberté pour apprendre.* Traduit de l'américain par Daniel Le Bon. Paris : Dunod. 1971, 364 p.

SALOMÉ, Jacques. 1935- *Papa, Maman, écoutez-moi vraiment : Pour comprendre les différents langages de l'enfant.* Paris : Albin Michel. 2000, 280 p.

THALMANN, Yves-Alexandre. *Au diable la culpabilité! Cessez de vous culpabiliser et retrouvez votre liberté intérieure.* Saint-Julien-en-Genevois : Jouvence. 2005, 207 p.

VIDAL, GRAFF. A. et S. *La colère : cette émotion mal aimée. Exprimer sa colère sans violence.* Saint-Julien-en-Genevois : Jouvence. 2007, 93 p.

VIDAL, GRAFF. A. et S. *Comment bien se disputer en couple.* Saint-Julien-en-Genevois : Jouvence. 2005, 108 p.

WINNICOTT, Donald-Woods. 1896-1971. *Processus de maturation chez l'enfant : Développement affectif et environnement.* Traduit de l'anglais par J. Kalmanovitch. Paris : Payot. coll. Bien-être. 1988, 259 p.

Remerciements

Reconnaissance particulière

Mes plus importants remerciements s'adressent à Colette Portelance, la créatrice de l'Approche non directive créatrice (ANDC), l'auteure, la formatrice. Je la salue en premier, car elle est ma plus grande influence, autant pour ma vie personnelle, pour ma vie professionnelle que pour ce livre. Évidemment les noms de famille ne trompent pas et c'est en tant que mère d'abord qu'elle m'a inspirée. Toutefois c'est à son école, le Centre de relation d'aide de Montréal (CRAM), qu'elle a cofondé et dont elle a conçu les programmes de formation, que j'ai principalement été formée comme professionnelle de la relation d'aide psychologique. Son approche et ses écrits contribuent, depuis 25 ans, à favoriser l'épanouissement de milliers de personnes en quête de relations satisfaisantes, d'amour de soi, de paix et de guérison de leurs blessures du cœur. Certains disent que je suis tombée dans la potion magique quand j'étais petite, ce n'est vrai qu'en partie. Cependant, à l'instar du personnage de Goscinny, je ne cesse d'en redemander. En effet, apprendre d'une femme d'une telle force intérieure, d'une telle profondeur, d'une telle humanité, d'une telle authenticité et d'une telle intelligence de la psyché humaine est une richesse inestimable et une chance que je ne veux pas laisser passer.

C'est donc du plus profond de mon être que je veux la remercier, notamment pour la relation de respect réciproque que nous vivons ensemble. Elle reste mon plus influent modèle en ce sens. Encore aujourd'hui, par ce qu'elle est, elle m'inspire un profond respect. Je la remercie aussi pour son amour pour moi. Ce genre d'amour si vrai, si puissant, transmis à travers un mot, un regard, m'insuffle une pulsion de vie, un élan d'actualisation et une sécurité apaisante. Et que dire de sa foi? Quelques mots de sa part suffisent pour me faire croire que je peux. Ce livre, comme plusieurs autres de mes dépassements, est né d'abord de sa foi en moi, source de ma propre confiance parfois hésitante. Enfin, je suis remplie de gratitude pour ses généreux conseils, le partage de son expérience d'auteure ainsi que le temps, l'énergie et le cœur qu'elle a mis à me parrainer dans ce projet d'écriture.

Remerciements

De profonds remerciements vont à mon père, François Lavigne, qui est également cofondateur avec ma mère du CRAM et de l'École internationale de formation à l'ANDC (EIF), son pendant en Europe. J'ai la chance d'être profondément aimée par le premier homme de ma vie depuis le premier jour et de pouvoir compter sur lui depuis, dans n'importe quelle circonstance. Sa foi en moi et en cet ouvrage s'est d'abord manifestée par une mise en pages format-livre d'un de mes textes, un an avant que je décide de me mettre à l'écriture. Sur le coin de mon bureau, cet incitatif a fait définitivement son œuvre. Dans tout le processus, mon père a continué d'être fidèlement là pour mettre en pages, ajouter les corrections, ajuster les détails et, par-dessus tout, m'encourager.

Je suis débordante de reconnaissance pour l'éducation et les valeurs de respect qu'il m'a transmises, pour le modèle d'autorité affirmée et sensible qu'il est et pour son talent à toujours tout faire dans le plaisir. Je le remercie avec émotion, pour la fois où, quand j'avais cinq ans, il m'a écoutée et s'est remis en question lorsque je suis allée le voir en tremblant pour lui dire que j'avais peur de lui. Sa transformation à mon égard m'a enseigné la différence entre imposer l'obéissance en faisant peur et attirer le respect par leadership parental. Ce jour-là, j'ai été convaincue de ma valeur à ses yeux.

Je remercie de manière toute spéciale Lucie Douville, créatrice, éditrice et rédactrice en chef du magazine *Vivre*, dans lequel j'écris les chroniques de la section *Vivre en famille*. Grâce à elle, à sa confiance en moi depuis le tout début de notre collaboration et grâce aussi aux dates de tombée, j'ai écrit un après l'autre des textes qui sont devenus l'ébauche de ce livre. Je suis reconnaissante pour la liberté de création que Lucie m'a toujours laissée tout en m'indiquant clairement sa vision. J'ai beaucoup de gratitude pour ses divers élans d'encouragement qui sont toujours tombés parfaitement à point, comme si de loin, sans nous parler, quelque chose nous liait.

Merci à mes éditeurs Pierre et Guillaume Lavigne. La façon avec laquelle vous m'avez considérée dans chaque étape du processus m'a touchée. Je suis impressionnée par la qualité de votre travail, votre professionnalisme et votre rigueur, des valeurs sur lesquelles vous ne faites aucune concession. Votre foi en mon premier livre pour adultes et votre soutien m'ont portée tous les jours de rédaction et m'ont aidée à me rendre jusqu'à la dernière page de cet ouvrage.

Je remercie avec émotion tous les parents, les adolescents et les enfants qui se sont retrouvés sur mon parcours professionnel et qui m'ont ouvert leur cœur et leur intimité familiale avec confiance. Chacun d'eux m'a amenée plus loin, professionnellement parlant, et m'a rendue plus humaine.

De très tendres remerciements vont à ma Thérapeute en relation d'aide, Lilys Roy, qui m'a accompagnée avec compétence dans les moments les plus intenses de ma vie d'adulte, les plus heureux comme les plus souffrants. Telle une bonne fée, avec amour, acceptation et avec un doigté thérapeutique déconcertant, elle a toujours su me guider avec non-directivité sur le chemin du respect de moi-même, de ma nature profonde, de mes besoins, de mes limites, de mes valeurs et de mes rêves. Avec elle, j'ai appris à m'engager envers moi-même tout en offrant le meilleur de moi aux autres.

Merci à mes frères, Guillaume, David et Antoine, pour leur amour inconditionnel, pour nos rafraîchissants fous rires et notre indestructible complicité. Je les remercie d'avoir assumé leurs différences dans notre famille. Les côtoyer m'inspire à assumer ma propre unicité avec respect pour la leur. Je les aime tellement.

Je remercie tout particulièrement mon frère Guillaume avec qui je partage depuis plusieurs années mon quotidien professionnel à la direction du Centre de relation d'aide de Montréal et de l'École internationale de formation à l'ANDC. Je fais équipe avec un être pour qui j'ai une grande admiration et un amour infini. Il allie magnifiquement bien en lui la sensibilité avec la solidité intérieure, l'affirmation de soi avec la souplesse, la profondeur avec l'humour, le discernement avec la fidélité à soi. Si un seul mot devait décrire notre relation, ce serait *harmonie*. Les âmes sœurs existent, j'en ai la preuve, il est la mienne.

Je veux souligner la chance extraordinaire que j'ai de travailler auprès de mes collègues formateurs et Thérapeutes en relation d'aide (TRA). Œuvrer auprès de gens si compétents m'oblige à me dépasser continuellement. Être en relation avec des personnes aussi à l'écoute, respectueuses et authentiques nourrit mon cœur et mon âme quotidiennement, nourriture essentielle à mon équilibre. Je leur exprime à tous ma profonde gratitude.

Merci à tous mes amis, membres de la famille et collègues avec qui j'ai eu des discussions sur l'éducation des enfants et des adolescents. Chacun de ces moments, aussi banals aient-ils pu paraître, ont été riches pour moi et ont contribué à faire de moi une meilleure mère, une meilleure thérapeute et une meilleure conférencière.

Merci à mes cinq fils, si chers. Ce livre est une partie du résultat de ma quête permanente à être une bonne mère pour eux. Chacun, par ses différences marquées et par sa personnalité colorée m'a fait grandir de façon bien unique. Les défis éducationnels qu'ils m'ont jusqu'à présent lancés sans le vouloir m'ont permis d'apprendre, d'intégrer et surtout d'évoluer et de grandir. C'est parfois à se demander qui « élève » qui, au fond. Je voulais tellement être mère, leur mère. Mais jamais je n'aurais pu soupçonner l'intensité et la puissance des liens qui nous unissent. Ma relation à eux représente le sens le plus profond de ma vie.

J'espère leur laisser en héritage la valeur qui a guidé jusqu'à présent chacune de mes intentions envers eux, la valeur du respect, afin qu'ils sachent se soucier des autres humains sur la terre, qu'ils aient à cœur de prendre soin de la dignité des êtres chers de leur vie et, surtout, qu'ils se permettent le moins possible de se manquer de respect à eux-mêmes.

J'éprouve pour eux un amour inconditionnel et je suis animée par une foi indestructible en eux.

Finalement je veux exprimer à mon amoureux et mari, Sylvain, l'intensité de mon amour, de mon admiration et de ma gratitude. Je connais ma chance d'être avec un homme qui a accepté de vivre avec moi, fidèlement, l'aventure de fonder une famille de cinq enfants, malgré des obstacles qui en auraient fait reculer plus d'un. Son sens de la famille a toujours été le plus fort et je n'aurais pu rêver d'un père plus présent, plus aimant, plus impliqué et plus généreux que lui pour nos fils. Nos innombrables discussions, parfois corsées, sur leur éducation ont été le reflet de notre souci commun et de notre engagement mutuel à faire équipe pour donner le meilleur de nous chaque jour. Je lui suis reconnaissante pour l'amour dont il m'entoure, pour sa capacité à vivre le moment présent et pour sa promesse tenue de rester là, investi, quand notre recherche de respect mutuel a donné lieu à des jours de pluie et de tempête. Ensemble nous avons toujours trouvé un chemin, chemin qui devient tellement lumineux au fil du temps.

Je le remercie avec émotion pour ses encouragements au quotidien dans ce projet d'écriture, car c'est lui qui m'a soutenue les jours où les contraintes de la discipline m'irritaient et ceux où les pages blanches ou encore remplies de paragraphes à effacer m'angoissaient. Enfin, je lui suis infiniment reconnaissante de s'être battu pour sa vie, car je sais que, à certains moments où la force l'abandonnait, c'est pour nous qu'il a lutté. L'exemple de courage et de détermination qu'il incarne dans la réalisation de ses rêves est un legs précieux qu'il laisse de son vivant à nos enfants.

Conférences et ateliers

de Marie Portelance

La plupart d'entre nous, parents, enseignants, éducateurs, avons à coeur de guider, de la meilleure façon, nos enfants, nos adolescents ou nos élèves de tous âges afin qu'ils soient heureux. Dépendamment de nos rôles, nous tentons de leur transmettre des valeurs, des connaissances, des habitudes, des façons d'être ou de faire qui, selon nous, leur montreront le chemin de l'autonomie, de la liberté et du bonheur. Mais bon nombre d'obstacles, de doutes, de questions, de pièges nous attendent au quotidien en tant qu'éducateur. Ces ateliers allient l'enseignement théorique à des exercices d'application pratique et tiennent compte des dimensions rationnelle, affective et relationnelle des participants, puisque la véritable éducation s'adresse à la personne globale. Éduquer a pour but de rendre heureux, c'est-à-dire de créer chez l'éduqué le sentiment profond d'avoir su s'accomplir sur les plans personnel, affectif, relationnel, social, professionnel et spirituel, et ce, sans contourner les obstacles de la vie et sans nier la souffrance. Éduquer une personne afin de la rendre heureuse, c'est lui apprendre à être elle-même, à être en relation avec les autres et à créer sa vie et réaliser ses rêves.

Objectifs

- Acquérir des notions théoriques et des outils d'application pratique sur les thèmes abordés.
- Acquérir des outils concrets, réalistes et efficaces pour aider nos enfants, nos adolescents et nos élèves à développer leur autonomie, leur sens des responsabilités et leur estime personnelle.
- Avoir davantage confiance en nous-même dans notre rôle d'éducateur.
- Comprendre les obstacles personnels qui nous empêchent d'arriver à exploiter nos connaissances au quotidien.
- Favoriser l'acceptation de nos imperfections comme éducateur, tout en favorisant également l'évolution personnelle et le développement de notre compétence en tant qu'éducateur.
- Briser l'isolement des éducateurs et des parents et trouver un support relationnel et professionnel.
- Prendre conscience de nos forces et de nos ressources en tant qu'éducateur.
- Acquérir des notions de communication authentique efficace dans le respect des rôles de chacun.
- Apprendre à être davantage en relation avec nous-même, avec nos enfants, nos adolescents, nos élèves et acquérir des moyens pour leur apprendre à être en relation avec eux-mêmes et avec les autres.

Thèmes

- Inspirer le respect sans menacer
- Faire régner la discipline tout en respectant l'enfant
- Intervenir face aux conflits entre enfants et face à la rivalité fraternelle
- Nourrir l'estime de soi des enfants
- Apprendre à parler et à écouter vos enfants par la communication authentique
- Aider vos enfants à réussir en respectant leur type d'intelligence

Pour de plus amples informations

514 598-7758
1 877 598-7758
www.cram-eif.org

Le château où tout m'est permis

ISBN: 9782922792157

Nombre de pages: 32

9,95 $

Fatigué de suivre les consignes, Antoine rêve d'un endroit magique où il n'y aurait ni règles ni obligations. Projeté en rêve dans un majestueux château qui abrite de drôles de compagnons, il prendra vite conscience qu'il n'est pas aisé de vivre dans un monde où chacun peut faire ce qui lui plaît, quand ça lui plaît...

Je suis prisonnier de Zalouzi

ISBN: 9782922792089

Nombre de pages: 32

9,95 $

Antoine est jaloux de l'attention que sa soeur Marie-Lou reçoit de leurs parents. Grand inventeur qu'il est, il décide de fabriquer une machine pour la téléporter sur une autre planète. Mais voilà que par erreur, il y est téléporté aussi. Se retrouvant avec Marie-Lou, prisonnier de la planète Zalouzi, il aura besoin de l'aide du guide touristique Tourne-Bulles pour relever tous les défis qui se présenteront à lui. Mais surtout, il devra trouver comment améliorer sa relation à sa soeur s'il veut retourner chez lui et revoir ses parents.

J'ai rempli le coeur du père Noël

ISBN: 9782922792027

Nombre de pages: 32

9,95 $

Antoine ne reçoit pas tous les cadeaux qu'il a commandés. Furieux, il part au Pôle Nord pour les demander au père Noël. Mais sa rencontre avec le vieil homme lui ouvrira les yeux sur l'importance d'apprécier ce qu'il reçoit. À travers cette aventure, il apprendra que remercier remplit son propre coeur autant que celui des autres.

Je suis petit mais grand

ISBN: 9782922050233

Nombre de pages: 32

9,95 $

Antoine est plus petit que ses amis. Cela le rend triste et il veut se changer, devenir grand. Après avoir traversé des obstacles, Antoine découvrira pourquoi, avec sa différence, il est quelqu'un d'extraordinaire.

Mon livre a des pattes

ISBN: 9782922050219

Nombre de pages: 32

9,95 $

Antoine perd son jouet. Comme à l'habitude, il accuse tout le monde de son malheur. À travers une aventure magique, il récupérera le pouvoir de retrouver son jouet par la découverte de sa responsabilité.

La première édition
du présent ouvrage publié par
Les Éditions du CRAM
a été achevée d'imprimer
au mois de mars de l'an 2010
sur les presses des Imprimeries
Transcontinental (Gagné)
à Louiseville (Québec).